中國學術思想

研究輯刊

三三編

林慶彰 主編

第 **16** 冊

道教丹道易學研究

段 致 成 著

花木蘭文化事業有限公司

國家圖書館出版品預行編目資料

道教丹道易學研究／段致成 著 -- 初版 -- 新北市：花木蘭文
化事業有限公司，2021〔民 110〕
目 6+258 面；19×26 公分
（中國學術思想研究輯刊 三三編；第 16 冊）
ISBN 978-986-518-445-2（精裝）
1. 道教修鍊 2. 易學
030.8 110000660

ISBN-978-986-518-445-2

9 789865 184452

中國學術思想研究輯刊
三三編 第十六冊 ISBN：978-986-518-445-2

道教丹道易學研究

作 者 段致成
主 編 林慶彰
總 編 輯 杜潔祥
副總編輯 楊嘉樂
編 輯 許郁翎、張雅淋 美術編輯 陳逸婷
出 版 花木蘭文化事業有限公司
發 行 人 高小娟
聯絡地址 235 新北市中和區中安街七二號十三樓
電話：02-2923-1455 ／傳真：02-2923-1452
網 址 http://www.huamulan.tw 信箱 service@huamulans.com
印 刷 普羅文化出版廣告事業
封面設計 劉開工作室
初 版 2021 年 3 月
全書字數 237115 字
定 價 三三編 18 冊（精裝）新台幣 48,000 元

道教丹道易學研究

段致成 著

作者簡介

段致成（Tuan Chih-ch'eng），1970 年生，台灣台南人。國立臺灣師範大學國文研究所博士。曾任國立臺灣師範大學國文系兼任講師、國立臺北科技大學通識中心兼任助理教授，現職為國立臺北商業大學通識教育中心專任副教授。

研究領域：道教內丹學、道教易學、《周易》象數學與中國思想與文化。

著有博士論文：《道教丹道易學研究——以《周易參同契》與《悟真篇》為核心的開展》。

出版專書：《太平經》思想研究（上）（下），宋元時期《悟真篇·注》的內丹理論研究——以翁葆光《悟真篇·注》為討論核心。

單篇論文：

1. 〈修丹與天地造化同途——試論「外丹」與「內丹」派對《周易參同契》的不同詮釋路徑〉，《輔仁宗教研究》，第九期，2004 年 9 月。

2. 〈俞琰的丹道易學思想研究〉，《台灣宗教研究》，第 4 卷第 1 期，2005 年 6 月。

3. 〈張伯端的《悟真篇》與《周易參同契》的關係〉，《丹道研究》，創刊號，2006 年 7 月。

4. 〈大學通識教育中「宗教教育」的定義、困境與省思〉，《國立臺北商業技術學院學報》，第十四期，2008 年 7 月。

5. 〈一個「詮釋學」的觀點——北海老人《談真錄》之「內丹」思想初探〉，收載於：《臺灣的仙道信仰與丹道文化》，台北：博陽文化出版社，2010 年 8 月。

6. 〈略述《道藏》中「易學」的分佈、研究狀況與「道教易學」的定義〉，2011 年國際易學大會第 23 屆台北年會學術論文發表會，時間：2011 年 11 月 26 日，地點：台北經國紀念館。

提　要

　　「內丹學」在道教眾多成仙方術中是公認較有理論基礎的。究其原因，除了漢代《周易參同契》對於中國煉丹理論作出了「原型」（archetype）的論述外，主要是唐五代時期的「鍾呂金丹派」、陳摶以及北宋金丹派南宗與金元金丹派北宗對於道教內丹學的理論基礎，陸續提出深入的論述與見解，後出轉精，使「內丹」在宋、金、元朝時期以及之後的年代中成為道教修煉成仙之道術或方術的典範。

　　此外，筆者認為由於《道藏》是道教經籍的總集，亦是道教教義與思想的載體（文獻依據），任何想研究中國道教的研究者，不可迴避地皆必須回到《道藏》來找尋理論依據與養分。現今所謂《道藏》，是指明朝正統十年（1445）編成的《正統道藏》及萬曆三十五年（1607）編成的《萬曆續道藏》。由於明代《道藏》（《正統道藏》、《萬曆續道藏》）的內容包羅萬象，所涵蓋的層面也是多元的（由一些學者主張將《正統道藏》重新分類的內容可以得知）。因此，如果想全面地對《道藏》進行研究，對於獨力研究者來說將是不太可能的事。所以，就必須找尋研究《道藏》的一個洽當切入點。

　　筆者本論文將以「易學」這個範疇，作為研究《道藏》的切入點，並認為此切入點將是《道藏》研究的一個可行方式。

　　對於這個《道藏》「研究切入方式」（從「易學」範疇的角度），往昔的研究者的研究成果，可分成三個類型：其一，由「《道藏》中《易》學的分佈狀態」來陳述這個問題；其二，從「道教與《周易》的關係」這個命題來陳述這個問題；其三，直接以「道教易學」這個命題來陳述這個問題。

　　基於往昔研究成果的侷限、片面與不深入（概論式），所以本論文將擷取其優點，針對其

缺點 將以道教修仙方術中最具理論基礎的「內丹學」結合「易學」這個研究《道藏》的切入點，即以「丹道易學」（內丹學與易學的結合）這個研究論題，來論述「丹道易學」的整個發展過程及其整體結構和理論思想。此為本論文的「研究動機」之一。

筆者認為透過「丹道易學」的角度，將有助於《道藏》研究方法的提昇。易言之，以「丹道易學」作為研究《道藏》的切入點，將可展現《道藏》所蘊含的另一思維面貌（不同於往昔道教史的思維面貌）。也就是說，以不同的「視角」（敘事觀點，View-point）來研究《道藏》，將可產生嶄新的研究成果。此為本論文「研究動機」之二。

道教「內丹學」（又稱身體煉金術），是公認最具有「身體觀」的中國思想。中國道教身體觀除了五臟六腑的系統外，最大的特色就是一種「氣─經脈」的系統，此系統又可稱「流動的身體」（循環流動於體內的流體）。

「內丹學」這種屬於人體內部（內景之學）的修煉法，顯現出個別化與內在化的「冥契」（或密契）經驗。因此，存在著比較欠缺普遍化與客觀化的認知體系的傾向。針對這個問題，道教歷代內丹學家主要以《周易參同契》所提出的煉丹理論為典範，將其轉嫁、移植及轉譯為自己所論述的內丹理論上。《周易參同契》所提出的煉丹理論典範，即是以《周易》與易學這套符號系統來表述煉丹術（或煉金術）。

因此，本論文所設定的「研究目的」，主要是探討《道藏》與《藏外道書》中，這種以「易學」（象數與義理）為表現形式（表述載體），來陳述「內丹學」理論的著作，即屬於「丹道易學」的作品。易言之，本論文所關注的焦點，在於探討與揭示此種「丹道」與「易學」相結合的情形，並說明「丹道」為何要與「易學」符號相結合的原因。此為本論文研究目的。

本論文雖然將研究的焦點集中在「易學」這個範疇，但不太可能進行全面的論述與研究。因此，配合本論文的研究動機（丹道易學），再將範圍縮小到「易學」範疇中談論「內丹」這個部分。而這些著作中又將焦點集中在第二類的《周易參同契》與第三類的《悟真篇》。

道教「丹道易學」的整體發展脈絡及其特色如下：

道教「丹道易學」，以「丹道、易道及天道」為「基源問題」。換言之，即以「丹道」、「易道」與「天道」三者相結合的模式為其特色。其所關注的焦點從早期的「金丹煉製」（《周易參同契》）轉到「宇宙本元運行變化」（彭曉），可以看出有逐漸從外丹過渡至內丹的傾向。之後的鍾呂金丹派與張伯端，則已經初步成功地完成從外丹轉化為內丹。其中張伯端更將關注的焦點集中到「性命」（心性）觀點上，所以此時的內丹學又可稱為「心性之學」。最後俞琰將內丹學結合宋元的圖書《易》學，其關注的焦點則轉變至「身中之《易》」上。換言之，此時所謂的「金丹」即是身中之《易》。

上述「丹道易學」的流變（整體發展脈絡），可以看出有逐漸往「內在」、「心性」、「先天」及「本元」轉化的趨向，易言之，即展現出回溯本源的內向思惟。其次，在形式（《易》學形式）的運用上，從早期的依傍、假借卦爻象到得意而忘象，最後則是完全掃除卦爻象數，這種現象亦可以看出有漸趨「精煉」、「簡約」的傾向（另外，以詩詞歌曲與圖象的表現形式，亦能說明丹道理論趨於精簡的趨勢）。

目次

第一章 導 論 ……………………………………1
　第一節 研究動機 ……………………………1
　第二節 研究範圍設定 ………………………6
　第三節 研究目的與方法 …………………10
　　一、研究目的 ……………………………10
　　二、研究方法 ……………………………11
第二章 「丹道易學」之界定與範圍 ……………15
　第一節 「道教易學」與「丹道易學」 ………15
　　一、何謂「道教易學」 ……………………15
　　二、何謂「丹道易學」 ……………………17
　第二節 「丹道」、「易道」及「天道」 …………22
　　一、修丹與天地造化同途 …………………22
　　二、外丹派（彭曉本）……………………24
　　三、內丹派（俞琰本）……………………33
　　　1、「丹道」與「天道」………………………33
　　　2、「丹道易學」的模式 …………………41
　第三節 丹道易學之「基本觀念」介紹 ………46
　　　1、大宇宙(Macro cosmos)與小宇宙(Micro cosmos）…………………………………46

2、時間攢簇理論 …………………………46

3、盜與奪 ……………………………………47

4、機 ……………………………………………47

5、鼎爐 …………………………………………48

6、藥物 …………………………………………48

7、火候 …………………………………………48

8、河車 …………………………………………49

9、小周天與大周天 …………………………50

10、築基與三關 ……………………………50

小結 ……………………………………………………51

第三章 《周易參同契》的丹道易學思想 …………53

第一節 《周易參同契》的作者、成書年代及
版本 ……………………………………………54

一、《周易參同契》的作者 ……………………54

二、《周易參同契》的成書年代 ………………59

三、《周易參同契》的版本 ……………………60

第二節 《周易參同契》的性質與主旨 …………63

一、《周易參同契》的性質 ……………………63

二、《周易參同契》的主旨 ……………………66

第三節 《周易參同契》的內容 …………………68

一、運用《易》學的原因 ………………………68

二、丹道、《易》道及天道 ……………………70

1、漢代象數易學「納甲法」……………72

2、《周易參同契》之「月體納甲說」……76

第四節 《周易參同契》在丹道易學上的主要論點
以及對後世的貢獻與影響 ……………81

一、在「丹道易學」上提出的主要論點 ……81

二、對後世「丹道易學」的貢獻與影響 ……82

第四章 彭曉的丹道易學思想 ………………………87

第一節 彭曉的生平與著作 ……………………87

第二節 「丹道易學」思想 ……………………89

一、丹道火候與漢代象數《易》學 …………90

1、納甲說 …………………………………90

2、十二消息卦 ……………………………91

　　二、五行說與鉛汞藥物 …………………………93

　　三、金液還丹與真鉛、真汞 …………………98

　　四、還丹火候與時間攢簇理論 …………102

　小結 …………………………………………105

第五章　張伯端《悟真篇》與《周易參同契》的
　　　　關係 …………………………………………107

　第一節　張伯端的生平事蹟及著作的內容結構 …107

　　一、張伯端的生平與度師 …………………107

　　二、張伯端的著作及其內容結構 …………112

　　　1、作品辨偽 …………………………112

　　　2、著作之註本與內容結構 …………114

　　　　（1）《悟真篇》 …………………114

　　　　（2）《金丹四百字》 …………117

　　　　（3）《玉清金笥青華秘文金寶內鍊
　　　　　　丹訣》 …………………………119

　第二節　《悟真篇》解讀《周易參同契》的方式 …120

　第三節　《悟真篇》承繼《周易參同契》之處 …123

　　一、丹藥產生的處所與時間 …………………123

　　二、採藥、封爐與煉藥 …………………125

　　三、元神、元精與真意 …………………130

　　四、五行生剋以鉛制汞 …………………133

　　五、《四庫全書總目提要》未錄之《悟真篇》
　　　　承繼《周易參同契》之處 …………137

　小結 …………………………………………140

第六章　《悟真篇》的內丹思想與鍾呂金丹派的
　　　　關係 …………………………………………141

　第一節　「鍾呂金丹派」簡介與著作 …………142

　第二節　與「鍾呂金丹派」的關係 …………143

　　一、對道教傳統修煉方術的態度 …………143

　　二、內丹修煉理論 …………………………154

　　　1、陰陽與純陽 …………………………155

　　　2、丹道與天道——時間攢簇理論 …………163

　小結 …………………………………………166

第七章　張伯端的丹道易學思想 …………………… 167
　第一節　「性命雙修」的「內丹」思想 …………… 167
　　一、命功與性功 ………………………………… 169
　　　1、命功 ……………………………………… 169
　　　2、性功 ……………………………………… 171
　　　　（1）性與神的關係 ……………………… 171
　　　　（2）煉神 ………………………………… 172
　　　　（3）煉心 ………………………………… 173
　　　　（4）修性 ………………………………… 175
　　二、性命雙修 …………………………………… 175
　　　1、先命後性 ………………………………… 175
　　　2、性重於命 ………………………………… 177
　　　3、與《易》學的關係 ……………………… 179
　第二節　張伯端內丹理論與「禪宗」的關係 …… 182
　　一、吸收「禪宗」心性思想 …………………… 183
　　　1、眾生皆具佛性 …………………………… 184
　　　2、佛在目前，當下即是 …………………… 184
　　　3、頓悟成佛 ………………………………… 185
　　　4、如來藏性 ………………………………… 185
　　　5、即心即佛、非心非佛 …………………… 186
　　　6、「觸類是道」（見色即是見心）………… 186
　　　7、道不可說，自心自悟 …………………… 187
　　　8、「圓通一切，遍含一切」（回互、不回互，
　　　　一多圓融，理事無礙）…………………… 187
　　　9、由「無生」而證「空性」………………… 188
　　　10、無相為體 ……………………………… 189
　　　11、割斷兩頭句 …………………………… 189
　　二、陽神與陰神 ………………………………… 190
　　　1、對於「禪宗」的態度 …………………… 191
　　　2、上品煉丹之法 …………………………… 192
　　小結 ……………………………………………… 194
第八章　俞琰的丹道易學思想 …………………… 199
　第一節　俞琰的生平與著作 …………………… 199
　第二節　「丹道易學」思想 …………………… 204

一、得明師指授，教外別傳 ……………… 205

二、還丹之道，《易》之太極 ……………… 206

三、心為太極，身中之《易》 …………… 208

四、身中之《易》即「金丹」 …………… 210

五、「金丹」之根：「真鉛」與「真汞」…… 213

六、「晦朔之間」產真藥 ………………… 215

七、先天產藥，後天運火：藥物與火候 …… 219

八、「丹道」、「易道」與「天道」 ……… 222

小結 ……………………………………… 227

第九章　結　論 …………………………… 229

第一節　「丹道易學」的思維模式 ……… 229

一、內觀思維 …………………………… 229

二、形象思維 …………………………… 230

三、圖象思維 …………………………… 231

四、類比思維 …………………………… 232

五、逆反思維 …………………………… 233

第二節　道教「丹道易學」的整體性發展脈絡及其

特色 ………………………………… 234

第三節　日後研究之可能方向 ………… 236

※附表 …………………………………… 236

參考資料 ………………………………… 268

第一章　導　論

第一節　研究動機

　　「宗教」作為一種社會化的客觀存在具有一些基本要素。我們把這些要素分為兩類：一類是宗教的內在因素；一類是宗教的外在因素。宗教的內在因素有兩個部分：1、宗教的觀念或思想；2、宗教的感情或體驗。宗教的外在因素也有兩個部分：1、宗教的行為或活動；2、宗教的組織和制度。一個比較完整的成型的宗教，便是上述內外四種因素的綜合。〔註1〕易言之，一個「宗教」之所以可以成立，必須具備「四個宗教要素」（觀念或思想、感情或體驗、行為或活動、組織和制度）。如果僅止於「內在因素」，充其量只能說是修煉者個人主觀的內在經驗，無法達到客觀化與普遍化而為人們所認知。所以宗教的「外在因素」，是評量一個「宗教」之所以可以成立的主要因素。

　　在世界宗教裡，中國道教關於宗教的「行為或活動」，可說是頗具特色。換言之，道教為了實現其長生成仙的觀念或思想，提出了種類繁多、形形色色的修仙「道術或方術」。元馬端臨《文獻通考・卷二百二十五・經籍五十二・道藏書目一卷》云：「按道家（教）之術，雜而多端，先儒之論備矣。蓋清靜一說也，煉養一說也，服食又一說也，符籙又一說也，經典科教又一說也。」〔註2〕

〔註1〕呂大吉，《宗教學通論新編・第二節・宗教的基本要素及其邏輯結構》（北京：中國社會科學，1998年12月，頁76）。

〔註2〕《文獻通考・下冊》，北京：中華，1986年9月，頁1810。

　　道教的傳統思維中，提出「道」與「術」這兩個命題，來概括長生成仙的觀念或思想以及行為或活動。易言之，「道」即是指謂著一種生命的境界（成仙之境），它的獲得必須經由「術」。「術」在此指為了達到長生成仙目的所進行的一套具體的操作程序與方法。「道」與「術」兩者的關係是，「道者，虛无之至真也；術者，變化之玄技。道无形，因術以濟人；人有靈，因修而會道。」〔註3〕、「術之與道，相須而行，道非術無以自致，術非道無以延長。」〔註4〕

　　道教的「道」與「術」有一個明顯的特色，就是過分強調由實際的行為或活動──「術」，去達至觀念或思想──「道」，對於如何將「術」組織為邏輯次序嚴密以及論證詳實的知識體系的論述是有所欠缺的！易言之，道教比較缺乏由「術」至「道」的中介──「法」（或「學」）。「法」是指由術的行動實踐之操作活動中，概括出來的原理與原則。從邏輯的次序上來看，「術」、「法」與「道」三者的關係，應該是先有「術」（相當於「技術」），後有「法」（相當於「理論」），然後臻至「道」（指謂著一種「成仙之境」）。即「因術識法，因法知道」。〔註5〕不過，顯然道教在傳統修仙「道術或方術」上，呈現出是比較缺乏「理論基礎」的傾向！〔註6〕

　　「內丹學」相較之下，在道教眾多成仙方術中是公認較有理論基礎的。究其原因，除了漢代《周易參同契》對於中國煉丹理論作出了「原型」（archetype）〔註7〕的論述外，主要是唐五代時期的「鍾呂金丹派」、陳摶以

〔註3〕《雲笈七籤·卷四十五·秘要訣法部·序事第一》（北京：華夏，1996年8月，頁261）。

〔註4〕《太平廣記·卷二十四·神仙二十四·張殖》（江蘇廣陵古籍刻印社，1995年12月，頁57）。

〔註5〕《西山群仙會真記·卷五·鍊法入道》曰：「用法入道，道故不難；以道求仙，仙亦甚易。求仙不難，所以難者，所學之道不正；學道不難，所以難者，所學之法不真。……夫道者，無所不包，無所不通。何止為伎藝之能，治疾病之功而已。因術識法，因法知道。」（《道藏》（三家本），第四冊，頁438）。

〔註6〕筆者認為道教的這個傾向，應該和古代中國人之思維方法，對於「抽象思維未發達」有關。古代中國人由於「缺少對普遍之自覺」、「語言表現與思維之非論理的性格」以及「缺乏對法則的理解」等因素，所以造成「抽象思維未發達」的結果（以上說法請參閱：日·中村元著、徐復觀譯，《中國人之思維方法·第三章·第三節》，臺灣學生，1995年3月，頁74～82）。

〔註7〕「原型」（archetype），瑞士榮格用語。指積澱在集體無意識中的由人的代表性經驗構成的原始意象類型。古希臘柏拉圖把理念稱為原型。榮格認為這種古老的用法正表示出集體無意識中的原始的意義，即它們是從原始時代就存在的形式。認為在集體無意識中積澱著一種人類表象的潛能即『原始意象』，

及北宋金丹派南宗與金元金丹派北宗對於道教內丹學的理論基礎，陸續提出深入的論述與見解，後出轉精，使「內丹」在宋、金、元朝時期以及之後的年代中成為道教修煉成仙之道術或方術的典範。

此外，筆者認為由於《道藏》是道教經籍的總集，亦是道教教義與思想的載體（文獻依據），任何想研究中國道教的研究者，不可迴避地皆必須回到《道藏》來找尋理論依據與養分。現今所謂《道藏》，是指明朝正統十年（1445）編成的《正統道藏》及萬曆三十五年（1607）編成的《萬曆續道藏》。由於明代《道藏》（《正統道藏》、《萬曆續道藏》）的內容包羅萬象，所涵蓋的層面也是多元的（由一些學者主張將《正統道藏》重新分類的內容可以得知）。〔註8〕

這些『原始意象』由人類基本的、普通的經驗構成，稱為『原型』。它是祖先生命的痕迹或儲存物，通過腦組織一代傳給一代。原型是普遍的，即每個人均承繼著相同的基本原型。……（榮格）他用『原型』理論來分析文藝作品，揭示作品的深層意蘊。認為一些藝術形象之所以深刻和偉大，在於它喚醒了這種『原始意象』並完滿地表現出來。（金炳華等編，《哲學大辭典（修訂本）·下》，上海辭書，2001年6月，頁1884～1885）。

〔註8〕 針對《正統道藏》「三洞」、「四輔」和「十二類」分類的缺失與不便，一些學者便主張將《正統道藏》重新分類。早期如陳攖寧在《道藏書目分類》中便主張將七部十二類的名目一概取消，依照明代《道藏》中道書的性質分為十四類。十四類的內容為：1道家類、2道通類、3道功類、4道術類、5道濟類、6道餘類、7道史類、8道集類、9道教類、10道經類、11道誡類、12道法類、13道儀類、14道總類。詳細內容見於：陳攖寧，《道藏書目分類》（《道協會刊》第14期，1984年，頁1～3）以及朱越利，《道經總論·第四章·道經分類》（遼寧教育，1991年12月，頁200～201）；任繼愈主編、鍾肇鵬副主編《道藏提要·新編《道藏》分類目錄》中，將明代《道藏》分成九大類（十九小類）。九大類（十九小類）為：一總類（1.1目錄、1.2道教）、二道經、三戒律科儀（3.1戒律、3.2科儀、3.3齋醮懺儀、3.4表奏、讚頌）、四道論、五修煉（5.1修心、5.2存思、5.3煉丹、5.4行氣導養）、六符籙道法（6.1符籙圖訣、6.2道法咒術）、七記傳（7.1神譜、7.2仙傳道史、7.3山瀆宮觀碑志）、八子書（8.1諸子、8.2易學、8.3醫藥、8.4占卜星命）、九詩文集。（北京：中國社會科學，1991年7月，頁1255～1256）；朱越利《道藏分類解題》中，把明代《道藏》所收道經共分為十五部三十三類。十五部三十三類是：第壹部哲學（第一類易與諸子、第二類倫理學、第三類佛教、第四類道論、第五類齋醮、第六類法術、第七類術數）、第貳部法律（第八類中國法制史（科律））、第叁部軍事（第九類古代軍事史）、第肆部文化（第十類圖書學）、第伍部體育（第十一類體操（導引））、第陸部語言文字（第十二類語音、第十三類特種文字（符））、第柒部文學（第十四類作品綜合集、第十五類戲劇（科儀）、第十六類神話）、第捌部藝術（第十七類各種用途畫、第十八類樂曲）、第玖部歷史（第十九類歷史事件與史料、第二十類傳記）、第拾部地理（第二十一類名勝古迹（宮觀山志））、第拾壹部化學（第二十二類外丹黃白術）、第

因此，如果想全面地對《道藏》進行研究，對於獨力研究者來說將是不太可能的事。所以，就必須找尋研究《道藏》的一個洽當切入點。

筆者本論文將以「易學」這個範疇，作為研究《道藏》的切入點，並認為此切入點將是《道藏》研究的一個可行方式。

之所以選用「易學」這個範疇的原因，在於筆者發現在《道藏》（《正統道藏》、《萬曆續道藏》）與《藏外道書》中，《易》學的分佈狀態，大致可分成三個類型：1 直接與《周易》有關的著作、2 註解《周易參同契》的著作，形成「《周易參同契》學」、3 不以《周易》為名，但其內容卻隱含著易學思想的著作。其細部的分佈情形是：《正統道藏》之「三洞」則集中在「洞真部」之「靈圖類」和「玉訣類」，「四輔」則是集中在「太玄部」。《萬曆續道藏》數量較少，《藏外道書》相較之下則佔了很大部分（以上詳細的論述，見第二節）。換言之，筆者認為只要掌握《道藏》與《藏外道書》中《易》學的分佈狀態，就可以以「《易》學」的角度對《道藏》與《藏外道書》作出研究，如此將可呈現出不同於往昔（「三洞」、「四輔」和「十二類」分類）的研究方式。

對於這個《道藏》「研究切入方式」（從「易學」範疇的角度），往昔的研究者的研究成果，可分成三個類型：

其一，由「《道藏》中《易》學的分佈狀態」來陳述這個問題，如張善文〈道藏之易說初探〉〔註9〕、劉韶軍〈《道藏》《續道藏》《藏外道書》中易學著作提要〉。〔註10〕

其二，從「道教與《周易》的關係」這個命題來陳述這個問題，如卿希泰、詹石窗〈道教與《周易》的關係初探〉〔註11〕、劉國梁《道教與周易》〔註12〕、

拾貳部天文學（第二十三類天氣預報）、第拾叁部醫藥、衛生（第二十四類中醫基礎理論、第二十五類其它療法、第二十六類氣功、第二十七類草藥、方書、第二十八類性科學（房中術））、第拾肆部工業技術（第二十九類鑄造、儀器）、第拾伍部綜合性圖書（第三十類叢書、第三十一類類書、第三十二類詞典、第三十三類目錄）。（北京：華夏，1996 年 1 月，頁 13～14）。

〔註 9〕載於：陳鼓應主編，《道家文化研究·第十一輯》，上海古籍，1997 年 10 月，頁 358～371。

〔註 10〕載於：陳鼓應主編，《道家文化研究·第十一輯》，頁 372～413。

〔註 11〕載於：黃壽祺、張善文主編《周易研究論文集（第四輯）》，北京師範大學，1990 年 5 月，頁 417～432。

〔註 12〕北京：燕山，1994 年 1 月。

詹石窗、連鎮標《易學與道教文化》〔註 13〕、李申〈《周易》與道教〉〔註 14〕、
詹石窗《易學與道教符號揭秘》〔註 15〕、詹石窗《易學與道教思想關係研
究》。〔註 16〕

其三，直接以「道教易學」這個命題來陳述這個問題，如盧國龍〈道教
易學略論〉〔註 17〕、章偉文〈試論道教易學產生的歷史背景和思想淵源〉
〔註 18〕，〈道教易學綜論〉。〔註 19〕

筆者認為這三個類型的研究法各有利弊，第一類（張善文、劉韶軍）的
優點在於可以明晰的了解《道藏》與《藏外道書》中《易》學的分佈狀態，但
缺點是只見其梗概而未見細目。換言之，這個方式僅能見文獻羅列之功，未
能呈現文獻所代表的內在之深層意涵（內在的義裡思想）。

第二類的研究成果最為豐碩，將道教與《周易》的關係做了細緻的論述，
其中以劉國梁與詹石窗兩位先生的研究成果最值得矚目。劉國梁提出九個論
題（1 道教易學「法天象地」的宇宙模式、2 身中之易——金丹、3 道教的因
果報應思想與易學、4 道教與《周易》的三才思想、5 道教建築中的易學、6
道教法術與易學、7 道教與易學中的數學、8 道教的卜筮與易學、9 道教易學
的主要代表人物其及易學思想【a 魏伯陽、b 鍾離權與呂洞賓、c 彭曉、d 陳
摶、e 張伯端、f 俞琰】），來陳述道教與《周易》的關係。

筆者認為其中以「道教易學「法天象地」的宇宙模式」這個論題最具啟
發性與學術性，其將道教易學運用漢代象數《易》學的情形作了較全面的介
紹（分成十一項：太易太極說、復卦建始萌、八卦方位說、卦氣說、爻辰說、
十二辟卦說、納甲說、九宮說、六虛說、陰陽五行說、坎離為易說）。不過在
「道教易學的主要代表人物其及易學思想」這個論題的介紹，卻顯片面與內
容的不足。

〔註 13〕福建人民，1995 年 12 月。
〔註 14〕載於：朱伯崑主編《國際易學研究》（第三輯），北京：華夏，1997 年 7 月，
　　　　頁 360～381。
〔註 15〕北京：中國書店，2001 年 2 月。
〔註 16〕廈門大學，2001 年 3 月。
〔註 17〕載於：陳鼓應主編，《道家文化研究·第十一輯》，上海古籍，1997 年 10 月，
　　　　頁 1～24。
〔註 18〕《中國道教》，2004 年 5 期，頁 19～23。
〔註 19〕《中國哲學史》，2004 年 4 期，頁 45～52。

　　詹石窗的《易學與道教符號揭秘》與《易學與道教思想關係研究》兩著作主要是從「道教發展史」的角度出發，選取每一個時期的代表性著作來進行論說，可以說是目前為止研究道教與《周易》的關係的著作中最完整的作品。但因為是站在整個道教史的宏觀角度上來論說，所以對本論文所關注的研究論題「丹道易學」的論述是有限與不足的。

　　第三類（盧國龍、章偉文）的研究成果中，論述了「道教易學」產生的歷史背景和思想淵源以及綜論了整個「道教易學」的發展概況。不過，因為其皆為單篇的小論文，所以所陳述的觀點是屬於「概論」及「結論」性質的陳述，並未對其所陳述的對象與觀點作出深入具體的論述。並且其著重的是整個「道教易學」的整體介紹，所以對於本論文所關注的「丹道易學」的著墨相形之下便有所不足。

　　基於往昔研究成果的侷限、片面與不深入（概論式），所以本論文將擷取其優點，針對其缺點，將以道教修仙方術中最具理論基礎的「內丹學」結合「易學」這個研究《道藏》的切入點，即以「丹道易學」（內丹學與易學的結合）這個研究論題，來論述「丹道易學」的整個發展過程及其整體結構和理論思想。此為本論文的「研究動機」之一。

　　筆者認為透過「丹道易學」的角度，將有助於《道藏》研究方法的提昇。易言之，以「丹道易學」作為研究《道藏》的切入點，將可展現《道藏》所蘊含的另一思維面貌（不同於往昔道教史的思維面貌）。也就是說，以不同的「視角」（敘事觀點，View-point）來研究《道藏》，將可產生嶄新的研究成果。此為本論文「研究動機」之二。

第二節　　研究範圍設定

　　《道藏》（《正統道藏》、《萬曆續道藏》）與《藏外道書》〔註20〕中的《易》學內容與思想，其種類可分為三項：

其一，直接與《周易》有關的著作：

　　共有 16 種，包括：1 宋佚名《周易圖》三卷、2 宋楊甲《大象易數鈎深

〔註20〕此處《道藏》與《藏外道書》的版本是依據：（1）《道藏》（三家本，共 36 冊，上海書店，1994 年 8 月）與（2）《藏外道書》（共 36 冊，成都：巴蜀書社，1994 年 12 月）。

圖》三卷、3 宋劉牧《易數鈎隱圖》三卷、4 宋劉牧《易數鈎隱圖遺論九事》
一卷、5 元張理《易象圖說內篇》三卷、6 元張理《易象圖說外篇》三卷（以
上載於《正統道藏·洞真部·靈圖類》）、7 元雷思齊《易筮通變》五卷、8 元
雷思齊《易圖通變》五卷（以上載於《正統道藏·太玄部》）、9 漢焦贛《易林
上下經》（《焦氏易林》）十卷、10 明李贄《易因上下經》）（《李氏易因》）六卷、
11 明梅鷟《古易考原》三卷（以上載於《萬曆續道藏》）、12《麻衣道者正易
心法》一卷、13 元李道純《周易尚占》二卷、14 清劉一明《周易闡真》四卷、
15 清劉一明《孔易闡真》二卷、16《瀠火翁易考》二卷（以上載於《藏外道
書》）。

　　其二，註解《周易參同契》的著作，形成「《周易參同契》學」：

　　共有 25 種，包括：1 東漢陰長生注《周易參同契》三卷、2 無名氏《周
易參同契註》三卷（映字號）、3 朱熹註、黃瑞節附錄《周易參同契》（《周易
參同契考異》）三卷、4 後蜀彭曉註《周易參同契分章通真義》三卷、5 後蜀
彭曉撰《周易參同契鼎器歌明鏡圖》一卷、6 無名氏《周易參同契註》二卷（容
字號）、7 元俞琰《周易參同契發揮》九卷、8 元俞琰《周易參同契釋疑》一
卷、9 宋陳顯微《周易參同契解》三卷、10 宋儲華谷注《周易參同契》三卷
（以上載於《正統道藏·太玄部》）、11 金郝大通《周易參同契簡要釋義》一
卷（載於《太古集》，《正統道藏·太平部》）、12 明陸西星《周易參同契測疏》
一卷、13 明陸西星《周易參同契口義》一卷（以上載於《方壺外史》與《道
統大成》，《藏外道書》5、6 冊）、14 明彭好古《古文參同契（玄解）》三篇、
15 明彭好古《古文參同契箋註》三篇、16 明彭好古《古文參同契三相類》二
篇（以上載於《道言內外秘訣全書》，《藏外道書》6 冊）、17 清朱元育《周易
參同契闡幽》三篇（以上載於《道統大成》，《藏外道書》6 冊）、18 清劉一明
《參同契經文直指》三篇、19 清劉一明《參同契直指箋註》三篇、20 清劉一
明《參同契直指三相類》二篇（以上載於《道書十二種》，《藏外道書》8 冊）、
21 元上陽子陳致虛《周易參同契分章註》三卷（載於《金丹正理大全》，《藏
外道書》9 冊）、22 明王文祿《周易參同契疏》一卷（載於《真仙上乘》，《藏
外道書》9 冊）、23 清陶素耜《參同契脈望》三卷（載於《真仙上乘》，《藏外
道書》10 冊）、24 清傅金銓《頂批上陽子原注參同契》三卷（載於《濟一子
頂批道書四種》，《藏外道書》11 冊）、25 清呂惠連《周易參同契祕解》七卷

（《藏外道書》25 冊）。

其三，不以《周易》為名，但其內容卻隱含著易學思想的著作。
〔註21〕

這類不以《周易》為題，但卻在觀念、思想與內容、形式上借用「易學」來陳述的作品，其數量是眾多的。現舉其大要：1 宋翁葆光註、陳達靈傳、元戴起宗疏《紫陽真人悟真篇注疏》八卷、2 宋薛道光、陸墅、元陳致虛《紫陽真人悟真篇三注》五卷、3 宋翁葆光撰、戴順跋《紫陽真人悟真直指詳說三乘秘要》一卷、4 宋翁葆光撰《紫陽真人悟真篇拾遺》、5 宋翁葆光註《悟真篇注釋》三卷、6 宋夏元鼎撰《紫陽真人悟真篇講義》七卷（以上載於《正統道藏・洞真部・玉訣類》）、7 金王吉昌《會真集》五卷、8 元李道純《中和集》六卷、9 元李道純《三天易髓》一卷、10 元李道純《全真集玄秘要》一卷、11 蕭廷芝《金丹大成集》五卷（載於《修真十書》）、12 宋張伯端《悟真篇》五卷（載於《修真十書》）（以上載於《正統道藏・洞真部・方法類》）、13《上方大洞真元妙經圖》一卷、14《上方大洞真元陰陽陟降圖書後解》一卷（以上載於《正統道藏・洞玄部・靈圖類》）、15 元金月巖編、黃公望傳《抱一函三秘訣》一卷（載於《正統道藏・洞玄部・眾術類》）16 唐司馬承禎《天隱子》（《易簡》、《漸門》）一卷、17 宋邵雍《皇極經世》十二卷、18 宋邵雍《伊川擊壤集》二十卷、19 元俞琰《易外別傳》一卷、20 元牧常晃《玄宗直指萬法同歸》七卷、21 晉顏幼明註、劉宋何承天續注、明劉基解《靈棋本章正經》二卷（以上載於《正統道藏・太玄部》）、22《太平經》一百一十九卷、23 金郝大通《太古集》四卷（以上載於《正統道藏・太平部》）、24 宋鮑雲龍《天原發微》十八卷、25 宋司馬光註《太玄經集註》六卷（以上載於《正統道藏・太清部》）、26《玄和子十二月卦金訣》一卷、27 元鄧栟纂圖、元章希賢衍義

〔註21〕此項的分類標準是：只要是藉著《周易》的義理與象數來論述其欲表達的思想，皆屬歸屬於此類中。如：《悟真篇》、《中和集》與《金丹大成集》藉著《周易》的義理與象數來談論「內丹」思想。另外再參考：(1) 任繼愈主編、鍾肇鵬副主編，《道藏提要・新編《道藏》分類目錄・易學》（北京：中國社會科學，1991 年 7 月，頁 1315）；(2) 朱越利，《道藏分類解題・一周易》（北京：華夏，1996 年 1 月，頁 2〜4）；(3) 祝亞平，《道家文化與科學・附錄二・《道藏》科技史料分類目錄・易學》（安徽：中國科學技術大學，1995 年 7 月，頁 490〜491）及 (4) 胡孚琛主編，《中華道教大辭典・第三類道教經籍・目錄・十一《周易參同契》及易學》（北京：中國社會科學出版社，1995 年 8 月，頁 37）。

《道法宗旨圖衍義》二卷（以上載於《正統道藏‧正一部》）、28 明陸西星《悟真篇（詩小序）》一卷（載於《方壺外史》，《藏外道書》5 冊）、29 明彭好古解《悟真篇》一卷（載於《道言內外秘訣全書》，《藏外道書》6 冊）、30《前八品仙經》二卷（載於《呂祖全書》）、31 清梅芳老人（蔣曰綸）《心傳述燈錄》一卷（以上載於《藏外道書》7 冊）、32 清劉一明《象言破疑》二卷、33 清劉一明《悟真直指》四卷（以上載於《道書十二種》，《藏外道書》8 冊）、34 尹真人《性命圭旨》四卷（載於《藏外道書》9 冊）、35 清陶素耜《悟真篇約註》三卷（載於《真仙上乘》，《藏外道書》10 冊）、36《呂祖師三尼醫世說述》一卷（載於：閔一得《古書隱樓藏書》，《藏外道書》10 冊）、37 清傅金銓《頂批三注悟真篇》三卷（載於《濟一子頂批道書四種》，《藏外道書》11 冊）、38清盼蟾子劉琇峯《敲蹻洞章》二卷（載於《盼蟾子道書三種》，《藏外道書》23冊）、39 清黃元吉《樂育堂語錄》四卷（載於《藏外道書》25 冊）、40 清千峯老人趙避塵《性命法訣明指》十六卷（載於《藏外道書》26 冊）。

　　《道藏》與《藏外道書》中的《易》學分佈狀態，大致可分成上述三個類型。這三類借用《易》學來論述的道書，前兩類的數量相較於第三類是較少的，不過其內容的《易》學成分是較全面的。反之，第三類的《易》學成分則是多寡不等，有時甚至只佔很小的部分。其細部的分佈狀態，《正統道藏》之「三洞」則集中在「洞真部」之「靈圖類」和「玉訣類」，「四輔」則是集中在「太玄部」。《萬曆續道藏》數量較少，《藏外道書》相較之下則佔了很大部分。

　　本論文雖然將研究的焦點集中在「易學」這個範疇，但不太可能進行全面的論述與研究。因此，配合本論文的研究動機（丹道易學），再將範圍縮小到「易學」範疇中談論「內丹」這個部分。易言之，本論文將研究的範圍設定在：以「易學」（象數與義理）為表現形式（表述載體），來陳述「內丹學」理論的著作，即「丹道易學」的作品。而這些著作中又將焦點集中在第二類的《周易參同契》與第三類的《悟真篇》。

　　選擇《周易參同契》的原因，乃是因為其是「道教易學」（見第二章的論述）的代表性著作，且其又是第一個使用易學「表現形式」來陳述「煉丹理論」的作品。至於《悟真篇》則是承繼與發揮《周易參同契》的丹道理論，且是公認繼《周易參同契》後丹道學說的經典代表作品。〔註22〕

〔註22〕《雲笈七籤‧卷一百九‧紀傳部‧傳‧神仙傳‧魏伯陽》云：「伯陽作《參同契五相類》凡二卷，其說如似解釋《周易》。其實假借爻象，以論作丹之意。」

第三節　研究目的與方法

一、研究目的

　　道教「內丹學」（又稱身體煉金術），是公認最具有「身體觀」的中國思想。中國道教身體觀除了五臟六腑的系統外，最大的特色就是一種「氣──經脈」的系統，此系統又可稱「流動的身體」（循環流動於體內的流體）。〔註23〕

　　「內丹學」這種屬於人體內部（內景之學）的修煉法，顯現出個別化與內在化的「冥契」（或密契）經驗。因此，存在著比較欠缺普遍化與客觀化的認知體系的傾向。針對這個問題，道教歷代內丹學家主要以《周易參同契》所提出的煉丹理論為典範，將其轉嫁、移植及轉譯為自己所論述的內丹理論上。《周易參同契》所提出的煉丹理論典範，即是以《周易》與易學這套符號系統來表述煉丹術（或煉金術）。

　　因此，本論文所設定的「研究目的」，主要是探討《道藏》與《藏外道書》中，這種以「易學」（象數與義理）為表現形式（表述載體），來陳述「內丹學」理論的著作，即屬於「丹道易學」的作品。易言之，本論文所關注的焦點，在於探討與揭示此種「丹道」與「易學」相結合的情形，並說明「丹道」為何要與「易學」符號相結合的原因。此為本論文研究目的。

（北京：華夏，1996 年 8 月，頁 672）；《真人高象先金丹歌》曰：「又不聞叔通從事魏伯陽，相將笑入無何鄉。准《連山》作《參同契》，留為萬古丹中王。」（《道藏》（三家本），上海書店，第二十四冊，頁 152）；俞琰《周易參同契發揮·阮登炳序》云：「《參同契》乃萬古丹經之祖」（《道藏》（三家本），第二十冊，頁 192）；陳顯微《周易參同契解·卷上》云：「則《周易》六十四卦，皆為吾用。是則大丹之道可以參諸《易》，而《參同契》之所以作也。」（同上，頁 272～273）；陳致虛《上陽子金丹大要·卷一》曰：「且無知者，妄造丹書，假借先聖為名，⋯⋯切不可信，要當以《參同契》、《悟真篇》為主。」（《道藏》（三家本），第二十四冊，頁 4）；元朝戴起宗於《紫陽真人悟真篇注疏·序》云：「《悟真篇》分性命為二宗，訓人各進；分內外為二藥，訓人同進。實為千古丹經之祖，垂世立教，可與《周易參同契》並傳不朽。」（《道藏》（三家本），第二冊，頁 910）以；《四庫全書總目提要·子部·道家類·悟真篇註疏三卷、附直指詳說一卷》云：「是書（《悟真篇》）專明金丹之要，與魏伯陽《參同契》，道家竝推為正宗。」（《四庫全書總目提要·叁》，河北人民，2000 年 3 月，頁 3767）從上述的引文，可見在道教內丹學的傳統上，《悟真篇》與《周易參同契》擁有相同的地位，而且《悟真篇》是繼承了《周易參同契》丹道理論的經典著作（詳細論述見於後文）。

〔註23〕「流動的身體」這個觀念，係日人石田秀實所提出。見於：石田秀實著、楊宇譯，《氣·流動的身體》（台北：武陵，1996 年 2 月）。

二、研究方法

在這些「丹道易學」的著作中，本論文又將焦點集中在《周易參同契》和《悟真篇》上。換言之，在研究進路上，將以《周易參同契》的思想與開展以及《悟真篇》的思想和承繼為主要研究重心，從「開展」與「承繼」兩個方向來進行探討。「開展」方面，主要探討《周易參同契》的思想與表現形式，內容涉及到《周易參同契》本身以及彭曉註（《周易參同契分章通真義》）和俞琰註（《周易參同契發揮》）；「承繼」方面，則注重承繼《周易參同契》思想的著作《悟真篇》，內容包括《悟真篇》與《周易參同契》的關係以及《悟真篇》本身的思想結構。

另外，要說明的是：在《周易參同契》（外丹）過渡到《悟真篇》（內丹）的中間過渡階段，筆者將介紹「《悟真篇》內丹思想與鍾呂金丹派的關係」這個論題。之所以陳述此論題，原因是想藉此說明道教「丹道理論」由「外丹」傳統初步轉換為「內丹」的這個中介過渡過程，如此將可彌補丹道理論由「外丹」突然轉向「內丹」的中間空白階段。

在這個研究進程中，將產生「三個時間分期」和逼顯出「一個主題」。即以「丹道、易道及天道」模式為主題，而劃分出三個時期（丹道、易道及天道的詳細論述與代表作品的選取原因之詳細論述，見於本論文第二章）：

1、初期（漢代）：

以《周易參同契》為主來陳述丹道理論。代表作品為「《周易參同契》」。

此階段的特色是：不拘於《周易》經傳的固有體系，以《周易》的「符號系統」（卦象、卦爻），來陳述煉丹的藥物與火候。

2、第二期（唐五代北宋）：

以《周易參同契》的卦爻象數所鋪陳的各種隱喻與義理來陳述內丹道。代表作品為「彭曉註」與「《悟真篇》」。

此階段的特色是：以註解《周易參同契》與運用《周易參同契》的卦爻象數所鋪陳的各種隱喻與義理來陳述內丹道。並且，此時《悟真篇》以詩詞歌詠的形式來闡述其對內丹道的證悟，為第三階段簡約概括的陳述形式開了先河。

3、第三期（南宋金元）：

不拘於《周易參同契》的卦爻象數，而又結合邵雍「先天《易》學」與周敦頤《太極圖》來陳述內丹理論。代表作品為「俞琰註」。

此階段的特色是：丹道易學（丹道與易道）不泥於卦爻象數而趨於精簡概括。簡括的方法是以「詩詞」與「圖象」的形式來陳述內丹理論。

相應於上述的主題與分期，本論文所使用的「研究方法」是：

牟宗三先生曾提出「研究中國哲學的文獻途徑」的說法，認為所謂的「文獻途徑」並不是訓詁考據，而是要有生命的存在呼應，對於作者所發出這智慧的背景、氣氛及脈絡要有所瞭解，然後對於文句有所把握，形成一恰當的概念，由恰當的概念再進一步，看是那一方面的問題。換言之，所謂的「文獻途徑」含有三個步驟：一是生命的存在呼應，二是概念的提出，三則是問題的掌握。〔註24〕

本論文類比的使用牟先生「文獻途徑」三個步驟的方法，因為道教「丹道」理論所關注的焦點是：「人如何不死而長生」？對於這個問題，「外丹」學派的思維方式，是從如何煉製人工「丹藥」著手，認為只要煉出符合「天地造化」（順陰陽、法天合道）的丹藥，經由服食後，便可實現此一長生的夢想。此時的丹藥，如同是人與「價值本源──道」銜接的中介。「內丹」學派的思維方式，則從人體的內在來思考超越之道，認為人體本身便自具足長生之藥，因此不需從「假外物以自堅固」的角度來思考，而應該從自家身中去求取「丹藥」。此時的丹藥，即由內煉人體「精、炁、神」三者而成，而成功的關鍵，同樣是如何復歸於「價值本源──道」（煉神還虛或煉神合道）。因此，不論外丹或內丹皆有「回溯本源的內向思考」這個根源性命題存在。

針對這個根源性命題，道教「丹道」理論所提出的概念有：「逆反」、「復歸」、「返還」、「後天返先天」、「顛倒陰陽」、「取坎填離」及「坎離顛倒」等。換言之，為了回應如何「回溯本源的內向思考」這個根源性命題，所以使用「概念的提出」的方式來解決所面對的「問題」（人如何不死而長生）。

同理，「丹道易學」在根源性命題、概念的提出與所面對的問題上，是與「丹道」理論相同的，所以同樣可以使用「文獻途徑」三個步驟的方法。但兩者的區別在：「丹道易學」強調《易》學的表現形式。換言之，「丹道易學」在陳述「金丹」（外丹或內丹）如何煉製成功上，是以《易》學為表現形式並運用「天道」的權威性來立論其「丹道」學說。

因此，「丹道、易道及天道」這個模式將是筆者所關注的主題，並以此作

〔註24〕以上轉引自：林師安梧，《存有、意識與實踐‧第一章導論》，台北：東大，1993 年 5 月，頁 10。

為本論文的研究進行主線與焦點。易言之，「丹道、易道及天道」為「丹道易學」的「根源性問題」。

綜合上述，本論文將以「丹道、易道及天道」這個根源性問題配合「文獻途徑」（根源性命題、概念的提出與所面對的問題）作為本論文的研究方法。進行的步驟是：

在檢視《周易參同契》時，著重在其性質、主旨與內容的釐清，此舉將可對於其「文獻途徑」有清楚的理解與掌握。如此將可明瞭它在道教史與易學史上的地位與貢獻，並進而瞭解其對後世「丹道易學」的影響。

在探討《周易參同契》注解（彭曉註和俞琰註）時，則著重在它詮釋《周易參同契》的方式，以此理解與開顯它對《周易參同契》的承繼與創造性的詮釋。

在《悟真篇》的理論與詮釋中，除了展示《悟真篇》與《周易參同契》的承繼關係，另外著重探討張伯端的丹道思想與《周易參同契》的不同以及其創造性地詮釋之處（如《悟真篇》解讀《周易參同契》的方式——得意忘象，由內丹的角度來詮釋《周易參同契》的術語以及其吸收佛教禪宗的心性之學）。

易言之，當在面對如何「回溯本源的內向思考」這個根源性命題時，也就是金丹（外丹與內丹）如何煉製成功時，《周易參同契》及其注解（彭曉註和俞琰註）與《悟真篇》是如何提出對治的「概念」來回答所面對的「問題」，將是本論文主要的研究方法與步驟。

第二章 「丹道易學」之界定與範圍

　　在第一章中，筆者曾提出：本論文將研究的焦點集中在以「易學」（象數與義理）為表現形式（表述載體），來陳述「內丹學」理論的著作，即屬於「丹道易學」的作品。而在這些著作中，又將焦點集中在第二類的《周易參同契》與第三類的《悟真篇》。並說明選擇《周易參同契》的原因，乃是因為其是「道教易學」的代表性著作，且其又是第一個使用易學「表現形式」來陳述「煉丹理論」的作品。至於《悟真篇》則是承繼與發揮《周易參同契》的丹道理論，且是公認繼《周易參同契》後丹道學說的經典代表作品。

　　筆者認為在探討「丹道易學」之內容與發展前，有必要先對「道教易學」這個名詞作出解釋說明。

第一節　「道教易學」與「丹道易學」

一、何謂「道教易學」

　　清皮錫瑞在《經學通論》中，將《易》學〔註1〕分成「正傳」與「別傳」

〔註1〕所謂《易》學，朱伯崑先生的定義是：「對《周易》所作的種種解釋，并通過其解釋，形成一套理論體系。」（《易學哲學史·第一卷·前言》，台北：藍燈文化，1991年9月，頁1），又云：「易學作為研究《周易》流傳和演變的學問，是通過對《周易》占筮體例、卦爻象的變化以及卦爻辭的解釋而展開的，有自己特有的術語、概念、範疇和命題，從而形成了一套獨特的思維形式。」（《易學基礎教程·第三章易學》，北京：九洲圖書，2001年2月，頁135），又曰：「易學是對《周易》包括經和傳所作的種種解釋。……易學則通過對《周易》經傳的種種解說，形成了一套理論體系，並在長期的發展過程中，經歷

兩類。所謂「正傳」，即傳統的儒家經學系統；「別傳」，則指有別於正傳的隱士之《易》，其內容為闡述「陰陽術數」、「陰陽災變」的學說。〔註2〕而《四庫全書總目提要‧經部一‧易類一》中，則概括自漢至宋代之《易》學的流派，分類為「兩派六宗」。兩派指「義理派」與「象數派」，六宗指「象數宗」、「禨祥宗」、「造化宗」、「老莊宗」、「儒理宗」及「史事宗」。〔註3〕又徐芹庭、南懷瑾《周易今註今譯‧敘言》中，則分成「兩派十宗」。兩派指「義理派」與「象數派」，十宗則是「占卜宗」、「災祥宗」、「讖緯宗」、「老莊宗」、「儒理宗」、「史事宗」、「醫藥宗」、「丹道宗」、「堪輿宗」及「星相宗」。〔註4〕

綜合「兩派六宗」與「兩派十宗」的說法，可以看出：

「義理派」分為：老莊宗、儒理宗、史事宗。

「象數派」分為：象數宗、禨祥宗、造化宗（占卜宗、災祥宗、讖緯宗）、醫藥宗、丹道宗、堪輿宗、星相宗。

了不同的階段，形成了許多流派。」（同上）；詹石窗《易學與道教思想關係研究‧導論》云：「從狹義上看，易學即《周易》的解釋學。它探討《周易》的起源、性質、內容、形式等問題。其主要的方式是通過音韻訓詁手段對《周易》的卦爻辭進行注解、闡釋。從廣義上看，易學還包括《周易》基本原理的應用、發揮，《周易》體系的模擬、變通一類學問。」（廈門大學，2001年3月，頁1）

〔註2〕清皮錫瑞《經學通論‧一易經》云：「至成帝時，劉向校書，考《易》說，以為諸《易》家說皆祖田何、楊叔、丁將軍，大誼略同。唯京氏為異黨，焦延壽獨得隱士之說，託之孟氏，不相與同。據《漢書》，則田何、丁寬、楊何之學，本屬一家，傳之施、孟、梁邱，為《易》之正傳；焦京之學，明陰陽術數，為《易》之別傳。」（北京：中華，2003年11月，頁16）、又「至成帝時，劉向校書，考《易》說，唯京氏為異黨。據班氏說，則《易》家以陰陽災變為說，首改師法，不出於田何、楊叔、丁將軍者，始於孟而成於京。……孟氏得《易》家書，焦延壽得隱士說，則當時實有此種學，而非其所自創。《漢志》《易》家有《雜災異》三十五篇，是《易》家本有專言災異一說，而其傳此說者，仍是別傳而非正傳。」（同上，頁19）、又「孔子說《易》見於《論語》者二條，一勉無過，一戒無恆，皆切人事而言。戰國諸子及漢初諸儒言《易》，亦皆切人事而不主陰陽災變，至孟、京出而說始異。故雖各有所授，而止得為《易》之別傳也。」（同上，頁19）

〔註3〕《四庫全書總目提要‧經部一‧易類一》云：「故《易》之為書，推天道以明人事者也。《左傳》所記諸占，蓋猶太卜之遺法。漢儒言象數，去古未遠也。一變而為京（房）、焦（贛），入於禨祥，再變而為陳（摶）、邵（雍），務窮造化，《易》遂不切於民用。王弼盡黜象數，說以老、莊。一變而胡瑗、程子，始闡明儒理，再變而李光、楊萬里，又參證史事，《易》遂日啟其論端。此兩派六宗，已互相攻駁。」（河北人民，2000年3月，頁50）

〔註4〕臺灣商務，1990年9月，頁10～11。

可以看出「十宗」是在「六宗」的基礎上增加四宗，而這四宗又是「象數派」（象數易學）的發展。因此，如果以皮錫瑞「正傳」與「別傳」的說法來看，則由「象數派」所發展的四宗，應該就是所謂的「別傳」。易言之，《易》學之「別傳」，即包含醫藥宗、丹道宗、堪輿宗、星相宗等四類。

因此，在上述意義的《易》學發展史（《易》學史）中，所謂「道教易學」，即是「道教中的《易》學」，其性質屬於「別傳」。它的內容包括：《周易》經、傳及《易》學發展中出現的種種符號、術語、概念、範疇和命題，在道教思想、教義及文化中的運用之學術形式。〔註5〕易言之，這個意義下的「道教易學」，主要是「援《易》以為說」。所以其主要目的並非是對《周易》經、傳作出注解詮釋，而是援引《周易》或《易》學中的某些學說，作為其建構自己學說體系的材料或理論基礎。《四庫全書總目提要·經部一·易類一》云：「《易》道廣大，無所不包，旁及天文、地理、樂律、兵法、韻學、算術，以逮方外之爐火，皆可援《易》以為說，而好異者又援以入《易》，故《易》說愈繁。」〔註6〕

「道教易學」的另一個意義，即「托易象而論之」。彭曉《周易參同契分章通真義·序》中云：「公（魏伯陽）撰《參同契》者，謂修丹與天地造化同途，故托《易》象而論之。」〔註7〕

綜合上述，所謂「道教易學」，主要性質是指「《易》外別傳」。它是「道教中的《易》學」而非是「《易》學在道教中」，其表現形式主要為「援《易》以為說」與「托易象而論之」！

二、何謂「丹道易學」

在「道教易學」的發展中，唐五代宋元時期陸續形成「《易》圖學」、「《易》學內丹學」及「《易》《老》學」。「《易》圖學」，是指道教與宋代圖書《易》學相結合；「《易》學內丹學」，則為道教內丹學與《易》學結合的產物；而《易》《老》學，顧名思義是指道教《老子》學（重玄學）與《易》學的相融。

〔註5〕「道教易學」，又有另外一個意義，即「《易》學在道教中」。換言之，就是儒家經學的《周易》在道教中的詮釋注解情形。不過，由於《正統道藏》與《藏外道書》的道教易學，主要是在應用《周易》方面，而非詮釋注解《周易》，所以此項筆者便省略不談。

〔註6〕河北人民，2000年3月，頁50。

〔註7〕《道藏》（三家本），第二十冊，頁131。

　　本論文所謂「丹道易學」，指的是「兩派十宗」中之「丹道宗」，亦即「道教易學」中之「《易》圖學」與「《易》學內丹學」兩類。

　　「丹道易學」的內容之所以包含「《易》圖學」與「《易》學內丹學」這兩類，原因在於：本論文所設定的「研究對象」，主要是探討《道藏》與《藏外道書》中，以「易學」為表現形式（表述載體），來陳述「內丹學」理論的著作。而這些著作中又將焦點集中在《周易參同契》和《悟真篇》上。換言之，即以《周易參同契》和《悟真篇》二書為基準，來陳述「丹道易學」思想。在這個研究進程中，將產生「三個時間分期」和逼顯出「一個主題」。換言之，即以「丹道、易道及天道」相銜接這個主題，而劃分出三個時期：

1、初期（漢代）：以《周易參同契》為主來陳述丹道理論

　　之所以選取《周易參同契》為此時期的代表作品，原因在於其是第一部以易學為「表現形式」，來陳述「煉丹理論」的作品。換言之，《周易參同契》是公認首部「道教易學」代表性的經典著作，它符合「道教易學」的表現形式——「援《易》以為說」與「托易象而論之」！

2、第二期（唐五代北宋）：此階段，以彭曉的《周易參同契分章通真義》（簡稱《通真義》）與張伯端《悟真篇》為代表

　　選擇彭曉《通真義》為代表作品的原因：其一，從「文獻」方面來說。因為彭曉所注解的《通真義》，是第一部官方認可的《周易參同契》注本。換言之，彭曉《通真義》，是歷來官方公認的可靠版本，並認為是《參同契》最早的註本，朱熹、俞琰、《永樂大典》及《四庫提要》皆認同此種說法。《四庫提要・叁・周易參同契分章通真義三卷》云：「諸家註《參同契》者，以此本（彭注本）為最古。至明嘉靖中，楊慎稱南方有發地中石函者，得古文《參同契》，以為伯陽真本，反謂曉此本淆亂經注。好異者往往信之。然朱子作《周易參同契考異》，其章次并從此本。《永樂大典》所載《參同契》本，亦全用曉書，而以俞琰諸家之注分隸其下。則此本為唐末之書，授受遠有端緒。慎所傳本，殆豐坊《古大學》之流，殊荒誕不足為信。故今錄《參同契》之注，乃以此本為冠焉。」〔註8〕。這個派別的影響力很大，孟乃昌先生曾評論過這個派別在《參同契》註本的歷史中居於強勢的原因，乃是「推其所以，無非還是儒家正統思想的支配，館臣與朱熹都清楚知道：彭曉

〔註8〕河北人民，2000年3月，頁3756～3757。

畢竟為後蜀『朝散郎守尚書祠部員外郎，賜紫金魚袋』，是官方與半官方的。」〔註9〕；於是本論文便以其作為《周易參同契》文獻徵引的依據。

其二，由「思想內容」方面來看。因為在《通真義》中，彭曉以《明鏡圖》來概括《通真義》的內容，並認為《明鏡圖》是開啟《通真義》的門戶。換言之，彭曉透過《明鏡圖》，將《通真義》闡述的《周易參同契》之丹道理論作了較系統化、概念化的融匯與簡約。筆者認為彭曉所繪製的《明鏡圖》，是宋代圖書《易》學與內丹學銜接的濫觴，而宋末元初的俞琰在其《周易參同契發揮》中更繪製了多種內丹圖，可以說其詮釋《周易參同契》的方式是承繼自彭曉《明鏡圖》的概念。如此情形可以說符合「丹道易學」之「《易》圖學」與「《易》學內丹學」的內容。

至於選擇張伯端《悟真篇》的原因，除了是因為它承繼與發揮《周易參同契》的丹道理論，是公認繼《周易參同契》後丹道學說的經典代表作品（經由筆者詳細而明確的比較後，證明《悟真篇》的「內丹」思想與《周易參同契》的具體承繼關係之思想內容共四點：1 丹藥產生的處所與時間、2 採藥、封爐與煉藥、3 元神、元精與真意、4 五行生剋以鉛制汞。並羅列了十三條《四庫全書總目提要》未錄之《悟真篇》與《周易參同契》的關係處之資料）。另外，在《悟真篇》中有「讀《周易參同契》一文」，其中提出解讀《周易參同契》的新思路——「得意忘象、得象忘言」！這種新的解讀方法，是張伯端對《周易參同契》創造性的詮釋。易言之，《悟真篇》對於內丹理論的表現形式（以詩詞歌詠的形式），有日漸趨於精省簡約的傾向，為「丹道易學」的第三期之簡約概括的表述形式開了先河。〔註10〕

3、第三期（南宋金元）：此階段，以俞琰《周易參同契發揮》（簡稱《發揮》）與《易外別傳》為代表作品

選擇俞琰的原因，在文獻方面，是因為俞琰在《周易參同契發揮·序》中自述其撰成《周易參同契發揮》的經過，其云：「感異人，指示先天真一之大要，開說後天火候之細微，決破重玄洞無疑惑，歸而再取是書（《周易參同契》）讀之，則勢如剖竹，迎刃而解。又參以劉海蟾之《還金》、張紫陽之《悟

〔註9〕《周易參同契考辨·一《周易參同契》通考》，頁29。
〔註10〕此階段之所以沒有選擇「陳摶」的主要原因是：因為陳摶的丹道易學思想，不符本論文所設定的以《周易參同契》和《悟真篇》二書為基準，所陳述「丹道易學」思想。

真》、薛紫賢之《復命》、陳泥丸之《翠虛》，但見觸處皆同，而無有不契者矣。」
〔註11〕。筆者細查《發揮》一書，發現俞琰習慣引經據典來證明自己的內丹
學說，如其中引用了許多內丹經典，計有：崔希範《入藥鏡》、《呂純陽詩》、
《指玄篇》、劉海蟾《還金篇》、張伯端《悟真篇》、石泰《還源篇》、薛道光
《復命篇》、陳楠《翠虛篇》、白玉蟾《上清集》、《重陽全真集》、《馬丹陽漸悟
集》、《譚長真水雲集》、《郝廣寧太古集》、《王玉陽雲光集》、《丘長春鳴道集》、
《丘長春磻溪集》、蕭廷芝《金丹大成集》、邵康節《皇極經世書》及《擊壤
集》等。因此，《發揮》主要依據金丹派南宗（南宗五祖：張伯端、石泰、薛
道光、陳楠、白玉蟾）與金丹派北宗（王重陽、馬鈺、譚處端、郝大通、王處
一、丘處機）的內丹理論，並結合宋儒（邵雍）《易》學，來注解發揮《周易
參同契》之主旨。此外，經筆者統計，《發揮》共引用張伯端《悟真篇》有五
十四次之多。〔註12〕可以看出《悟真篇》對其影響之深。

在內容方面，主要是因為俞琰在《周易參同契發揮》中繪製了多種內丹圖
（共 29 幅圖），可以說其詮釋《周易參同契》的方式是承繼自彭曉《明鏡圖》
的概念。另外，俞琰在《易外別傳》中，稱其校正彭真一《明鏡圖》，略加增損
而成九環之「《周易參同契》金丹鼎器藥物火候萬殊一本之圖」。〔註13〕並且又
吸收邵雍《先天圖》及朱熹對《先天圖》注解，來解釋《周易參同契》內丹理
論。這些皆符合「丹道易學」之「《易》圖學」與「《易》學內丹學」的內容。

綜合上述，本論文的章節安排的先後次序及原因如下：

第三章「《周易參同契》丹道易學思想」，將《周易參同契》排在首位，原
因在於它是公認首部「道教易學」的代表性著作，並且是為了配合本論文所
設定的「研究範圍」。因而本章主要介紹《周易參同契》丹道易學思想的性質、

〔註11〕《道藏》（三家本），二十冊，頁 194。
〔註12〕俞琰《周易參同契發揮》引用《悟真篇》處：《道藏》（三家本），第二十冊，
　　　　頁 195 有二筆、頁 196 有二筆、頁 197 有一筆、頁 198 有二筆、頁 200 有一
　　　　筆、頁 202 有一筆、頁 204 有一筆、頁 205 有一筆、頁 206 有二筆、頁 210
　　　　有一筆、頁 212 有一筆、頁 213 有一筆、頁 214 有一筆、頁 216 有四筆、頁
　　　　217 有一筆、頁 219 有一筆、頁 220 有一筆、頁 222 有三筆、頁 223 有一筆、
　　　　頁 224 有二筆、頁 226 有一筆、頁 235 有一筆、頁 237 有三筆、頁 238 有一
　　　　筆、頁 240 有二筆、頁 242 有三筆、頁 244 有一筆、頁 245 有一筆、頁 246
　　　　有二筆、頁 251 有一筆、頁 252 有一筆、頁 254 有一筆、頁 255 有二筆、頁
　　　　256 有一筆、頁 257 有二筆、頁 258 有一筆，以上共 54 筆。
〔註13〕《道藏》（三家本），二十冊，頁 317。

主旨及內容，並說明它在丹道易學上的主要論點及對後代的影響。

第四章「彭曉的丹道易學思想」，將彭曉置於第二順位（選取彭曉）的原因，在於他的《周易參同契分章通真義》，是第一部官方認可的《周易參同契》注本，因而影響深遠，形成所謂祖述「彭曉本」的《參同契》派別。這個派別在《參同契》註本的歷史（《周易參同契》學）中，居於強勢的地位。在思想內容上，彭曉透過《明鏡圖》，將《通真義》闡述的《周易參同契》之丹道理論作了較系統化、概念化的融匯與簡約。筆者認為他詮釋《周易參同契》的方式，影響了宋末元初的俞琰。易言之，俞琰在《周易參同契發揮》中繪製了多種內丹圖，可以說其詮釋《周易參同契》的方式是承繼自彭曉《明鏡圖》的概念。所以彭曉在注解《周易參同契》的歷史中，扮演著承上啟下的角色，因而便將他置於《周易參同契》後的第二順位來進行探討。

第五章「張伯端的《悟真篇》與《周易參同契》的關係」，此章排列為第三順位的原因，主要是為了強化與證明《悟真篇》與《周易參同契》的承繼關係。因而，便以《四庫提要》所提出的四個關聯處來加以分析、比較與探討。如此本論文的進行順序，便可順理成章的由探討《周易參同契》轉而變成對張伯端《悟真篇》的討論。所以此章，對於「《周易參同契》與《悟真篇》的關係」具有文獻與思想的承繼及轉折作用。

第六章「《悟真篇》內丹思想與鍾呂金丹派的關係」，此章置於第四順位的原因，在於由丹道思想的「歷史脈絡」角度來看，「鍾呂金丹派」正好位於《周易參同契》（外丹）過渡到《悟真篇》（內丹）的中間過渡階段。因此，本論文介紹「《悟真篇》內丹思想與鍾呂金丹派的關係」這個論題，原因是想藉此說明道教「丹道理論」由「外丹」傳統初步轉換為「內丹」的這個中介過渡過程，如此將可彌補丹道理論由「外丹」突然轉向「內丹」的中間歷史空白階段。所以，此章具有丹道理論之歷史性功能以及由外丹轉向內丹的中介承繼功用。

第七章「張伯端的丹道易學思想」，此章主要介紹張伯端性命雙修的內丹思想以及他與禪宗思想的關係。此章的作用在於對於張伯端的內丹思想，作全面性的敘述，如此將可顯現他在丹道易學思想史上的地位。

第八章「俞琰的丹道易學思想」，此章置於張伯端的丹道易學思想之後，原因在於《周易參同契發揮》共引用張伯端《悟真篇》有五十四次之多，可見《悟真篇》對其影響之深。在思想內容上，除了其繼承彭曉詮釋《周易參同契》的方式外，並且他的丹道易學思想，已有不泥於卦爻象數而趨於精簡概

括（「圖象」的形式）的趨勢。因此，俞琰的丹道易學（《周易參同契發揮》、《易外別傳》）思想，可作為丹道易學思想史上，以圖解《易》（《易》圖學），用《易》圖來詮釋內丹理論的經典代表作品。

第二節　「丹道」、「易道」及「天道」

　　第一章時，筆者曾云：以「丹道、易道及天道」這個模式為主題，作為本論文的研究進行主線與焦點。易言之，「丹道、易道及天道」為「丹道易學」的「根源問題」。因此，在此節中，筆者將以「彭曉」與「俞琰」兩者為例，來說明「丹道」、「易道」及「天道」三者的關係。

一、修丹與天地造化同途

　　「丹道易學」的「三個時間分期」呈現出一個共同的主題，即「丹道」、「易道」及「天道」相銜接、結合的模式。易言之，「丹道易學」認為丹道之修煉必須符合天地之造化（法天），所以借用《易》學符號來陳述天道的陰陽變化，以此來象徵丹道合煉中的火候、藥物之變化情形。〔註14〕

　　《周易》一書的性質特點，在於「推天道以明人事者」。〔註15〕如《周易·乾卦·象傳》曰：「天行健，君子以自強不息。」〔註16〕；乾卦，因為象徵天道（天體）運行的剛健與永恆，所以君子應當效法天道，自我奮發而永遠不止息。這種強調人事方面積極進取精神的概念，即透過象徵與類比於天體運行而呈現。由於《周易》經傳的義理內容及《易》學（漢代象數《易》學）卦爻象的數理排列（如卦氣、納甲、十二消息卦、爻辰、八卦方位說等），已有效地說明天道的運行規律，並且已形成一種權威性的說法。〔註17〕易言之，藉著《周易》與《易》學為表現形式（表述載體），來陳述「天道」（天體運行

〔註14〕彭曉《周易參同契分章通真義·序》中云：「修丹與天地造化同途，故托《易》象而論之。」（《道藏》（三家本），第二十冊，頁131）。

〔註15〕《四庫全書總目提要·經部一·易類一》云：「故《易》之為書，推天道以明人事者也。」（河北人民，2000年3月，頁50）。

〔註16〕李學勤主編，《周易正義》，北京大學，1999年12月，頁10。

〔註17〕關於漢代象數《易》學的內容，請參閱：徐芹庭，《兩漢十六家易注闡微》（台北：五洲，1975年）、高懷民《兩漢易學史》（台北：中國學術著作獎助委員會，1983年2月）、朱伯崑《易學哲學史·第一卷·第三章·漢代的象數之學》（台北：藍燈文化，1991年9月，頁127～273）及林忠軍《象數易學發展史·第一卷》第二編、第三編（山東：齊魯，1994年7月，頁51～249）。

的規律）的方式，已成為一個學術傳統，而深深烙印在中國知識份子心中，類似於榮格（C.G.Jung，1875～1961）所說的「集體潛意識」（collective unconscious）。〔註18〕正是因為這種思維方式，所以傳統知識份子相信《易》之理（包括《周易》與《易》學）即是天理的表現，天道的內容可以通過《易》之理來展現。只要如實地遵循與掌握《易》理，就能與天道相通，繼而藉著《易》理為中介，達至人事與天道相銜接而通而為一的狀態（天人合一）。

　　「丹道易學」就是借助上述的以《易》理為中介而達至人事與天道相通的思維，將其人事轉換為「丹道」，而形成以《易》理為中介，丹道與天道通而為一的思維。換言之，「丹道易學」模仿傳統「推天道以明人事」的思維模式，借用《易》理為表現形式，將丹道與天道緊密的結合。如此丹道便可藉由權威化的天道，來闡述自家的煉丹理論。〔註19〕

　　丹道理論分成外丹與內丹，如果以《周易參同契》為例，由於《周易參同契》文辭古奧難懂〔註20〕，所以歷代的注家便從不同的角度來詮釋，以《正統道藏》為例，所收注本共有九種之多〔註21〕，其中屬於「外丹派」的有：陰長生本（《周易參同契》三卷）、彭曉本（《周易參同契分章通真義》三卷）、容字號無名氏本（《周易參同契註》二卷）；屬於「內丹派」的有：朱熹本（《周易參同契》三卷，即《周易參同契考異》）、俞琰本（《周易參同契發揮》九卷）、

〔註18〕車文博主編《當代西方心理學新詞典》云：「集體潛意識，亦稱種族潛意識，榮格分析心理學的核心和主導概念。指心靈結構最底層的潛意識部分，是生物進化和文化歷史發展過程所獲得的心理上的沉澱物，是包括祖先在內的世世代代的活動方式和經驗庫存在人腦結構中的遺傳痕跡。」（吉林人民，2001年10月，頁139）；楊格著、黃奇銘譯《尋求靈魂的現代人》曰：「集體潛意識以包含源自種族發生的材料，即那些受種族之行為、動作及心靈之反應所左右者為主。這些材料，楊格稱之為基型。那是些出現於人之夢、幻覺、幻想、神話、宗教觀、童話、冒險故事及各時代之文學作品及文化裏的東西。」（台北：志文，1996年1月，頁7）。

〔註19〕《四庫全書總目提要·經部一·易類一》云：「《易》道廣大，無所不包，旁及天文、地理、樂律、兵法、韻學、算術，以逮方外之爐火，皆可援《易》以為說，而好異者又援以入《易》，故《易》說愈繁。」（河北人民，2000年3月，頁50）。

〔註20〕朱熹曾云《周易參同契》一書：「其用字皆根據古書，非今人所能解，以故皆為人杜解。世間本子極多。……《參同契》為艱深之詞，使人難曉。」（黎靖德編，《朱子語類·八·卷一百二十五·老氏·參同契》，北京：中華，1999年6月，頁3002）及「詞韻皆古，奧雅難通」（《周易參同契·卷下》，《道藏》（三家本），上海書店，第二十冊，1994年8月，頁131）。

〔註21〕《道藏》（三家本），第二十冊，頁63～312。

陳顯微本（《周易參同契解》三卷）、儲華谷本（《周易參同契註》三卷）；而屬於內外丹混合的有：映字號無名氏本（《周易參同契註》三卷）。〔註22〕

　　內丹派與外丹派《周易參同契》注本的產生，除了時空與文化因素（歷史的流變）外，對於《周易參同契》的「詮釋路徑」問題，更是一個值得深入探討的課題。就以「修丹與天地造化同途」這個命題為例，外丹家便認為：煉丹火候必須效法天地陰陽造化之消息。因此，丹家便傾注其熱情與心智去探索天地自然的造化運行之理以及與外丹火候的關係。而內丹家雖然對於天地自然的造化運行之理有所著重，但其更重視如何將此造化運行之理運用於自身之中而結成內丹。易言之，其所注重的問題是：如何將「天地大宇宙」（Macro cosmos）中的自然運行之道（天道），運用、施行於「人體小宇宙」（Micro cosmos）中而結成內丹（丹道）。

　　因此，筆者此處便以「修丹與天地造化同途」這個命題，來呈現內、外丹家對於《周易參同契》的不同「詮釋路徑」！由此亦可見「丹道易學」的一個共同主題，即「易道」、「丹道」及「天道」相銜接、結合的模式。

　　後蜀真一子彭曉云：「修丹與天地造化同途」〔註23〕，宋末元初全陽子俞琰亦云：「大丹之道與天道相參合」〔註24〕，可以看出無論內、外丹注家，皆認為「丹道」與天地造化之理（天道）之間存在著密切的關連性。換言之，欲明丹道之理，必先窮究天地造化之理。因為丹道貌而難明，而天道卻顯而易見。

　　因此，在「文本」（text）的選擇上，便以外、內丹注本中頗具代表性的「彭曉本」（《周易參同契分章通真義》三卷）與「俞琰本」（《周易參同契發揮》九卷）為主，以作為探討、徵引上的依據。

二、外丹派（彭曉本）〔註25〕

　　從外丹的技術操作層面來說，還丹火候原本只是要求在煉丹時對文火（陰符）、武火（陽火）有一種適度的掌控，用火固然要細心控制與照料，但卻無

〔註22〕以上分類見於：任繼愈主編，《道藏提要》，北京：中國社會科學，1995 年 8 月，頁 743～750。

〔註23〕《周易參同契分章通真義序》，《道藏》（三家本），第二十冊，頁 131。

〔註24〕《周易參同契發揮》卷二，《道藏》（三家本），第二十冊，頁 203。

〔註25〕另有一說認為：彭曉本（《周易參同契分章通真義》三卷）屬於內外丹混合本（由外丹過渡到內丹的本子，所以兼具內外丹的思想）。不過此處筆者還是以傳統的外丹說來認定，因為根據時代因素（五代）及彭曉本所使用的術語來判斷，其大體上可歸為外丹註本。

神秘、玄奧可言。不過由於煉丹家始終都深信丹藥在爐中的化學變化是「元精元氣」的交媾，是代表處於造化運動中的陰陽本元，所以火候也就必然地被理解為陰陽造化之時序（規律）。易言之，也只有煉丹「火候」符合陰陽造化之時序（天道），才能夠燒製出凝聚「元精元氣」而生生不息的金丹。這裡「火候符合陰陽造化之時序」，涉及到「宇宙論」的問題。《周易參同契》第一至第八章云：

（1）乾坤者，易之門戶，眾卦之父母。坎離匡郭，運轂正軸。

（2）牝牡四卦，以為橐籥，覆冒陰陽之道，猶工御者，準繩墨，執銜轡，正規矩，隨軌轍。處中以制外，數在律歷紀。月節有五六，經緯奉日使。兼并為六十，剛柔有表裏。

（3）朔旦屯直事，至暮蒙當受。晝夜各一卦，用之依次序。

（4）既未至晦爽，終則復更始。日辰為期度，動靜有早晚。

（5）春夏據內體，從子到辰巳。秋冬當外用，自午訖戌亥。

（6）賞罰應春秋，昏明順寒暑。爻辭有仁義，隨時發喜怒。如是應四時，五行得其理。

（7）天地設位，而易行乎其中矣。天地者，乾坤之象也；設位者，列陰陽配合之位也。易謂坎離，坎離者，乾坤二用。二用无爻位，周流行六虛。往來既不定，上下亦无常。幽潛淪匿，變化於中。包囊萬物，為道紀綱。

（8）以无制有，器用者空。故推消息，坎離沒亡。〔註26〕

第一章說明乾坤兩卦為《周易》六十四卦的基礎，並提出坎離二卦為乾坤之用的說法（乾升於坤為坎，坤降為乾為離），其蘊含一切變化皆由陰陽肇端的思想。第二章藉乾、坤、坎、離四卦說明陰陽的變化是遵循一定的規則，其與十二律（陽六律、陰六律）及歷法、歲時節氣之數的變化相契合。第三、四、五章陳述由屯、蒙至既濟、未既卦，每日早晚各配兩卦，三十日共六十卦，一個月中的陰陽變化就呈現出來。並說明終而復始由晦至朔的循環變化，以論述一月的火候進退。此處說明《周易參同契》如何依據《周易》以建立宇

〔註26〕以上見於：《周易參同契分章通真義・卷上》，《道藏》（三家本），第二十冊，頁133～134，以下僅註頁數。

宙框架與運動規律（天象模式）。其中乾、坤、坎、離四卦，分別代表天、地、日、月四者所構成的天象綱領，其餘六十卦則各值半日，合計為一月，作為日月運行盛衰的次序。而第六章是說明依照時令來控制火候（春夏為賞，用武火，進火；秋冬為罰，用文火，退火），表現了天象的客觀性，因此要求人們必須配合與遵守（法天）。第七章中，日月（坎離）是天地（乾坤）之二用，循著陽氣而六位升降。六位是震、兌、乾、巽、艮、坤，不包括坎、離，所以說「二用无爻位，周流行六虛」。至於從「幽潛」到第八章的「沒亡」，說的是日月運行到坤震之間（或說晦朔之交）。在晦朔之交時，陽氣消滅，日月皆不見。然而日月皆不見，並不代表空無所有，而應理解為包含了一切的可能性（至無而含有），此時將是下一個循環（週期）的開端，是發展萬物的醞釀期，因此雖然是日月沒亡之空無，卻是道之紀綱。

此處魏伯陽明顯的運用到《老子・十一章》：「三十幅，共一轂，當其無，有車之用。埏埴以為器，當其無，有器之用。鑿戶牖以為室，當其無，有室之用。故有之以利，無之以為用。」中「無」的思想。所以《周易參同契》非常重視「晦朔之交」，因為它是天地與人本原的「元精元氣」的醞釀期。而《周易參同契》的黃老思想〔註27〕也在這個過程中呈現，因為此一時期是修養的關鍵，也是煉丹的根據。而黃老思想重「虛靜」，因此相應於時間上的空無階段，在修養上也必須講求虛靜。《周易參同契》第二十與二十一章云：

（20）辰極受正，優游任下。明堂布政，國无害道。內以養己，安
　　　靜虛无。原本隱明，內照形軀。閉塞其兌，築固靈株。三光
　　　陸沈，溫養子珠。視之不見，近而易求。

（21）黃中漸通理，潤澤達肌膚。初正則終脩，幹立末可持。一者
　　　以掩蔽，世人莫知之。〔註28〕

第二十章藉國君御政講內修靜養，強調在修身煉己時，要墮肢體，黜聰明，屏智慧，而迴光返照於內。而三光指日月星，陸沈則借用《莊子・則陽》云：「方且與世違，而心不屑，與之俱，是陸沉者也。」而引申為隱沒之意。

〔註27〕《周易參同契・八十五章》：「大易情性，各如其度。黃老用究，較而可御。
　　　　爐火之事，真有所據。三道由一，俱出徑路。」（《周易參同契分章通真義・
　　　　卷下》，頁155），又《八十九章》云：「引內養性，黃老自然。含德之厚，歸
　　　　根返元。近在我心，不離己身。抱一毋舍，可以長存。」（同上，頁156）。
〔註28〕《周易參同契分章通真義・卷上》，頁137～138。

所以「三光陸沈，溫養子珠」，指在晦朔之交的完全幽暗之中，培養出靈胎。而潛修的方法是關閉耳目口的外用，「閉塞其兌，築固靈株」，轉而向內，即「原本隱明，內照形軀」。第二十一章接著說靜養的功效，原本是心完全內向的安靜虛無，養之深厚則潤澤於外，達於肌膚。可以看出《周易參同契》中的黃老思想，最初是作為晦朔之交的虛靜，進而內反而為返己靜養，其功效則由內在的心地安寧而達於外表的肌膚潤澤。

　　《周易參同契》的天象模式中除了六十卦值一月外，另外六卦值一月之說更為重要，因為六卦值一月就是所謂的「納甲法」〔註29〕，第十三至十五

〔註29〕納甲之說，始於西漢京房，所謂「納甲」，就是將八宮卦各配以十天干，其各爻又分別配以十二地支。因為「甲」為天干之首，故稱「納甲」；而配以十二地支，稱為「納支」，納甲、納支之說統稱為「納甲」。《京氏易傳》云：
分天地乾坤之象，益之以甲乙壬癸。震巽之象配庚辛，坎離之象配戊己，艮兌之象配丙丁。八卦分陰陽、六位、五行，光明四通，變易立節。（《京氏易傳・卷下》，台北：廣文，1994 年 8 月，頁 2）
由於乾坤兩卦象皆分內、外卦，所以乾內卦納甲、外卦納壬；坤之內卦納乙、外卦納癸。其他六卦，分別納庚、辛、戊、己、丙、丁。惠棟《易漢學》中將「納甲」說以八卦六位圖表示，乾卦六爻，從初爻到上爻，配子、寅、辰、午、申、戌；坤卦六爻配未、巳、卯、丑、亥、酉；震卦六爻配子、寅、辰、午、申、戌；巽卦六爻配丑、亥、酉、未、巳、卯；坎卦六爻配寅、辰、午、申、戌、子；離卦六爻配卯、丑、亥、酉、未、巳；艮卦六爻配辰、午、申、戌、子、寅；兌卦六爻配巳、卯、丑、亥、酉、未。（《惠氏易學・下・易漢學四・京君明易上・八卦六位圖》，台北：廣文，1981 年 8 月，頁 1137～1139）
宋朱震《漢上易傳・下・周易卦圖卷下・日月》曰：
納甲何也？曰：舉甲以該十日也，乾納甲壬，坤納乙癸，震巽納庚辛，坎離納戊己，艮兌納丙丁，皆自下生，聖人仰觀日月之運，配之以坎離之象，而八卦十日之義著矣。（台北：廣文，1974 年 9 月，頁 793～794）
清李道平，《周易集解纂疏・卷八》云：
縣（懸）象著明，莫大乎日月。虞翻曰：「謂日月縣（懸）天成八卦象，三日莫（暮）震象出庚，八日兌象見丁，十五日乾象盈甲，十七（六）日巽象退辛，二十三日艮象消丙，三十日坤象滅乙。晦夕朔旦，坎象流戊，日中則離，離象就己，戊己土位，象見于中，日月相推而明生焉，故縣（懸）象著明，莫大乎日月者也。」（《周易集解纂疏・下》，台北：廣文，1989 年 6 月，頁 788）
由上述的引文，可知「納甲」法包括兩項內容：
1、五行與方位的組合：
東方：甲乙木；南方：丙丁火；中央：戊己土；西方：庚辛金；北方：壬癸水。
2、日與月的關係：
月之盈虧，因受太陽之光而起，同樣表現了陰陽之消長。震表示初三之月象；

章云：

> （13）復卦建始萌，長子繼父體，因母立兆基。消息應鍾律，升降
> 據斗樞。三日出為爽，震庚受西方，八日兌受丁，上弦平如
> 繩。十五乾體就，盛滿甲東方。蟾蜍與兔魄，日月氣雙明。
> 蟾蜍視卦節，兔者吐生光。七八道已訖，屈折低下降。

> （14）十六轉受統，巽辛見平明。艮直於丙南，下弦二十三。坤乙
> 三十日，東北喪其朋。節盡相禪與，繼體復生龍。

> （15）壬癸配甲乙，乾坤括始終。七八數十五，九六亦相應。四者
> 合三十，陽氣索滅藏。八卦布列曜，運移不失中。〔註30〕

魏伯陽是以震、兌、乾、巽、艮、坤六卦，配以月亮的盈虧過程，並納以干支，配四方。初三，月光開始萌生，由西方升起，此時震卦用事，納庚。到初八，月光生出一半，即月上弦之時，此時兌卦用事，納丁。到十五日，月光盛滿，即望月，居東方，此時乾卦用事，納甲。「蟾蜍」，指月亮之精氣，「兔魄」，指太陽之精氣。月體不發光，借日而生光，此即「兔魄吐生光」。此時月體全受日光，故為望月，所以說「日月氣雙明」。「七八」，指十五。十五後，

兌表示初八之上弦；乾表示十五之滿月，以上為望前三候，象徵陽息陰消；巽表示十六日之月由圓而漸缺；艮表示二十三日之下弦；坤表示三十日之晦，以上為望後三候，象徵陽消陰息。坎離則表示日月。卦象與十天干之所以如此配合，是因為：震為一陽始生，於月為生明，三日夕出於西方之庚，故曰「震納庚」；兌二陽為上弦，八日夕見於南方之丁，故曰「兌納丁」；乾純陽為望，十五日夕盈於東方之甲，故曰「乾納甲」；巽一陰始生，於月由圓而漸缺，十六日晨落於西方之辛，故曰「巽納辛」；艮二陰為下弦，二十三日退於南方之丙，故曰「艮納丙」；坤純陰為晦，三十日晨消於東方之乙，故曰「坤納乙」，而乾坤兩卦已經納了甲乙，何以又要納壬癸？這是表示陰陽始終之意。茲列表如下：

木	火	土	金	水
東	南	中	西	北
乾（甲）十五日	艮（丙）二十三日	坎（戊）	震（庚）三日	乾（壬）
坤（乙）三十日	兌（丁）八日	離（己）	巽（辛）十六日	坤（癸）

綜合上述，所謂「月體納甲」，是以月亮的晦朔盈虧象徵八卦，又以十天干分納於八卦，而舉十天干之首「甲」以概其餘。

〔註30〕《周易參同契分章通真義·卷上》，頁135～136。

月光開始虧缺，此即「七八道已訖，屈折低下降」。到十六日，月光虧缺，居西方，巽卦用事，納辛。到二十三日，月光虧損一半，即月下弦之時，位南方，此時艮卦用事，納丙。到三十日，月光消失，居東方，此時坤卦用事，納乙，所謂「東方喪其朋」。以後從下月初三開始，月光又開始出現，震卦用事，震為龍，此即「節盡相禪與，繼體復生龍」。乾納甲壬，坤納乙癸，乾當望月，坤當晦時，乾坤兩卦意味著陰陽消長之終始，此即「壬癸配甲乙，乾坤括始終」。七、八為少陽、少陰之數，九、六為老陽、老陰之數，各為十五，陰陽之數相加，為一月三十日之數。至此陽氣已盡，月光全部消失，此即「七八數十五，九六亦相應。四者合三十，陽氣索滅藏」。〔註31〕

　　可以看出《周易參同契》以《周易》乾、坤、坎、離四卦開宗明義，明白的指出其主旨在建立宇宙框架與運動規律（天象模式），以便依照所代表火候的卦象（六十卦值一月、六卦值一月）來修養或煉丹。因此《周易參同契》不講「宇宙本體論」（宇宙如何起源、創造），而講既成宇宙的運動（運行規律）。前文曾述在「晦朔之交」時，它是天地與人本原的「元精元氣」的醞釀期，因此人「元精元氣」的獲得，亦在此時。所以修養的工夫主張虛靜，煉丹也以一月為週期，皆是為了要相應於「晦朔之交」時的狀態。不過，此處《周易參同契》所建立的「天象模式」是有週期性的循環生滅，不是永恆不變的。但在我們的普遍觀念中，宇宙是永恆的，其雖有週期性，但時間極長，而長生的追求則在於同於天地的長久。換言之，《周易參同契》缺乏一個作為本體的永恆存在！必須在其所建立的「天象模式」前，加上一個混沌鴻濛的本體作為創生之源。而「彭曉本」（《周易參同契分章通真義》）便補足了這個缺憾，其注《周易參同契》第一章云：

　　　　太易、太初之前，雖含虛至妙，則未見兆萌。太始、太素、太極之
　　　　際，因有混成，乃混沌也。中有真一之精，為天地之始，為萬物之
　　　　母。一氣既形，二儀斯析，然後有乾坤焉，有陰陽焉，有三才五行
　　　　焉，有萬物眾名焉。故配乾坤為天地之紀綱，運陰陽為造化之橐籥，
　　　　是以乾坤立而陰陽行乎其中矣。魏公謂修金液還丹，與造化同途，
　　　　因托《易》象而論之，莫不首採天地真一混沌之氣而為根基，繼取
　　　　乾坤精粹潛運之蹤而為法象，循坎離否泰之數而立刑德，盜陰陽變

─────────────

〔註31〕詳細內容見於：朱伯崑，《易學哲學史‧第一卷》，台北：藍燈文化，1991年
　　　　9月，頁263～264。

化之機而成冬夏。陰生午後，陽發子初，動則起於陽九，靜則循於
陰六，乃修丹之大旨也。故以乾坤為鼎器，以坎離為匡郭，以水火
為夫妻，以陰陽為龍虎，以五行為緯而含真精，以三才為經而聚純
粹。寒來暑往，運行于三百八十四爻，兔起烏沈，升降于三百八十
四日。此皆始於乾坤二卦之體，而成變化者也，故云：乾坤者，《易》
之門戶，眾卦之父母也。〔註32〕

　　彭曉認定的萬物衍生模式是：「太易太初」－「太始太素太極」－「真一
之精」－「一氣」（元氣）－「二儀」（乾坤、陰陽）－「三才五行」－「萬
物」。以有無的觀念來說，「太易太初之前」是無，「太始太素太極之際」是有。
雖然是無（未見兆萌），卻「含虛至妙」，因此不是空無所有之意，是有生機的
含意。有之初是先於形質的「混沌」，中含「真一之精」，其是創生天地萬物之
始之母。至「一氣既形，二儀斯析」之時，才有具體的存在（乾坤、陰陽、三
才五行、萬物）。《周易參同契》從乾坤的具體存在開始說（欠缺創生的根源），
彭曉注則上推至「太易太初之前」，提出本原的觀念，作為煉丹理論的基礎。
換言之，《周易參同契》僅講既成宇宙的運動（運行規律），認為煉丹的火候
只要符合造化時序，便能吸收天地日月的精華，而煉成金丹。但是煉丹思想
必須要有更為根源性的說明，以作為服食金丹能長生的依據，而彭曉注便提
出這點來。

　　據彭曉之意，從太易至太極，是從無至有，有無混一（相混），此為天地
萬物的「初始母體」（真一之精），天地萬物從這初始母體化生（創生），也從
這初始母體中獲得生機與價值。「初始母體」的性質類似於「道」〔註33〕，道
無法直接化生萬物，所以必須藉助「元氣」（本原之氣，天地未成前混沌未分
之氣）來化生。同理，「初始母體」亦藉助「元氣」來化生。因為元氣包含陰
陽二氣，所以實際扮演化生萬物的實行者為陰陽二氣（陰陽二氣的交感融合
而產生萬物）。〔註34〕所以彭曉此處便以「乾坤」、「坎離」的卦象代表陰陽二

〔註32〕《周易參同契分章通真義·卷上》，頁 133。
〔註33〕《老子·21 章》云：「道之為物，惟恍惟惚。惚兮恍兮，其中有象。恍兮惚
　　　　兮，其中有物。窈兮冥兮，其中有精，其精甚真，其中有信。」
〔註34〕《老子·21 章》云：「道生一，一生二，二生三，三生萬物。萬物負陰而抱陽，
　　　　沖氣以為和。」《淮南子·天文訓》曾對《老子·21 章》作出解釋，其云：「道
　　　　始於一，一而不生，故分而為陰陽，陰陽合和而萬物生，故曰：『一生二，二
　　　　生三，三生萬物』。」陳鼓應《老子註譯及評介》云：「『道』是萬物的原質，生
　　　　的『一』，是未分陰陽的渾沌氣，渾沌氣分裂成陰陽二氣，陰陽二氣和生第三

氣，以此作為「法象」。〔註35〕可以看出彭曉是站在漢代「氣化宇宙論」的角度來詮釋這個化生萬物的「初始母體」。

「乾坤」、「坎離」代表陰陽二氣，雖然其只是扮演實行者的角色，但是卻被賦予另外一種的重要性，即「法象」的功用。因為一個完整的煉丹理論，應包括「根基」（或藥根，藥物的根基）與「火候」兩項，運用類比法，於是初始母體便作為根基，而卦象（陰陽爻的變化）則表示為火候的抽添進退。《周易參同契》首章對初始母體缺乏說明，而有待彭曉注來補充。彭曉云：「首採天地真一混沌之氣而為根基，繼取乾坤精粹潛運之蹤而為法象，循坎離否泰之數而立刑德，盜陰陽變化之機而成冬夏。陰生午後，陽發子初，動則起於陽九，靜則循於陰六，乃修丹之大旨也。」這是借用初始母體化生天地萬物的模式來煉丹。煉丹首先要找到合適的物質（藥根丹母或真汞真鉛）〔註36〕，這代表「初始母體」（真一之精）。其次，乾坤坎離作為法象，乾坤坎離本從天地真一混沌之氣獲得存有與意義（成為生成萬物的實行者）。因此在循環流轉的煉製的過程中，因為火候完全符合造化時序，所以這藥根丹母或真汞真鉛因為逐漸吸收天地日月的精華（天地真一混沌之氣），而終於煉成金丹。

這套煉丹理論，有一個值得探討的地方。那就是：所謂藥根丹母或真汞真鉛既然是「初始母體」（真一之精）的類比，那麼為什麼不會自己運動（生化）以產生天地真一混沌之氣而結成金丹，卻有待外來加工催化？對於這個問題，存在著「先天、後天」階段的不同。《周易參同契》第十一章云：「於是仲尼讚鴻濛，乾坤德洞虛。稽古當元皇，關雎建始初。冠昏氣相紐，元年乃牙

者，第三者產生千差萬別的萬物。……從『道』到萬物並不是直接的，中間要通過『氣』來轉化，氣也是『道』產生的。」（北京：中華，1984年5月，頁232～233）、吳怡《新譯老子解義》曰：「『道』是宇宙生化的本體，而『一』便是宇宙生化的形氣。由『道』而『一』，乃是『道』在現象界的作用的開端，是從『無』到『有』的發展。」（台北：三民，1994年2月，頁286）

〔註35〕《周易·繫辭上》云：「法象莫大乎天地」。法象，事物現象的總稱，即取法物象，凡所取法之現象或意象。

〔註36〕彭曉云：「巍巍尊高者，謂真鉛。未有天地混沌之前，鉛得一而相形，次則漸生天地陰陽五行萬物眾類。故鉛是天地之父母，陰陽之本元。蓋聖人採天地父母之根而為大藥之基，聚陰陽純粹之精而為還丹之質，殆非常物之造化也。則修丹之始，須以天地根為藥根，以陰陽母為丹母，如不能於其間生天地陰陽者，即非金液還丹之道。」（《周易參同契分章通真義·採之類白章第二十五注》，《道藏》（三家本），第二十冊，頁139）

滋。」彭曉注云：

> 仲尼贊《易》道，分乾坤為萬物之首，立咸恒為夫婦之宗。闢之鴻
> 濛，鑿之混沌，顯鬼神之狀，通天地之情，則君臣父子夫婦男女五
> 行相生相剋，萬物變化之機盡矣，乃乾坤昭其洞虛也。魏公喻《易》
> 創立鼎器，運動天機，媾龍虎之形，合夫婦之體。初則全無形質，
> 一如鴻濛混沌之中。既經起火運符，則男女精氣相紐，故關雎兩慕，
> 昏冠相求，自此起火之初，便應元年滋產，日居月諸，龍虎之體就
> 矣。〔註37〕

上文曾云：至「一氣既形，二儀斯析」之時，才有具體的存在（乾坤、陰
陽、三才五行、萬物）。所以彭曉這段文字是陳述「後天」衍化過程，描述天
地既成之後，仍然循著時間週期一再地重演或模仿宇宙創生的過程（類比法
的運用）。乾坤在後天過程中模仿開天闢地的歷程，起初一無所有，「初則全
無形質，一如鴻濛混沌之中」，過程中卻窮盡了陰陽生化之機，當乾坤一運作
起來，便陰陽交感，化生萬物，「既經起火運符，則男女精氣相紐」，可見無之
中蘊藏著活躍的生機與意義，所以才說「乾坤昭其洞虛」。於是我們可以說：
在「先天階段」，宇宙未生以前，混沌真一的初始母體（真一之精）是自動的，
乾坤坎離以至天地萬物，皆由其化生。但在「後天階段」，宇宙創生之後，在
週期運動中，乾坤從休止至啟動的過程中，也歷經或模仿了鴻濛的開闢狀態。
但因為是模仿鴻濛的開闢狀態（類比），所以不再是自動的初始母體，而是被
動的載體（有待火候的催化）。因此煉丹時，乾坤坎離比擬為鼎器火候，藥根
丹母、真鉛真汞比擬為「初始母體」（真一之精），在煉製的過程中，藥根丹母
或真鉛真汞在天地日月的歷程（符合造化時序）中逐漸吸收其精華（天地真
一混沌之氣），故「龍虎之體就矣」。因此初始母體不但存在於天地之先（先
天），也繼續存在於天地既成之後（後天），在陰陽交感化生萬物中彰顯其意
義（發生其作用）。如此便印證「修丹與天地造化同途」這句話！

總之，在「晦朔之交」（週期運動之始終間），由於它是天地與人本原的
「元精元氣」的醞釀期，而煉丹也以一月為週期，因而煉丹家認為丹藥在爐
中的化學變化是「元精元氣」的交媾，是代表處於造化運動中的陰陽本元，
因為火候符合陰陽造化之時序，所以能夠燒製出凝聚「元精元氣」而生生不
息的金丹。而人從生而長而老，卻離元精元氣日益遙遠（體內的元精元氣日

〔註37〕《周易參同契分章通真義·卷上》，頁135。

益消減），因此代表元精元氣結晶的丹藥（金丹），便成為人與元精元氣重新連結的關鍵（服食），而人一旦服食含有元精元氣的金丹，便可達到長生的目的。

　　另外，可以看出彭曉《周易參同契分章通真義》中將一些外丹的術語作內丹方面的解釋（如將「真鉛真汞」抽象化為先天地生的超越性之宇宙創生本元）。換言之，彭曉注《周易參同契》（《周易參同契分章通真義》）是外丹經典逐漸轉為內丹經典的重要過渡性作品！

三、內丹派（俞琰本）

1、「丹道」與「天道」

　　內丹家相應於外丹家，雖然對於天地自然的造化運行之理有所著重，但其更重視如何將此造化運行之理運用於自身之中而結成內丹。易言之，其所注重的問題是：如何將「天地大宇宙」中的自然運行之道（天道），運用、施行於「人體小宇宙」中而結成內丹（丹道）。因此內丹家便將「人體小宇宙」的理論進一步深入、細緻化，著重人與宇宙生化過程的相似、共通性（天人同構），並努力將這種相似、共通性變成一種可以操作的程序（系統化）。最明顯的是從他們注重天地間「陰陽二氣」的循環交感開始。俞琰《周易參同契發揮·卷一》云：

> 夫人之一身，法天象地，與天地同一陰陽也。人知此身與天地同一
> 陰陽，則可與論還丹之道。〔註38〕

　　在天地之中，天位於上，地位於下，陰陽二氣在其中流行運轉，一升一降，往來不息，其象如同橐籥之鼓吹。而天地間的生機，全憑藉陰陽二氣的周流運轉。人稟受沖和之氣，生於天地之間，其與天地的相似、共通性在於同受陰陽二氣。人如果能體悟「天地橐籥之妙」，並且「心沖虛湛寂」，自然可以「一氣周流於上下」。因此內丹家效天法地，窮究天地之造化，落實於探討陰陽二氣上。因為陰陽二氣是天地生化萬物的根本（工具）。俞琰《周易參同契發揮·卷一》云：

> 今夫天位乎上，地位乎下，二氣則運行乎其中，一升一降，往來不
> 窮，猶橐籥也。人受沖和之氣，生於天地間，與天地初無二體，若
> 能悟天地橐籥之妙，此心沖虛湛寂，自然一氣周流於上下，開則氣

〔註38〕《道藏》（三家本），第二十冊，頁194，以下僅註頁數。

出，闔則氣入。氣出則如地氣之上升，氣入則如天氣之下降。自可
與天地齊其長久。〔註39〕

接著在注解《周易參同契》第十章：「易者象也。懸象著明，莫大乎日月。
窮神以知化，陽往則陰來。輻輳而輪轉，出入更卷舒。」時，俞琰還進一步認
為魏伯陽在陳述丹道的玄理時，因為丹道藐而難明，「苟非假象託物，將何以發
明，而使人窮其神，知其化」。於是通過仰觀俯察於天地間，發現在天地生化系
統中，「日」與「月」扮演著舉足輕重的角色，這是因為日月是天地陰陽的外在
顯象（現實中的具體象徵）。天地之間日月遞嬗，相接於「黃道」〔註40〕之上，
猶如車輪運轉無窮。所以「以其顯然著明者示人，使之洞見天地之陰陽，而默
識乎神化之妙」。而人如果能反身自省，自然能領悟吾一身之中自有日月（陰
陽），且與天地無異。《周易參同契發揮‧卷一》云：

> 易者象也。即上文所謂日月為易是也。夫魏公之為是說也，將以指
> 陳身中之陰陽。而身中之陰陽則無形可求，百姓日用而不知，苟非
> 假象託物，將何以發明，而使人窮其神，知其化哉！於是仰觀俯察
> 乎天地之間，惟有日月之象顯然著明，故以其顯然著明者示人，使
> 之洞見天地之陰陽，而默識乎神化之妙，則吾身之日用而不知者，
> 自可以不言而諭也。蓋日月往來乎黃道之上，一出一入，迭為上下，
> 互為卷舒，晝夜循環猶如車輪之運轉無有窮已。人能反身而思之，
> 觸類而長之，則吾一身之中自有日月，與天地亦無異矣。〔註41〕

俞琰此處說法，是建立在「人體小宇宙」的理論基礎上，認為人體的生
命系統與天地自然的大系統一樣，也有自身的日月（陰陽二氣）。而天地日月
運行有其自身的軌道（黃道），同樣人體也有這樣的黃道；天地的黃道乃日月
運行所致（主要以日為主），而人身的黃道則為陰陽二氣（陰符陽火、日魂月
魄）運行所致。其云：「天有黃道，為度三百六十五，其運轉也，一日一周，
日月行乎其間，往來上下，迭為出入，此所以分晝夜而定寒暑也。然天道密

〔註39〕《道藏》（三家本），第二十冊，頁196。
〔註40〕所謂「黃道」，是指「太陽運行的軌道」（陳永正主編，《中國方術大辭典‧內
　　　　丹‧黃道》，廣東：中山大學，1991年7月，頁509）。換言之，地球一年繞
　　　　太陽公轉一周，而從地球上看好像是太陽一年在天空中由西向東移動一圈，
　　　　所看到的太陽移動的路線。即地球公轉軌道平面和天球相交的大圓，叫做黃
　　　　道。
〔註41〕《道藏》（三家本），第二十冊，頁198。

旋，本無度數，以日月經歷諸辰而為行度。日月往來，本無定居，以朝暮出入之地而為所居。」〔註42〕及「夫人身中黃道，即陰符陽火所行之處也，即日魂月魄所居之方也。有能觀天之道，執天之行，識陰陽之行度，知魂魄之所居，則周天三百六十五度，循環乎一息之頃，而日月出入乎呼吸之微，呼為陽，吸為陰，與天道同一妙用，不必求之他也。」〔註43〕

那麼人身中的黃道究竟存在於何處？換言之，人體中的陰陽二氣（陰符陽火、日魂月魄）所運行的軌道在哪裡？對於這個問題，俞琰認為陰陽二氣運行的軌道存在於人體的「任督二脈」，並認為此二脈是內丹修煉的升降通道，其云：

> 易，日月也，日月行於黃道，晝夜往來，周流不息，上半月陽伸陰屈，魂長魄消；下半月陰伸陽屈，魂消魄長，循環反覆，無有窮已。人身首乾而腹坤，儼如天地，其二氣上升下降，亦如天地。《內指通玄祕訣》云：「日月常行黃赤道，眾真學此作還丹。」其法即與天地無異。然其所以效日月之運用，與天地以同功，其要在乎任督二脈。蓋任督二脈為一身陰陽之海，五氣真元，此為機會。任脈者，起於中極之下，以上毛際，循腹裏上關元，至咽喉，屬陰脈之海。督脈者，起於下極之腧，並於脊裡，上至風府，入腦上巔，循額至鼻柱，屬陽脈之海。所以謂之任脈者，女子得之以妊養；謂之督脈者，以其督領經脈之海也。〔註44〕

俞琰認為「任督二脈」統領人體一身之陰陽二氣，能通此二脈，則一身百脈皆能因此通暢，而無壅滯之病，如此即是長生之道。其云：「人能通此二脈，則百脈皆通，自然周身流轉，無有停壅之患，而長生久視之道斷在此矣！」〔註45〕

「丹道」法象於「天道」（自然運行之道），以陰陽象日月，以陰陽二氣之交合法象日月交會於黃道。可以看出丹道操作的基本原則，都是建立在對天道的仿效上。如此就會形成一種假象，似乎丹道只是天道在人身中的複本（複製再展現），人只要窮究天道，將造化之理移植到人身中，就可以完成丹

〔註42〕《周易參同契發揮·卷六》，頁233。
〔註43〕《周易參同契發揮·卷六》，頁233～234。
〔註44〕《周易參同契發揮·卷五》，頁225。
〔註45〕《周易參同契發揮·卷五》，頁225。

道。如此將產生將丹道簡單化的危機！換言之，丹道與天道之間不是僅有簡單的機械比附，它們之間還存在著一種「攢簇」之法。

何謂「攢簇」？攢簇是丹家證破天道生生不息的奧妙後，以天道發明丹道而創立的一種解讀法則。〔註46〕攢簇的字面意義是聚集、擁集。〔註47〕引申有濃縮、蹙縮之意。丹道之所以有攢簇之法，其原因是因為雖然人體與天地一樣都有乾坤、陰陽，但畢竟只是「小宇宙」，僅是具體而微的小天地。「人體小宇宙」與「天地大宇宙」之間雖然有相似性與共通性，但是更為重要的是「人體小宇宙」還有自身的生理代謝（運行）法則（其氣血的運行，精氣神的盛衰，皆有其自身的運動週期）。在施肩吾《西山群仙會真記・卷一・識時》云：「豈知真炁大運隨天，春在肝，夏在心，秋在肺，冬在腎。元炁小運隨日，子在腎，卯在肝，午在心，酉在肺。天地之春夏秋冬，日月之弦望晦朔，人之子午卯酉，正相合也。」〔註48〕

可以看出真炁大運與元炁小運各自運動週期的時間是不一樣的，人體內氣的運行雖受天地自然之氣的運行規律所制約，但同時也有自己的獨立性（自身的生理代謝法則）。如此修煉丹道就不能簡單地比附天道，而必須明瞭「攢簇」之理。換言之，天地造化之理是可以掌握的！掌握天地造化之理，丹經通常用「盜」與「奪」二字來表達。

「盜」，在道教教義中指天地萬物的相互聯繫、相互竊取精氣。學道者只要自覺地運用「盜」之道，不斷汲取天地萬物之精華就能長生。〔註49〕清代道士劉一明曾以「月借日光」的例子，來說明內丹修煉中「盜」的道理原則。〔註50〕此處則是指盜天地造化之機，亦即發現自然運行的道理，取而用之。

〔註46〕張廣保，〈論《周易參同契》的丹道與天道〉，《宗教哲學》，第二卷第二期，1996年4月，頁103。

〔註47〕中國道教協會，《道教大辭典・攢簇五行》，北京：華夏，1995年1月，頁1004。

〔註48〕《道藏》（三家本），第四冊，頁425。

〔註49〕卿希泰主編，《中國道教（二）・第五編・教義規戒・盜》，上海：知識，1994年1月，頁300。

〔註50〕《道書十二種・悟道錄・月借日光》云：「人本一身純陰無陽，須借他家之陽以為陽。所謂他家者，對我者皆是，天地也，日月也，萬物也，萬事也。所謂他家之陽者，先天虛無真一之氣也，即不死之人也。有生以來，此氣本具，交於後天，漸次散於天地日月萬物萬事之中，不為我有，屬於他家矣。知的此氣在於他家，隨時盜來，歸於我家，無而復有，失而又得，亦如月借日光而生明。此乃竊奪造化、顛倒陰陽之天機。」（《藏外道書》第八冊，成都：巴蜀書社，1994年12月，頁587。

「奪」是奪天地造化之利，如鼎爐一日火候可奪天地一年之造化。也就是說內丹火候雖然效法天地造化，但只要掌握其中的道理，則可取得與天地造化同等的功效利益，卻不必使用與之等同的時間。在此俞琰曾以「呼吸」為喻，對「奪」之理作了具體的說明。〔註51〕所以只要掌握了攢簇之法，就能將天地大宇宙的大時間轉換成人體小宇宙的小時間。如此將能由天地的外真藥（天地真一混沌之氣）尋覓（轉換）到人身的內真藥，並由天地交接的外火候（造化時序）悟出人體內陰陽交接的真火候（意念）。如此便可於一日之中，奪天地一年的造化之機（類比與轉化法的運用）。《道樞·卷三十七·入藥鏡上篇》云：「吾取象日月時焉，然取年行不如月行矣！取月行不如日行矣！取日行不如時行矣！時可以奪日之功，日可以奪月之功，月可以奪年之功。」〔註52〕而彭曉亦云：「以一年十二月氣候，纂於一月內；以一月氣候，陷於一畫夜十二辰中。定刻漏，分二弦，隔子午，按陰陽，通晦朔，合龍虎。依天地之大數，協陰陽之化機。」〔註53〕

那麼將如何把天地大宇宙的時間攢入人體小宇宙之中？易言之，攢簇之法的具體操作步驟為何？對於此問題，俞琰在注釋《周易參同契》：「易統天心，復卦建始初」云：

> 易統天心，復卦建始初者，陽氣潛萌於孟冬純陰之月，而始於坤卦之下，積成一畫之陽，然後變為復卦也。人固知十月為坤，至十一月則五陰之下變一陽畫而為復，殊不知十一月冬至，無緣平白便生一畫之陽，遽變為復。蓋十月小雪，坤下爻已有陽生其中，但一日之內，一月之間，方長得三十分之一，必積之一月，至十一月冬至，始滿一畫為復。然此亦譬喻也，年以冬至為復，月以朔旦為復，日以子時為復。無非借以發明身中造化，殆不必泥於年月日時也。《翠虛篇》云：「一日三旬一日同，修丹法象奪天功。」蓋年與月同，月與日同，日與時同。於是纂年成月，纂月成日，纂日成時。一時之

〔註51〕《周易參同契發揮·卷八》曰：「今以丹道言之，一日有一萬三千五百呼，一萬三千五百吸，一呼一吸為一息，則一息之間潛奪天運一萬三千五百年之數；一年三百六十日四百八十六萬息，潛奪天運四百八十六萬年之數。於是，換盡穢濁之軀，變成純陽之體。」（《道藏》（三家本），第二十冊，頁250）。

〔註52〕《道藏》（三家本），第二十冊，頁810。

〔註53〕《周易參同契分章通真義·牝牡四卦章第二注》，《道藏》（三家本），第二十冊，頁133。

中，自有一陽來復之機。是機也，不在冬至，不在朔旦，亦不在子時，非深達天地陰陽，莫知玄機，如是其祕也。〔註54〕

　　復卦，震下坤上。為十二消息卦之一，乃一陽息陰，建子，十一月中，與冬至相應。因為初九是陽爻，其餘五爻是陰爻，象徵陽爻動於黃泉之下，萬物萌動之象。說明宇宙萬物的變化當始於此。荀爽在「復其見天地之心乎」句注云：「《復》者，冬至之卦。陽起初九，為『天地心』，萬物所始，吉凶之先，故曰『見天地之心』矣。」李道平疏曰：「《復》於消息，在十一月子。……冬至之時，陰氣已極，一陽復生，天心動于地中，故云『陽起初九，為天地心。』」〔註55〕

　　此處俞琰為何以復卦作為萬物變化的開始？因為從漢代「象數易學」的立場來看，復卦初九之象反映了陰極生陽的道理。從天文曆法上講，復卦正與冬至相應。冬至時晝短夜長，這一天大地受熱最少，此時是陽氣最弱的節令，但也正是大地開始轉暖的時候（陽動之時）。所以運用類比法，「年以冬至為復，月以朔旦為復，日以子時為復」，一年的冬至，一月的朔旦，一日的子時，因為皆為時間（終始）的交會之點，所以正是一陽發生之兆機。內丹修煉採用法天象地的模擬法，所以此時正是起陽火之時。俞琰云：「丹法以時易日，則每日亥子之交，即晦朔之間也。天地開闢於此時，日月合璧於此時，草木孳萌於此時，人身之陰陽交會於此時。神仙於此時而作丹，則內真外應，若合符節，不先不後，正當其中。」〔註56〕

　　上述這種對天地大宇宙生機的推算，都是依據年、月、日、時等四種時間單位的同構原則與類似的消長規律週期，所以能夠把一年攢入一月之中，把一月攢入一日之中，把一日攢入一時之中。因此，煉丹家便按照這一原則推定一日之機為子時，於是便以子時為採藥真機，但有些煉丹家拘泥於子時，非子時而不用。其實這也是對攢簇之理的誤解。因為「然此亦譬喻也，年以冬至為復，月以朔旦為復，日以子時為復。無非借以發明身中造化，殆不必泥於年月日時也」。因而，應該追尋人體小宇宙自身的「活子時」（不拘泥於天地大宇宙的子時）。那麼人體小宇宙的活子時該如何尋覓？關於這個問題，

〔註54〕《周易參同契發揮·卷二》，頁199～200。

〔註55〕清李道平撰，《周易集解纂疏·卷四》，北京：中華，1998年12月，頁263～264。

〔註56〕《周易參同契發揮·卷五》，頁226。

牽涉到造化之「機」的尋求。「一時之中，自有一陽來復之機。是機也，不在冬至，不在朔旦，亦不在子時，非深達天地陰陽，莫知玄機，如是其祕也」。道教將「機」視為「天地和萬物存在的根據和變化的原因，以及人對於天地萬物的存變關鍵的認識」〔註57〕。換言之，即內丹學「採藥煉丹中的逆轉造化之機」〔註58〕。在此就關聯到要求內丹修煉者必須深究自身的陰陽消息與氣血循環規律。對此，俞琰則以古之修丹者，仰觀天文，又俯察地理，更重要的是「中稽人心」，來回答如何尋覓的基本原則，其云：

> 夫大丹之道，所以與天地相參合者，何哉？皆在乎此心默為之運用也。古之修丹者，仰以觀於天文，俯以察於地理，中以稽於人心，於是虛吾心，運吾神，回天關，轉地軸，上應河漢之昭回，下應海潮之升降。天地雖大，造化雖妙，而其日月星辰之著明，五行八卦之環列，皆為吾攝入於一身之中，或為吾之鼎爐，或為吾之藥物，或為吾之火候。反身而觀，三才皆備於我，蓋未嘗外吾身而求之於他也。《擊壤集·觀易吟》云：「一物其來有一身，一身還有一乾坤，能知萬物備於我，肯把三才別立根，天向一中分造化，人於心上起經綸。天人安有兩般義，道不虛行只在人。」〔註59〕

尋覓人體小宇宙的活子時（造化之「機」）的基本原則在於「虛吾心，運吾神」及「人於心上起經綸」這兩句，其最終的歸結在於人「心」之中（此種說法還是沒有做出具體的說明，其並沒有說明如何以「心」來求得人體小宇宙中活子時的具體方法，所以有「冥契主義（密契或神祕主義）」（mysticism）傾向）〔註60〕！

此外，這裡產生一個問題必須加以討論：既然天地是一乾坤，吾身也是

〔註57〕卿希泰主編，《中國道教（二）·第五編·教義規戒·機》，上海：知識，1994年1月，頁305。
〔註58〕胡孚琛主編，《中華道教大辭典·第九類內丹學·二基本術語·盜機》，北京：中國社會科學出版社，1995年8月，頁1158。
〔註59〕《周易參同契發揮·卷二》，頁203。
〔註60〕「冥契主義」的早期翻譯是「神祕主義」，近來又有「密契主義」或「冥證主義」等譯文。筆者此處是以楊儒賓先生的說法為依據，楊先生認為所謂「冥契主義」，「冥」是指「玄而合一」；「契」則解為「合」，即「參同契合」之義。因此「冥契」的意義是「內外契合，世界為一」（以上的說法見於：W.T.Stace（史泰司）著、楊儒賓譯《冥契主義與哲學·譯序》，台北：正中，1998年7月，頁9～11）。換言之，「冥契主義」是建立在修煉者個人體證的經驗基礎上，其有別於強調思辨、邏輯的哲學思考方式。

一乾坤（借用朱熹的話「本只是一太極，而萬物各有秉受，又各自全具一太極爾。」〔註61〕即：統體一太極，物物一太極），那麼如果以攢簇之理的角度來說，天地大宇宙這一存在系統對人體小宇宙是否具有不可或缺的存在價值。換言之，純粹地依賴人體小宇宙的運行系統（此時已經包含攢簇之理）是否可以獨立煉成內丹（丹道）？俞琰的答案是否定的！《周易參同契發揮‧卷二》云：

> 然吾身自有一天地，自有一陰陽，而《還源篇》乃云：「奪他天地髓，交姤片時中。」而必須竊取天地之氣，乃日月聖父靈母之氣，吾身之氣，乃骨血凡父母之氣，故以真父母之氣，變化凡父母之身為純陽真仙，則與天地同壽也。〔註62〕

俞琰認為，即使修煉者可以運用攢簇之理來盜奪天地之機，但盜奪的先決條件還是「天地造化」（天地之氣或先天一氣）。人在此處只要著重在如何盜奪天地陰陽之氣上，並進而予以培植溫養，最終只要憑藉此天地陰陽之氣，便能結成內丹。如此人體小宇宙（人身之氣），便只是消極的作用。因而此種說法很難解決人體內在之氣對修煉丹道的積極作用（內在之氣效用的發揮，必須建築在接受天地陰陽之氣後。而接受後的內在之氣已經不是原先的內在之氣，而是兩者的混合體）。

不過，上述的疑慮是個虛（或假）問題！因為單純的內在之氣（骨血凡父母之氣），因為未與天地造化之氣相接、相混時，其是屬於後天之氣。而內丹修煉必須採取先天之氣，才能成功結成內丹（上述的虛問題，只要放在「先天」與「後天」的角度來觀看便不成問題）。因此，最重要的問題是：如何使人體小宇宙與天地大宇宙相銜接，使兩者間處於和諧的狀態，以便於讓人體小宇宙容易盜奪存在於天地之中的真氣（天地之氣）而為已用？關於這個問題，俞琰主張人應「虛心凝神，與天地之機偕作」（偕以造化），在這種天人相合的過程中，悄然地盜取天地造化之機（人合於天）。其云：「《翠虛篇》云：『每常天地交合時，奪取陰陽造化機。』是機即天地合發之機也。夫人身中造化，與天地造化相應。今曰偕以造化者，論其至妙，全在天機與人機對舉。人能虛心凝神，與天地之機偕作，則造化在吾掌握中矣。天隱子云：『儻三百

〔註61〕黎靖德編，《朱子語類‧六‧卷九十四‧周子之書‧通書》，北京：中華，1999年6月，頁2409。
〔註62〕《周易參同契發揮‧卷四》，頁212。

六十日,內運自己之氣,適合天地之真氣,三兩次則自覺身體清和,異於常時。況久久習之,積累冥契,則神仙之道不難至矣!』」〔註63〕

2、「丹道易學」的模式

上述俞琰從「陰陽二氣」為出發點,來談論丹道與天道的關係。此外,俞琰更以漢代《易學》的「納甲」與「十二消息卦」來陳述丹道與天道的聯繫。換言之,其透過《易學》的表現形式,將丹道中「火候」的運用情形,以《周易》的卦爻為表述載體(易道),來陳述一年(或一月、一日)中,體內「陰陽二氣」的消長情形。

首先,在「納甲」方面,俞琰在《周易參同契發揮·卷二》中,以六卦(震、兌、乾、巽、艮、坤)比喻陰陽二氣的消長〔註64〕,認為月三日為震卦納庚,以吾身「火候」言之,則所謂「河車不敢暫留停之時」;八日為兌卦納丁,比喻吾身「陽火上升之半」;十五日為乾卦納甲,以喻吾身「陽火盛滿之候」;十六日為巽卦納辛,以吾身火候言之,則「陰受陽禪,峯回路轉之時」;二十三日為艮卦納丙,以喻吾身「陰符下降之半」;三十日為坤卦納乙,以喻吾身「陰符窮盡之候」。〔註65〕

此處,俞琰認為魏伯陽在《周易參同契》中所陳述的「月體納甲」法,將一月三十日分為六節,六節既盡至三十日坤卦後,又重新下個循環而成震卦〔註66〕,只不過是個譬喻的說法。因為在內丹修煉時,「納甲」法僅是體內火候之取象罷了!易言之,內丹學中的納甲法不過是掌握火候(進火退符)的一種形象化的譬喻,並非一月之內真的僅能進火退符一次。《周易參同契發揮·卷二》曰:

> 蓋納甲者,火候之取象也。火候之抽添與月之盈虧無異。今以六卦布於一月,則震象三日,月出於庚;兌象上弦,月見於丁;乾象望日,月滿於甲;巽象十六日,月虧於辛;艮象下弦,月消於丙;坤

〔註63〕《周易參同契發揮·卷五》,頁220。

〔註64〕《周易參同契發揮·卷二》云:「丹法以上半月為陽,屬震、兌、乾;下半月為陰,屬巽、艮、坤。故曰:蟾蜍視卦節。」(《道藏》(三家本),第二十冊,頁200)

〔註65〕以上見於:《周易參同契發揮·卷二》,頁200~201。

〔註66〕《周易參同契發揮·卷二》云:「自朔旦至五日為第一節屬震,六日至十日為第二節屬兌,十一日至十五日為第三節屬乾,十六日至二十日為第四節屬巽,二十一日至二十五日為第五節屬艮,二十六日至三十日為第六節屬坤。六節既盡,則日月合朔之後,陽又受陰之禪,復變為震。」(同上,頁201)。

象晦日，月沒於乙。不過借此以論身中六卦火候之進退，非真以為一月三十日也。……今魏公謂『三日出為爽，震受庚西方』，『十六轉受統，巽辛見平明』。蓋指二八月晝夜均平之時，姑以取象而已。非真以月出庚之時進火，月虧辛之時退符也。學者但觀月體之盈虧，反而求之吾身，則身中一陽生，即三日月生之震象也；二陽長，即八日月弦之兌象也；三陽滿，即十五日月圓之乾象也；一陰生，即十六日月虧之巽象也；二陰長，即二十三日月弦之艮象也；三陰足，即三十日月沒之坤象也。豈可拘以月出沒之方位，而律以卦體爻畫之數，與夫歷家盈縮短長之法哉！〔註67〕

修煉者「但觀月體之盈虧，反而求之吾身」，則月由朔（初一）至晦（三十），皆象徵人體「陰陽二氣」的消長循環，而火候的掌握就是以月體的盈虧為比喻，所以切不可拘泥於火候一月之數。俞琰唯恐修煉者還是不得其說之旨趣，產生以盲引盲的情形。於是又將納甲法合於《河圖》「五行成數」（七、八、九、六，其合共三十）〔註68〕，目的還是說明火候一月三十日之數，皆為譬喻象徵之辭。俞琰在解《周易參同契》「別序斯四象，以曉後生盲」時云：

四象，即七八九六也。即上文所謂「七八數十五，九六亦相當」是也。以七八九六合之，則為三十，應一月三十日之數，皆設象比喻也。魏公恐學者不得其說，以盲引盲，妄認三十日之盈虛相消息為一月火候。故又別序此七八九六之四象，以曉其未曉者。庶有以顯夫一月三十日之數，皆譬喻而非真以月之三日進火，月之十六日退符也。〔註69〕

〔註67〕《周易參同契發揮·卷二》，頁201。
〔註68〕 河圖，圖中「白點表示奇數（陽），即天數，黑點表示偶數（陰），即地數。此圖根據《繫辭上傳》所說的『天一地二，天三地四，天五地六，天七地八，天九地十』。按天數一、三、五、七、九和地數二、四、六、八、十排列，排成『一、六居下，二、七居上，三、八居左，四、九居右，五、十居中』的方位。」（吳康主編，《中國神秘文化辭典·術數篇·河圖洛書》，北京：海南，2002年2月，頁299）；換言之，「河圖數字的總合為55，而55則由天數1、3、5、7、9與地數2、4、6、8、10相加而成，其中1、2、3、4、5是生數，它們分別與代表五行金、木、水、火、土的5相加，生出6、7、8、9、10五個成數。河圖的數字分布實際上也是一種方位分布，即1、6配水，位北，圖中列於下；2、7配火居南，列於上；3、8配木居東，列於左；4、9配金居西，列於右；5、10配土居中央，為地。」（同上，頁300）
〔註69〕《周易參同契發揮·卷二》，頁202。

其次，「十二消息卦」（十二辟卦），由復卦至坤卦，代表人體內陰陽二氣的消長循環，其亦是火候之譬喻。復卦表示「陽氣始通」，比喻「身中陽火發動之初」；臨卦表示「陽氣漸明」，比喻「身中陽火漸漸條暢，而黃道漸漸開明」；泰卦表示「陽氣出地」，比喻「身中三陽上升，漸漸起，漸漸仰，當急駕河車，搬歸鼎內」；大壯卦表示「陰佐陽氣，聚物而出」，比喻「身中陽火方半，氣候停勻」；夬卦表示「陽氣既盛，逼近天際」，比喻「身中陽火升上」；乾卦表示「陽氣盛極，周遍宇內」，比喻「身中陽火圓滿，而丹光發現」；姤卦表示「陰氣方生」，比喻「身中陰符起緒之地」；遯卦表示「陰氣漸長」，比喻「身中陰符離去午位，收斂而降下」；否卦表示「陽氣漸衰」，比喻「身中陰符愈降愈下，猶三陰肅殺之時，草木黃落」；觀卦表示「陰佐陽功，物皆縮小而成」，比喻「身中陰符過半，降而入於丹田，如木之斂花就實」；剝卦表示「陽氣衰滅」，比喻「身中陰符將盡，而神功無所施」；坤卦表示「純陰用事，萬物至此皆歸根而復命」，比喻「身中陰符窮極，則寂然不動，反本復靜」。〔註70〕《周易參同契發揮・卷六》云：「陽始於復，陰終於坤。終始相接，首尾相銜，故曰終坤始復，如循連環，魏公以十二辟卦論火候，又以律名辰名鋪敘而言，皆譬喻也。」〔註71〕

值得一提的是，俞琰在陳述「十二消息卦」時，強調「坤復之間」。「坤復之間」又其他的名稱：在一歲稱為「冬至」，在一月稱為「晦朔之間」，在一日則稱「亥末子初」。〔註72〕此時，除了代表陰盡陽初的意義外，其又表示為內丹修煉「作丹」之時機。《周易參同契發揮・卷二》云：「丹法所謂冬至，所謂晦朔之間，皆比喻陰極陽生之時也。以一月言之，則如月晦之夜，月光索然而滅藏；以一年言之，則如仲冬之節，草木索然而摧盡，其義一也。」〔註73〕、《周易參同契發揮・卷五》云：「丹法以時易日，則每日亥子之交，即晦朔之間也。天地開闢於此時，日月合璧於此時，草木孳萌於此時，人身之陰陽交會於此時，神仙於此時而作丹。……在乾四德為貞元之間，在十二卦為坤之末復之初，乃天地人之至妙，至妙者也。」〔註74〕、《周易參同契發揮・卷六》

〔註70〕 《周易參同契發揮・卷六》，頁229～231。

〔註71〕 《周易參同契發揮・卷六》，頁232。

〔註72〕 《易外別傳》云：「坤末復初，陰陽之交。在一歲為冬至，在一月為晦朔之間，在一日則亥末子初是也。」（《周易參同契發揮・卷六》，頁313）。

〔註73〕 《周易參同契發揮・卷六》，頁202。

〔註74〕 《周易參同契發揮・卷六》，頁226。

云：「亥子之間，乃陰陽交界之時。當其六陰窮極，一陽未生，寂兮寥兮，猶天地未判之初，神仙作丹於此時。」〔註75〕；換言之，當「坤復之間」時，正是內丹修煉「產藥」的川源處。《周易參同契發揮・卷六》云：

> 謂作丹之際，正如亥月純坤用事之時，其時萬物歸根，閉塞成冬。冬雖主藏，然一歲發育之功實胚胎於此，特閉藏無迹，人不得而見爾。而古人以此純陰之月，名為陽月者，蓋小雪之日，陽氣已生於六陰之下，積而至於冬至遂滿，一畫之陽變為復卦也。丹道亦然！當夜氣之未央，但凝神聚氣，端坐片時，少焉，神氣歸根，自然無中生有，漸凝漸聚，積成一點金精。……蓋一陽不生於復，而生於坤，坤雖至陰，然陰裏生陽，實為產藥之川源也。〔註76〕

在「天道」來說，「坤復之間」指冬至陰氣已極，陰極陽生，陽氣在小雪日潛藏於六陰坤卦之下，至冬至而陽氣形成變為一陽復卦。以「丹道」言之，此時坤腹（丹田）有一點元陽（元氣）產生，正是內丹修煉產藥的時機。所以，「坤復之間」為內丹產藥之川源。

綜合上述，俞琰認為「丹道」與「天道」是相類似的。易言之，內丹之道是與天地造化同途。《周易參同契發揮・卷二》云：「蓋大丹之道，與造化相符。」〔註77〕、《周易參同契發揮・卷三》云：「丹道與天道一也。天道有一息不運乎？天道無一息不運，則丹道詎可有一息間斷哉！」〔註78〕、《周易參同契發揮・卷四》云：「以丹道言之，則人身自有一周天，與天地無以異也。」〔註79〕；所以修煉者只要「回光返照」，反求於自身，則吾身自有一乾坤、晦朔、日月、天地及陰陽。《周易參同契發揮・卷三》云：「然吾身自有一天地，自有一陰陽。」〔註80〕、《周易參同契發揮・卷七》云：「今魏公舉日月二者，此（比）喻丹道，而拳拳於晦朔薄蝕，其意蓋有在矣。學者得不回光返照，尋吾身中之日月，求吾身中之晦朔哉！」〔註81〕、《周易參同契發揮・卷八》云：「修丹者，誠能法天象地，反而求之吾身，則身中自有一壺天。」〔註82〕

〔註75〕 《周易參同契發揮・卷六》，頁232。
〔註76〕 《周易參同契發揮・卷六》，頁232。
〔註77〕 《周易參同契發揮・卷六》，頁202。
〔註78〕 《周易參同契發揮・卷六》，頁208。
〔註79〕 《周易參同契發揮・卷六》，頁215。
〔註80〕 《周易參同契發揮・卷六》，頁212。
〔註81〕 《周易參同契發揮・卷六》，頁245。
〔註82〕 《周易參同契發揮・卷六》，頁252。

具體而言「丹道」類比於「天道」的內容是:「天」為鼎,「地」為爐,「月」為藥之用,「日」為火候,氣血的盈虛循環同「陰陽二氣」之消長。《周易參同契發揮・卷五》云:「人身法天象地,其氣血之盈虛消息,悉與天地造化同途。……所以丹法,以天為鼎,以地為爐,以月為藥之用,而採取必按月之盈虧;以日為火之候,而動靜必視日之出沒。自始至末,無一不與天地合有。……一一取法天地造化而為之,是以謂之至道。若不依天地造化而別求他法,則是旁門小術。」〔註83〕

此外,俞琰在陳述「丹道」與「天道」的關係時,是以「易道」為工具(表現形式),來陳述兩者的關係。

> 《周易參同契發揮・卷二》云:「天地,即吾身之乾坤也;日月,即吾身之坎離也。天地日月以時而相交,故能陶萬彙而成歲功;乾坤坎離以時而相交,故能奪造化而成聖胎。」〔註84〕

> 《易外別傳・并敘》云:「人生天地間,首乾腹坤,呼日吸月,與天地同一陰陽,《易》以道陰陽,故伯陽借《易》以明其說。」〔註85〕

> 《易外別傳》云:「人之元氣藏於腹,猶萬物藏於坤;神入地中,猶天氣降而至于地;氣與神合,猶地道之承天。天地以此而生物,吾身以此而產藥。」〔註86〕,又云:「乾上坤下,吾身之天地也。泰左否右,吾身天地之升降也。……坎北離南,吾身之水火也。既濟東未濟西,吾身水火之升降也。屯居寅,蒙居戌,吾身之火候也。」〔註87〕,又云:「愚謂:《參同契》之說,不過借《易》道以推明己意。其間引用《易》中之辭,未必皆本文之義。蓋《易》與天地相似,人身亦與天地相似,是故魏伯陽假《易》以作《參同契》。」〔註88〕

其使用的模式是:首先將《易》學符號與人體銜接,如以《周易・說卦傳》中「乾為首」、「坤為腹」的說法。如此《易》學符號就可類比地表示人體的各部位。其次,將代表「天道」的天地、日月與《易》學符號乾坤、坎離相銜接,如此就完成「易道」與「天道」關聯。因為「易道」等同於「丹道」(人

〔註83〕《周易參同契發揮・卷六》,頁223。
〔註84〕《周易參同契發揮・卷六》,頁198。
〔註85〕《周易參同契發揮・卷六》,頁312。
〔註86〕《周易參同契發揮・卷六》,頁314。
〔註87〕《周易參同契發揮・卷六》,頁316。
〔註88〕《周易參同契發揮・卷六》,頁317～318。

體的各部位），所以當說「易道」與「天道」連接時，就等同於說「丹道」與「天道」相連接。最後，由上述三者的關聯，「《易》與天地相似，人身亦與天地相似」，可以得出：「丹道」、「易道」、「天道」三者相連的模式。

第三節　丹道易學之「基本觀念」介紹

本節將介紹丹道易學所使用的主要「基本觀念」，目的是為了在進行主題論述前，對於丹道易學的術語有一基礎的認識與瞭解。

1、大宇宙（Macro cosmos）與小宇宙（Micro cosmos）

大宇宙指整個世界，小宇宙指人。這個學說認為相似的東西為相似的東西所知覺。換言之，人的活動與宇宙中的各種別的事物是相符合的，人處在宇宙之中就是整體宇宙中的一個小宇宙。易言之，每個現實實體與整個世界保持關係，這種關係必然呈現於現實實體的構成之中。〔註89〕如果以「丹道」為例，「外丹」學派的思維方式是從如何煉製人工「丹藥」著手，它認為只要符合「天地造化」（順陰陽、法天合道），在鼎爐中同樣可以模擬天地化生萬物的情境而煉成丹藥。此時，鼎爐中為一模擬大宇宙的具體而微之小宇宙。所煉製成的丹藥，同大宇宙化生萬物時所具有的「價值本源——道」同一屬性。「內丹」學派的思維方式，則從人體的內在來思考超越之道，認為人體本身便如同天鼎地爐般自足一個小宇宙，體內之「精、炁、神」便是長生之藥。因此，只要懂得如何將大宇宙的運行規律轉換成人體小宇宙之中，便能產生「丹藥」。此時的丹藥，同樣具有「價值本源——道」的屬性。

2、時間攢簇理論

「攢簇」的字面意義是聚集、擁集。引申有濃縮、蹙縮之意。攢簇是丹家證破天道生生不息的奧妙後，以天道發明丹道而創立的一種解讀法則。換言之，這個理論認為人體短時間的修煉可以奪取類比於天地大時間的修煉之功，因此又稱為「時間攢簇理論」。丹道之所以有攢簇之法，其原因是因為人體雖然與天地一樣都有「陰陽二氣」的升降循環，但畢竟人體只是「小宇宙」，僅是具體而微的小天地。「人體小宇宙」與「天地大宇宙」之間雖然有相似性與共通性，但是更為重要的是「人體小宇宙」還有自身的生理代謝（運行）法

〔註89〕以上見於：金炳華等編，《哲學大辭典（修訂本）·上》，上海辭書，2001 年 6月，頁212。

則（其氣血的運行，精氣神的盛衰，皆有其自身的運動週期）。如此，修煉丹道就不能簡單地比附天道，而必須明瞭「時間攢簇」之理。換言之，天地造化之理是可以掌握的！利用「時間同構」原則，也就是說，內丹修煉雖然效法天地造化，但只要掌握其中的道理，則可取得與天地造化同等的功效利益，卻不必使用與之等同的時間。所以只要掌握了時間攢簇之法，就能將天地大宇宙的大時間轉換成人體小宇宙的小時間。如此便可於一日之中，奪天地一年的造化之機（類比與轉化法的運用）。

「時間攢簇理論」，即是認為在「年、月、日、時」四種時間系統中，存在著相同的結構與運行週期（時間同構原則，年總括月日時，月總括日時，日總括時）。因此，在內丹修煉時，便可將一年之造化攢（濃縮）入一月之中，一月之造化攢（濃縮）入一日之中，一日之造化攢（濃縮）入一時之中。換言之，短時間（時、日、月）的修煉，可以得到如同長時間（日、月、年）修煉時的功效。

3、盜與奪

掌握天地造化之理，丹經通常用「盜」與「奪」二字來表達。「盜」，在道教教義中指天地萬物的相互聯繫、相互竊取精氣。修煉者只要自覺地運用「盜」之道，不斷汲取天地萬物之精華就能長生。換言之，強調修煉者伺機奪取天時、地利、人和及萬物之資源，而為我所用。《陰符經》有「三才相盜」的說法，其云：「天地，萬物之盜。萬物，人之盜。人，萬物之盜。三盜既宜，三才既安。」〔註90〕

「奪」是奪天地造化之利，如鼎爐一日火候可奪天地一年之造化。也就是說內丹火候雖然效法天地造化，但只要掌握其中的道理，則可取得與天地造化同等的功效利益，卻不必使用與之等同的時間。

4、機

道教將「機」認作天地和萬物存在的根據和變化的原因，以及人對於天地萬物的存變關鍵的認識。《陰符經》提出有「機」、「盜機」及「殺機」的說法。〔註91〕宋金元以後的道教內丹家多以《陰符經》的「機」來解釋命功修

〔註90〕《道藏》（三家本），第一冊，頁821。
〔註91〕《陰符經》云：「天性，人也。人心，機也。立天之道，以定人也。」（《道藏》（三家本），第一冊，頁821）、「天發殺機，移星易宿。地發殺機，龍蛇起陸。人發殺機，天地反覆。天人合發，萬變定基。」（同上）、「其盜機也，天下莫

煉的「法」和「時」。如張伯端《悟真篇》云：「天地盈虛自有時，審觀消息始知機。」〔註92〕、「須將死戶為生戶，莫執生門號死門。若會殺機明返覆，始知害裏卻生恩。」〔註93〕及「禍福由來互倚伏，還如影響相隨逐。若能轉此生殺機，返掌之間災變福。」〔註94〕

5、鼎爐

鼎爐最早是外丹所用的名詞，鼎為烹煉丹藥的器具，爐為煉丹用火的加熱器。後來為內丹家所引用，比喻內煉金丹的位置。在煉精化炁階段，鼎在泥丸宮，爐在下丹田。在河車運轉中，將外藥運昇於泥丸，下降凝固於土釜。昇沿督脈到頭頂，降由頭頂下接任脈，入下丹田。這一段在丹法中稱「大鼎爐」；在煉炁化神階段，則上以黃庭（膻中穴）為鼎，下以丹田為爐，氤氳二穴之間，以神靜守，不用沿任、督二脈循環，稱為「小鼎爐」。

6、藥物

《周易參同契》系統的外丹學說，是以「鉛」、「汞」為煉丹的藥物。內丹修煉時，則以人體內精氣神為藥物。精是生命基礎，氣是動力，神是主宰。精氣神又有先天與後天的區別，後天的精指交合之精，先天精則稱為元精；後天氣指呼吸之氣，先天炁則稱為元炁；後天神指思慮之神，先天神稱為元神。

又內丹修煉中的藥物，因應用的不同階段分為三種，即「外藥」、「內藥」與「大藥」。這種區分實是內丹修煉時「精氣神」三者和合凝煉的進度與過程所形成的。在煉精化炁初級運煉階段稱為「外藥」（指煉精化炁中所採的元精，因從外動中採來，故名外藥），初級運煉化炁完成時體內真機所生稱「內藥」（指心中元神，它本在內心，不從外來，故稱內藥），內外藥合凝後進入煉炁化神階段稱為「大藥」。

7、火候

火在內丹經典中比喻元神，元神與精氣結合，在任督二脈路徑上運行，起運轉烹煉的作用稱「火候」。換言之，火指心所生的神、意念，內煉過程中掌握意念的法則尺度，稱為火候。《真詮‧火候》云：「火候全在念頭上著力。……火候本只寓一氣進退之節，非有他也。……其妙全在人，蓋用意太緊，是謂火

能見，莫能知。君子得之固躬，小人得之輕命。」（同上）

〔註92〕《修真十書‧悟真篇》，《道藏》（三家本），第四冊，頁733。
〔註93〕《修真十書‧悟真篇》，《道藏》（三家本），第四冊，頁737。
〔註94〕《修真十書‧悟真篇》，《道藏》（三家本），第四冊，頁737。

躁而乾；若太緩，則水濕而寒。只要緩急得中，勿忘勿助。」〔註95〕

8、河車

河車，蓋為黃河逆流、三車入頂的合稱。指精氣合凝之炁（藥）行小周天運轉，循任、督二脈升降。換言之，身中真炁所生之正氣（陽炁），從督脈上升逆行，比喻為黃河逆流，上入崑崙峰頂（泥丸）。《鍾呂傳道集・論河車》云：「蓋人身之中，陽少陰多，言水之處甚眾。車則取意於搬運，河乃主象於多陰，故此河車，不行於地而行於水。……河車者，起於北方正水之中，腎藏真氣，真氣之所生之正氣，乃曰河車。」〔註96〕、《西山群仙會真記》曰：「而曰河車者，取意於人身之內，萬陰之中，有一點元陽上升，薰蒸其胞絡，上生元氣，……故車行于河，如炁在血絡之中，炁中暗藏真水，如車載物。」〔註97〕

三河車，則為牛車、鹿車、羊車。即內丹修煉時用火之三階段，是指精氣合凝之炁（藥）過背後三關時的遲速和用意的輕重。王沐《悟真篇丹法要旨》云：「丹法在講運火採藥時，用火候有三個階段，即羊車、鹿車、牛車。由尾閭關至夾脊關，細步慎行，如羊駕車之輕柔；由夾脊關至玉枕關，巨步急奔，如鹿駕車之迅捷；由玉枕關至泥丸，因玉枕關極細極微，必需用大力猛衝，如牛駕車之奮猛。此種比喻，必須有藥時纔用，所謂『載金三車，直上昆侖』。」〔註98〕

此外，三河車之說又有：「小周天、玉液河車、大周天」與「小河車、大河車、紫河車」兩種說法。胡孚琛主編，《中華道教大辭典・第九類內丹學・三車》曰：「李涵虛《三車秘旨》：『三車者，三件河車也。第一件運氣，即小周天子午運火也。第二件運精，即玉液河車，運水溫養也。第三件精氣兼運，即大周天運先天金汞，七返還丹，九還大丹也。』……《天皇至道太清玉冊》卷八：『三河車：採藥進火，添汞抽鉛，曰小河車。大藥漸成，上補下煉，曰大河車。還丹煉形，合道入仙，曰紫河車。』……三車之說，起於釋門用語。《妙法蓮華經》卷三《譬喻品》：『長者告諸子言：羊車、鹿車、牛車，今在門外，可以遊戲。汝等於此火宅，宜速出來。』用以比喻菩薩、緣覺、聲聞等大、中、小三乘。」〔註99〕

〔註95〕《藏外道書》第十冊，頁865。
〔註96〕《道藏》（三家本），第四冊，頁671。
〔註97〕《道藏》（三家本），第四冊，頁426。
〔註98〕《悟真篇淺解・附錄一》，頁295。
〔註99〕北京：中國社會科學社，1995年8月，頁1137。

9、小周天與大周天

「小周天」是採外藥運河車入下丹田，經過上鼎泥丸宮與下爐丹田而封存。易言之，在煉精化炁階段，由尾閭到泥丸的督脈，運藥時稱為河車之路。尾閭、夾脊、玉枕稱為三關，此為河車上昇之路；泥丸、黃庭、丹田稱為三田，此為河車下降之路。上昇叫進火，下降叫退符，循環一周，稱為小周天。

「大周天」則是在小周天的基礎上，即煉炁化神的階段上，以黃庭（膻中穴）為鼎，以下丹田為爐，元炁只氤氳於二田，修煉時只守此二田之間，不固定於一田。大周天與小周天的區別在於大周天並非運氣循環，而是用綿密寂照的入定之功，使元神（陽神或聖胎）發育成長。

10、築基與三關

內丹修煉的功法，可分成四個階段：即「築基」、「煉精化炁」、「煉炁化神」及「煉神還虛」（煉神合道）。換言之，內丹功法分成兩大階段：築基為入手修補的基礎功，亦即內丹修煉的準備功夫，丹經稱這一階段為「道術」。煉精化炁為內丹修煉之「初關」，又稱百日關；煉炁化神為「中關」，又稱十月關；煉神還虛為「上關」，又稱九年關。這三關丹經總稱為「仙術」。

「築基」，重在填虧補虛，是修復身體，補充三寶（精氣神）。內丹家認為，人生從嬰兒狀態以後，體內的精氣神日漸消耗虧損，因而在內丹修煉前，一定要進行修補，以期達到精足（全）、氣滿（全）、神旺（全）的三全境界。基礎堅固以後，才能入手進行內丹修煉。

「煉精化炁」，此初關階段，在築基三全的基礎上進行。著重將「精」、「氣」合煉凝化為「炁」的功夫，又稱「三歸二」。其具體的修煉過程分為四個層次：1 採藥，即]靜定中元氣發生（外藥），便即時採取，使其昇華；2 封固，即採藥後送至下丹田封存，不使走漏；3 烹煉，即轉動河車三百六十次，行小周天功法三百六十次，促進精氣的凝結；4 止火，即小周天三百六十次後，有陽光三現的信號，此時內藥已生，便須止火，為七日煉大藥（外、內藥凝煉合成的丹母）做準備。整個過程需時約一百日，所以又稱百日關。

「煉炁化神」，此中關階段，著重將「炁」（精、氣所凝煉）與「神」合煉，使炁歸神。換言之，此一階段修煉的目的是將「神」與「炁」合煉而歸於純陽之神（陽神、聖胎或嬰兒），又稱「二歸一」。此時使用大周天功法，其具體修煉過程為：七日煉大藥，十月守關長養聖胎（陽神），胎圓則移胎至上丹田。煉炁化神階段，實際上是進一步煉藥的功夫，進一步使神炁凝結，由

有為過渡至無為。

　　「煉神還虛」，此上關階段，又稱「煉神合道」。此階段不同於初關「有為」，中關「有無相交」，而是純一「無為」的性功修煉功夫。大要是將中丹田煉成的陽神（聖胎）移於上丹田（天宮），又稱「移胎」或「移神」，然後進行三年溫養的功夫，以達到超脫分形的階段。超脫分形就是陽神從天門（泥丸）脫出，又稱「出神」，擺脫肉體的禁錮，脫離肉身而長存，獲得「身外之身」，超出生死之外，與道合一，而長生成仙。此階段需時九年，所以又稱九年關。因為此階段主要是「出神還虛合道」的功夫，所以又稱「一歸无」。

小結

　　本論文所謂「丹道易學」，指的是「兩派十宗」中之「丹道宗」，亦即「道教易學」中之「《易》圖學」與「《易》學內丹學」兩類。之所以包含這兩類，原因在於：本論文所設定的研究對象，主要是探討《道藏》與《藏外道書》中，以「易學」為表現形式（表述載體），來陳述「內丹學」理論的著作。而這些著作中又將焦點集中在《周易參同契》和《悟真篇》上。換言之，即以《周易參同契》和《悟真篇》二書為基準，來陳述「丹道易學」思想。在這個研究進程中，將產生「三個時間分期」和逼顯出「一個主題」。

　　這個主題即是以「易道」、「丹道」及「天道」相銜接的模式，而劃分出三個時期：初期（漢代），以《周易參同契》為主來陳述丹道理論；第二期（唐五代北宋），此階段，以彭曉的《周易參同契分章通真義》與張伯端《悟真篇》為代表；第三期（南宋金元），此階段，以俞琰《周易參同契發揮》為代表。

　　「丹道易學」的「三個時間分期」所呈現出一個共同的主題（即「易道」、「丹道」及「天道」相銜接、結合的模式）的意涵是：認為丹道之修煉必須符合天地之造化（法天），所以借用《易》學符號來陳述天道的陰陽變化，以此來象徵丹道合煉中的火候、藥物之變化情形。

　　由「修丹與天地造化同途」這個命題，我們可以看出內、外丹家對於《周易參同契》的不同「詮釋路徑」。外丹家（彭曉）認為：煉丹火候必須效法天地陰陽造化之消息。因此，丹家便傾注其全力去探索天地自然的造化運行之理以及與外丹火候的關係。而內丹家（俞琰）其所注重的問題是：如何將「天地大宇宙」中的自然運行之道（天道），運用、施行於「人體小宇宙」中而結

成內丹（丹道）。

經由以上的論述，可以看出《周易參同契》的丹道理論（外丹、內丹），正是以「漢代象數《易》學」為載體，來陳述天地造化之「道」！不過，不管外丹（彭曉）與內丹（俞琰），其對於尋覓人體小宇宙的活子時（造化之「機」）的基本原則──「心」，並沒有做出具體的說明。換言之，《周易參同契》並沒有說明如何以「心」來求得人體小宇宙中活子時的具體方法。對於這個問題，金丹派南宗之祖「張伯端」便解決這個問題。他的貢獻是──其繼承《周易參同契》流派的丹道理論，並引用禪宗的心性論，而將關注的焦點轉化為「內在的心性義理」！易言之，張伯端不僅僅將繼承自《周易參同契》所闡發的「天地造化之理」作為修煉的依據和準則，而且還超越對造化之理的解悟而了證本元（本性、真性）（詳細內容見於本論文第七章）。

第三章 《周易參同契》的
丹道易學思想

　　《周易參同契》有「萬古丹中王」與「萬古丹經、丹法之祖」的尊稱。
〔註1〕且元代陳致虛曾云:「丹書多不可信,得真訣者要必以《參同契》、《悟
真篇》為主。」〔註2〕、翁葆光《紫陽真人悟真篇注疏・卷七》云:「丹經萬
卷,妙在《參同契》。」〔註3〕、清董德寧《周易參同契正義・序》曰:「萬卷
丹書,《參同》第一。」〔註4〕及清朱元育《周易參同契闡幽・序》云:「此書
源流最遠,實為丹經鼻祖,諸真命脈。」〔註5〕,由此可見《周易參同契》在
道教丹經史上,扮演著舉足輕重的地位。

〔註1〕《真人高象先金丹歌》云:「又不聞叔通、從事、魏伯陽,相將笑入無何鄉,
　　　　准《連山》作《參同契》,留為萬古丹中王。」(《道藏》(三家本),上海書店,
　　　　第二十四冊,頁152)、南宋陳顯微《周易參同契解・卷下・王夷敘》曰:「古
　　　　今諸仙,多尊《參同契》為丹法之祖。」(同上,第二十冊,頁296)、宋末元
　　　　初俞琰《周易參同契發揮・阮登炳序》云:「《參同契》乃萬古丹經之祖」(同
　　　　上,第二十冊,頁192)、明楊升菴慎《古文參同契・序》曰:「《參同契》為
　　　　丹經之祖」(袁仁林,《古文周易參同契註》,台北:新文豐,1987年6月,頁
　　　　1)。
〔註2〕《四庫提要・參・周易參同契分章注三卷》(河北人民,2000年3月,頁3759),
　　　　又陳致虛《上陽子金丹大要・卷一》曰:「且無知者,妄造丹書,假借先聖為
　　　　名,……切不可信,要當以《參同契》、《悟真篇》為主。」(《道藏》(三家本),
　　　　第二十四冊,頁4)。
〔註3〕《道藏》(三家本),第二冊,頁959。
〔註4〕台北:自由,2002年1月,頁1。
〔註5〕台北:自由,2000年2月,頁4~5。

第一節 《周易參同契》的作者、成書年代及版本

一、《周易參同契》的作者

《周易參同契》一書，葛洪《神仙傳》將其與《五相類》合併為二卷。〔註6〕正史著錄始於《舊唐書‧經籍志》丙部五行類，共三卷（《周易參同契》二卷、《五相類》一卷），《新唐書‧藝文志》亦同。鄭樵《通志‧藝文略》第五，則開始將《參同契》別立為一門，載注本十九部三十一卷。〔註7〕唐宋以後《參同契》的注本，《四庫全書總目提要‧道家類》則收載六部十七卷〔註8〕，明《正統道藏》共收載十一種，《藏外道書》則有十四種（詳細內容見於本論文第一章第二節）。

關於《周易參同契》的作者問題，《周易參同契》中有一段廋詞，其云：

委時去害，依託丘山。循遊寥廓，與鬼為鄰。化形而仙，淪寂無聲。

百世一下，遨遊人間。陳敷羽翮，東西南傾。湯遭厄際，水旱隔并。

柯葉萎黃，失其華榮。吉人相乘負，安穩可長生。〔註9〕

〔註6〕 葛洪《神仙傳‧魏伯陽》云：「伯陽作《參同契》《五相類》凡二卷」（《雲笈七籤‧卷一百九‧紀傳部‧傳》（北京：華夏，1996年8月，頁672）。

〔註7〕 《四庫提要‧叁‧周易參同契分章通真義三卷》云：「《隋書‧經籍志》不著錄，《舊唐書‧經籍志》始有《周易參同契》二卷，《周易五相類》一卷，而入之五行家。……至鄭樵《通志‧藝文略》，始別立《參同契》一門，載注本一十九部，三十一卷，今亦多佚亡。」（河北人民，2000年3月，頁3756）。

〔註8〕 此六部十七卷為：（1）後蜀彭曉註《周易參同契分章通真義》三卷、（2）朱熹註《周易參同契考異》一卷、（3）宋陳顯微《周易參同契解》三卷、（4）元俞琰《周易參同契發揮》三卷與《周易參同契釋疑》一卷、（5）陳致虛《周易參同契分章註》三卷、（6）明蔣一彪《古文參同契集解》三卷（河北人民，2000年3月，頁3756～3760）。另外，關於《周易參同契》的版本情形，有孟慶軒與劉國梁載錄的兩項內容可供參閱。孟慶軒載有三十四種（孟乃昌、孟慶軒輯編，《萬古丹經王《周易參同契》三十四家注釋集萃》，附錄一：〈三十四種注本、批注本、批校本目錄〉，北京：華夏出版社，1993年9月，頁415～417）、劉國梁載有二十七種（劉國樑注譯、黃沛榮校閱，《新譯周易參同契‧導讀》（5）〈著錄、注本、版本〉，台北：三民，1999年11月，頁17～20）。

〔註9〕 《周易參同契分章通真義‧卷下》，《道藏》（三家本），第二十冊，頁156～157。本論文所引《周易參同契》的原文，是以彭曉註《周易參同契分章通真義》（簡稱彭注本）一書為依據。雖然經過陳國符與孟乃昌兩位先生的考證，今存最古老的《周易參同契》注本是：陰長生注《周易參同契》（簡稱陰注本）與容字號無名氏《周易參同契註》（簡稱容無本），此二本皆為唐代注本（以上說法見於：陳國符《道藏源流續考‧中國外丹黃白法經訣出世朝代考》，台北：明文，1983年3月，頁377～379；孟乃昌《周易參同契考辯‧一《周易

廋詞，又作廋辭。即隱語，俗稱謎語。是一種曲為譬喻的言辭。《參同契》上述語句，嵌有「魏伯陽造」四字。委時去害四句中，委與鬼合成「魏」字；化形而仙四句中，百世一下為白，白與人相合成「伯」字；陳敷羽翮四句中，陳字的左偏旁（阝）加上湯字的右偏旁（易）為「陽」字；北齊顏之推《顏氏家訓‧書證篇》曰：「《參同契》以人負告為造」，所以柯葉萎黃四句中，吉人相乘負為「造」字。在《參同契》的注本中，陰注本首先猜出一個魏字，俞琰本則是第一個完整猜出謎底魏伯陽三字的注本。陰長生注《周易參同契‧卷下》曰：「虞翻以為：委邊著鬼是魏字。」〔註10〕，俞琰《周易參同契發揮‧卷九》云：「此乃魏伯陽三字隱語也。委與鬼相承負，魏字也；百之一下為白，白與人相承負，伯字也；湯遭旱而無水為易，陀之厄際為阝，阝與易相承負，陽字也。」〔註11〕、清朱元育《參同契闡幽》云：「此節魏公於著書篇終，隱名以俟後世也。十六句中，離合成文。藏仙翁姓名在內。委時去害四句，合成魏字；化形而仙四句，合成伯字；敷陳羽翮四句，合成陽字；柯葉萎黃四句，合成造字。《參同契》全文，乃魏伯陽所造也。」〔註12〕及袁仁林《古文周易參同契註》曰：「此下於敘述中嵌入姓名。……委鬼伏魏……百下有白，配人為伯。……湯遭二句，陳字傾去西南角之東，所餘惟阜；湯字遭旱而無水，所餘惟易。阜與易合而為陽，則其姓名之魏伯陽也。」〔註13〕

對於《周易參同契》的作者是魏伯陽的這件事，是一個公認（比較沒爭議）的說法。但問題的癥結點在魏伯陽對《參同契》的參與深度（是魏伯陽一人獨力完成，還是還有另外作者存在）。關於這個問題，歷來的《參同契》研究，主要圍繞在「魏伯陽、徐從事與淳于叔通三人的關係」上打轉。歸納起來

參同契》通考‧（二）最古的注文和正文》，上海古籍，1993 年 8 月，頁 26～30）。但因彭注本是歷來官方公認的可靠版本，於是本論文便以其為文獻依據。《四庫提要‧叄‧周易參同契分章通真義三卷》云：「諸家註《參同契》者，以此本（彭注本）為最古。至明嘉靖中，楊慎稱南方有發地中石函者，得古文《參同契》，以為伯陽真本，反謂曉此本淆亂經注。好異者往往信之。然朱子作《周易參同契考異》，其章次并從此本。《永樂大典》所載《參同契》本，亦全用曉書，而以俞琬諸家之注分隸其下。則此本為唐末之書，授受遠有端緒。慎所傳本，殆豐坊《古大學》之流，殊荒誕不足為信。故今錄《參同契》之注，乃以此本為冠焉。」（河北人民，2000 年 3 月，頁 3756～3757）。

〔註10〕《道藏》（三家本），第二十冊，頁 94。
〔註11〕《道藏》（三家本），第二十冊，頁 260。
〔註12〕台北：自由，2000 年 2 月，頁 391～392。
〔註13〕台北：新文豐，1987 年 6 月，頁 72～73。

有兩種代表性的說法：其一，以唐代陰長生注《周易參同契》（簡稱陰注本）與容字號無名氏《周易參同契註》（簡稱容無本）為代表，容無本《周易參同契註‧卷上》云：

> 《參同契》，昔真人號曰《龍虎上經》。……後魏君改為《參同契》，託在《周易》。……凌陽子於崆峒山傳與徐從事，徐從事傳與淳于君，淳于君仰觀卦象，以器象於天地，配以乾坤。……第三卷淳于君撰，重解上下二卷，疑于始傳魏君。〔註14〕

陰注本《周易參同契‧序》云：

> 蓋聞《參同契》者，昔是《古龍虎上經》本出徐真人。徐真人，青州從事，北海人也。後因越上虞人魏伯陽，造《五相類》以解前篇，遂改為《參同契》。更有淳于叔通，補續其類，取象三才，乃為三卷。叔通親事徐君，習此經夜寢不寐，仰觀乾象而定陰陽，則以乾坤設其爻位，卦配日月，託《易》象焉。〔註15〕

上述引文認為魏伯陽、徐從事與淳于叔通三人（《參同契》的授受）關係是：徐從事得《古龍虎上經》，授予淳于叔通；後魏伯陽造《五相類》以解前篇，又託《周易》而將前篇改為《參同契》；淳于叔通繼而「補續其類，取象三才」，撰成第三卷。換言之，徐從事作《參同契》，魏伯陽造《五相類》，淳于叔通撰第三卷「重解上下二卷」。

這個說法符合陶弘景《真誥‧卷十二》的記載，其曰：「《易參同契》云：桓帝時，上虞淳于叔通受術於青州徐從事，仰觀乾象，以處災易，數有效驗。」〔註16〕。不過，此種看法在《參同契》研究的歷史上不占主流地位，究其原因應是其資料文獻本身的可性度問題。一個是託名陰長生注，另一為無名氏注，在先天上就存在著不利因素（此種情形很可能讓人懷疑陰注本與容無本皆為偽書）。雖然經過陳國符與孟乃昌兩位先生的考證，證明兩者皆為唐代的注本（早於後蜀彭曉的注本），是現存最早的《參同契》注本。但在歷史上，其影響力是大大低於後蜀彭曉註《周易參同契分章通真義》的說法。

第二種代表性的說法，就是彭曉註《周易參同契分章通真義》（簡稱彭曉本）。彭曉本之所以能在歷史上產生深遠的影響，除了其官方的身分（朝散郎

〔註14〕《道藏》（三家本），第二十冊，頁161。
〔註15〕《道藏》（三家本），第二十冊，頁63。
〔註16〕《道藏》（三家本），第二十冊，頁562。

守尚書祠部員外郎，賜紫金魚袋）外，儒家正統思想的支配，或許是其主要原因〔註17〕。《周易參同契分章通真義・序》曰：

> 真人魏伯陽者，……不知師授誰氏，得《古文龍虎經》，盡獲妙旨，乃約《周易》，撰《參同契》三篇。又云未盡纖微，復作《補塞遺脫》一篇，繼演丹經之玄奧，所述多以寓言借事，隱顯異文。密示青州徐從事，徐乃隱名而註之。至後漢孝桓帝時，公復傳授與同郡淳于叔通，遂行于世。〔註18〕

彭曉本認為《參同契》的授受情形是：魏伯陽得《古文龍虎經》，並「盡獲妙旨」，於是約《周易》改撰為《參同契》三篇。書成後，又覺得其有「未盡纖微」處，於是復作《補塞遺脫》一篇。魏伯陽將此書傳予徐從事，徐乃隱名註解之，而後魏公又傳授與同郡淳于叔通。換言之，這個說法認為《周易參同契》是魏伯陽一人獨力完成的〔註19〕，徐從事與淳于叔通則僅扮演著注解以及傳行後世的角色。彭曉本的說法影響甚鉅，其後諸家注解《參同契》者多因襲此說，如朱熹註、黃瑞節附錄《周易參同契》（《周易參同契考異》）中，幾乎一字不漏的轉引彭曉本的說法〔註20〕，宋陳顯微《周易參同契解・鄭伯謙敘》亦承襲彭氏說〔註21〕，元俞琰《周易參同契發揮・卷九》，亦全盤接受彭曉本的觀點〔註22〕，而《四庫提要》也以彭曉本為依據而陳述此說。

對於上述魏伯陽、徐從事與淳于叔通三人（《參同契》的授受）關係的兩種說法，清仇兆鰲在其《古本參同契集註・例言二十條》中，提出他個人對這

〔註17〕《四庫提要・叄・周易參同契分章通真義三卷》云：「朱子作《周易參同契考異》，其章次并從此本。《永樂大典》所載《參同契》本，亦全用曉書，而以俞琰諸家之注分隸其下。則此本為唐末之書，授受遠有端緒。……故今錄《參同契》之注，乃以此本為冠焉。……案：《唐志》列《參同契》於五行類，固為失當；朱彝尊《經義考》列《周易》之中，則又不倫；惟葛洪所云得魏伯陽作書本旨，若預睹陳搏以後牽異學以亂聖經者。是書本末源流，道家原了了，儒者反憒憒也。今仍列之於道家，庶可知丹經自丹經，易象自易象，不以方士之說淆義、文、周、孔之大訓焉。」（河北人民，2000年3月，頁3757）。

〔註18〕《道藏》（三家本），第二十冊，頁131。

〔註19〕《周易參同契分章通真義・卷下・先白後黃章第八十三》注曰：「曉按：諸道書或以《真契》三篇，是魏公與徐從事、淳于叔通，三人各述一篇，斯言甚誤。且公於此再述《五相類》一篇云：今更撰錄《補塞遺脫》。則公一人所撰明矣。」（《道藏》（三家本），第二十冊，頁155）

〔註20〕《道藏》（三家本），第二十冊，頁118。

〔註21〕《道藏》（三家本），第二十冊，頁271。

〔註22〕《道藏》（三家本），第二十冊，頁259～261。

個問題的看法，其云：「《契》修金丹，《仙傳》謂魏公丹法，傳自陰、徐二真人。考陰君長生在東漢之季，與魏公先後同時，徐真人則不可考。彭氏謂魏公授於青州徐從事，則徐乃魏徒，非魏師矣。兩書必有一誤。」〔註23〕

今人孟乃昌與蕭漢明兩位先生，對於上述的問題，提出了更多佐證資料的系統研究。他們一致認為「彭曉注」混淆了《參同契》作者之歸屬及時代的先後次序。孟乃昌《周易參同契考辨》云：「他不單堅持魏一人著，並且切斷了徐與淳于的聯繫，而都是魏分別傳與他們的；魏一下子由後學成了先知。」〔註24〕、蕭漢明《周易參同契研究》則曰：「後蜀人彭曉重新確立了魏伯陽對《周易參同契》的著作權（含《鼎器歌》和《大丹賦》），他的失誤是不明白徐從事和淳于叔通以及《鼎器歌》、《大丹賦》對作《契》的先行意義，將徐從事、淳于叔通定為傳《契》之人，顛倒了歷史人物的前後之序。」〔註26〕

此外，對於今存《周易參同契》各組成部分的作者歸屬問題，蕭先生以葛洪《神仙傳·魏伯陽》為判斷作者的唯一依據，並證明《雲笈七籤》本中之《神仙傳》非偽書。其考證出在東漢末年至兩晉時期，五言句部分稱為《參同契》，四言句則稱作《五相類》，其各自為篇，篇幅各一卷，皆為魏伯陽所作。南北朝至唐初，《五相類》照舊為一卷，但《參同契》則增為二卷。《參同契》所增加的一卷之內容可能是《大丹賦》、《鼎器歌》（《龍虎之歌》），徐從事與淳于叔通也因此進入《契》學系統，作為魏伯陽作《契》的先行者而被提及。而將《大丹賦》、《鼎器歌》併入《參同契》者，有可能便是陶弘景《真誥》注引《易參同契》序文之作者。起於隋唐之際，盛行於中唐以後的《周易參同契》上中下三篇（卷）本，即將五言句（即《參同契》）與四言句（即《五相類》）混編為上篇、中篇以及由結語、後序、《鼎器歌》、《大丹賦》混編而成的下篇，統一稱為《周易參同契》。換言之，今本《周易參同契》組成結構是：五言句《參同契》（包括《後序》）、四言句《五相類》（包括《後序》）、《鼎器歌》、《大丹賦》及《贊序》五部分。其中五言句《參同契》與四言句《五相類》的作者為魏伯陽，《大丹賦》的作者可能是淳于叔通，《鼎器歌》則可能為徐從事所作，至於《贊

〔註23〕台北：自由，1994 年 1 月，頁 195。

〔註24〕孟乃昌《周易參同契考辨·一《周易參同契》通考》，上海古籍，1993 年 8 月，頁 57。

〔註25〕蕭漢明、郭東升《周易參同契研究·第二章《周易參同契》的流傳及作者歸屬考·二《契》的結構變遷與作者糾紛考》（上海文化，2001 年 1 月，頁 32～33）

序》的作者則可能是一位有一定《易》學術養的儒者（夾雜在五言句與四言句中散文的作者可能與《贊序》的作者是同一人）。〔註26〕

二、《周易參同契》的成書年代

　　關於《參同契》的成書年代，牽涉到其書是否為偽書的問題。馬敘倫《讀書小記》認為漢代有《易緯參同契》一書，另有人偽作另一種《參同契》，附會《易》象，以論神丹。後人轉揉而一之，以成今本《周易參同契》。換言之，馬氏謂有人偽作說內丹術與外丹術之書，冒《周易參同契》之稱。於是後人將此二種《周易參同契》揉一成為今本《周易參同契》。〔註27〕易言之，馬敘倫先生認為今本《周易參同契》為偽書。這個說法受到後人的強烈批判，如胡孚琛先生認為馬敘倫否定今本《參同契》的證據不足〔註28〕，孟乃昌先生則批判「馬敘倫提出揉合緯候之書與後世偽造煉丹書之論斷，……引致了有誤的偽作結論」。此外，對於馬敘倫提到《隋書·經籍志》沒有著錄的問題，孟先生提出他的看法，其云「辨偽通例，嘗以著錄與否為一標誌，以此斷文史哲書籍猶可，而施於煉丹術著作則未盡宜。因煉丹為秘術，作品為秘笈，亦或有終其世至湮沒散逸而未及著錄者，大非罕事。」〔註29〕。蕭漢明先生則從四個方面來詳細論證《周易參同契》非偽書，其一，馬先生在目錄學方面的失誤。因為《隋書》證偽之可靠程度不及新舊《唐志》大。其二，關於《易緯參同契》問題。馬敘倫誤認虞翻所注之《參同契》為《易緯》中之《參同契》，非今通行本之《參同契》。其實今通行本之《參同契》，實乃虞翻所注之《契》，並不存在什麼《易緯》之《契》。其三，《雲笈七籤》中的《神仙傳》非偽書。且屬文字校勘方面的問題，就可信度而言，《雲笈七籤》本之《神仙傳》可靠信比《四庫本》大。其四，《抱朴子內篇》之《遐覽篇》是否能證《周易參同契》為偽書。《抱朴子內篇·遐覽》云：「他書雖不具得，皆疏其名，今將為子說之，後生好書者，可以廣索也。」這段話分明交代了所列書目為未能「具得」之「他書」，並要求「後生好

〔註26〕上述說法的詳細論述，請見蕭漢明、郭東升《周易參同契研究》第二章與第三章（同上，頁21～65）的論述。

〔註27〕以上說法及馬敘倫《讀書小記》的論述，見於：陳國符《道藏源流續考·中國外丹黃白法經訣出世朝代考》，台北：明文，1983年3月，頁352～354。

〔註28〕詳細論述見於：胡孚琛，〈《周易參同契》作於漢代考〉，《中國哲學史研究》1984年第一期，頁63～64。

〔註29〕以上說法見於：孟乃昌《周易參同契考辨·一《周易參同契》通考》，頁35，38～39。

書者」「可以廣索」。可見《遐覽》所列書目大部分皆為葛洪有所聞而未曾得之者。換言之，《遐覽》所錄書目大部分為葛洪未嘗得見之書，則《參同契》、《五相類》未列入其中，而《神仙傳》又明白敘及。因此，《遐覽》所錄書目既為未藏書目，那麼無論對《神仙傳‧魏伯陽》，或對魏伯陽著《參同契》、《五相類》，該書目都不具備證偽的作用。〔註30〕

在確定《周易參同契》非偽書後，學界一般認為此書具體成書的年代當為東漢晚期，大約在順帝至桓帝時期。如孟乃昌（《周易參同契考辨》）、王明（《周易參同契考證》）、潘雨廷（《參同契作者及成書時代考》）及胡孚琛（《周易參同契作於漢代考》）均對成書年代作出考證。〔註31〕

三、《周易參同契》的版本

前述曾提及由《周易參同契》的「文體」（五言句即《參同契》、四言句即《五相類》與辭賦體為《鼎器歌》、《大丹賦》）問題，引出作者問題。現在作者問題既已釐清，接著我們再試著由《參同契》的「文體」，來探討其所衍生的版本與文本的問題。歷史上第一個對《參同契》文體提出看法者，是元代的全陽子俞琰。其在《周易參同契發揮‧卷九》中曰：

> 愚嘗紬繹是說，竊歎世代寥遠，無從審定。是耶？非耶？皆不可知。忽一夕於靜定中，若有附耳者云：魏伯陽作《參同契》，徐從事箋注，簡編錯亂，故有四言、五言、散文之不同。既而驚悟，尋省其說。蓋上篇有乾坤、坎離、屯蒙，中篇復有乾坤、坎離、屯蒙；上篇有七八九六，中篇復有七八九六；上篇曰『日辰為期度』，中篇則曰『謹候日辰』；上篇曰『震受庚西方』，中篇則曰『昴畢之上，震出為徵』。其間言戊己與渾沌者三，言三五與晦朔者四，文意重復如此。竊意

〔註30〕以上詳細論述見於：蕭漢明、郭東升《周易參同契研究‧第二章《周易參同契》的流傳及作者歸屬考》〈一《周易參同契》非偽書辨〉（上海文化，2001年1月，頁16～26）。

〔註31〕上述對《周易參同契》成書年代詳細考證情形，見於：（1）孟乃昌《周易參同契考辨‧一《周易參同契》通考》，頁35～38、（2）王明《周易參同契考證》，載於：《道家和道教思想研究》，北京：中國社會科學，1984年6月，頁242、（3）潘雨廷《參同契作者及成書時代考》，《中國道教》1987年第3期，頁38；又載於：《道教史發微》，上海社會科學院，2003年6月，頁59～60及（4）胡孚琛《周易參同契》作於漢代考〉，《中國哲學史研究》1984年第一期，頁61～63。

三人各述一篇之說，未必不然。而經註相雜，則又不知孰為經孰為
註也。愚欲以四言、五言、散文各從其類，分而為三，庶經註不相
混殽，以便後學參究。然書既成，不復改作，姑誦所聞於卷末，以
俟後之明者。〔註32〕

　　俞琰認為《參同契》經註相雜，文意重復，「文體」則有四言、五言、散
文之區別。這是歷代《參同契》註者，第一次敏感地碰觸到文體的問題。之後
的《四庫全書總目提要》針對清代以前《參同契》的版本問題，提出「彭曉
本」與「古文本」這兩個不同文本主張與派別。《四庫提要‧叁‧周易參同契
分章通真義三卷》云：「至鄭樵《通志‧藝文略》始別立《參同契》一門，載
註本一十九部，三十一卷，今亦多佚亡。獨曉此本尚傳。……諸家註《參同
契》者，以此本為最古。至明嘉靖中，楊慎稱南方有發地中石函者，得古文
《參同契》，以為伯陽真本，反謂曉此本淆亂經注。好異者往往信之。然朱子
作《周易參同契考異》，其章次并從此本。《永樂大典》所載《參同契》本，亦
全用曉書，而以俞琬諸家之注分隸其下。則此本為唐末之書，授受遠有端緒。
慎所傳本，殆豐坊《古大學》之流，殊荒誕不足為信。故今錄《參同契》之
注，乃以此本為冠焉。」〔註33〕

　　「彭曉本」這個文本主張與派別，即前述以彭曉註《周易參同契分章通
真義》為《參同契》最早的註本，朱熹、陳顯微、俞琰、《永樂大典》及《四
庫提要》皆認同此種說法，因而形成祖述「彭曉本」的《參同契》派別。這個
派別的影響力很大，孟乃昌先生曾評論過這個派別在《參同契》註本的歷史
中居於強勢的原因，乃是「推其所以，無非還是儒家正統思想的支配，館臣
與朱熹都清楚知道：彭曉畢竟為後蜀『朝散郎守尚書祠部員外郎，賜紫金魚
袋』，是官方與半官方的。」〔註34〕

　　相較之下，「古文本」這個文本主張與派別，就顯得弱勢許多。「古文本」
的成立，始於明朝正德年間雲岩道人杜一誠。其繼承俞琰「文體」區別之說，
正式將《周易參同契》分成：經、傳（注）與《三相類》三部分，其云：「正
德間，杜一誠始定四言作經，五言作傳與《三相類》共為三冊，每冊各附以原

〔註32〕《道藏》（三家本），第二十冊，頁261。
〔註33〕河北人民，2000年3月，頁3756～3757。
〔註34〕《周易參同契考辨‧一《周易參同契》通考》，頁29。

序，杜自謂得之精思豁悟者。」〔註35〕

之後，楊慎得杜氏書，乃編成《古文參同契》，其於明嘉靖丙午年（西元1546年）的序曰：「南方有掘地得石函，中有古文《參同契》，魏伯陽所著上、中、下三篇，敘一篇；徐景休《箋註》亦三篇，《後敘》一篇；淳于叔通補遺《三相類》上、下二篇，《後序》一篇，合為十一篇。蓋未經後人妄紊也，亟借錄之。未幾有人自吳中來，則有刻本，乃妄云苦思精索，一但豁然，若有神悟，離章錯簡，霧釋冰融。其說既以自欺，又以欺人甚矣。及觀其書之別序，又云有人自會稽來，貽以善本。古文一出，諸偽盡正，一葉半簡之間，其情已見，亦可謂掩耳盜鈴，藏頭露足矣，誠為笑也。余既喜古文之復出，而得見朱子之所未見，為千古之一快，乃序而藏之。」〔註36〕

楊慎《古文參同契》的問世，主要是批評彭曉本的「文體」（四言、五言）相雜，經註混淆，因而將《周易參同契》的文體重新編排，將四言體稱為經，作者為魏伯陽；五言體則為傳（註），作者為徐從事；賦、亂辭及歌稱《三相類》，為淳于叔通之補遺。楊慎《古文參同契·序》云：「（彭曉）其說穿鑿，且非魏公之本意也。其書散亂衡決，後之讀者不知孰為經孰為註，亦不知孰為魏，孰為徐與淳于，自彭始矣。」〔註37〕

對於杜一誠與楊慎兩人所謂的《古文參同契》，清仇兆鰲《古文周易參同契集註·例言二十條》中曾作出了評論，其云：「嘉靖間，楊用修所刻《參同》古本，與杜本相同。又謂出于石函中，乃樵夫掘地而得之。豈有埋地之書，經千五百年，而簡編尚不朽壞者？大抵杜氏則因玉吾之說，而釐其錯簡；楊氏則據杜氏所編，而託名石函耳。然古本復見，實藉二公啟之。」〔註38〕，又云：「古本易讀，彭一壑（好古）謂經傳淆亂，始於真一子。……自杜氏追復古本，有功《契》文。」〔註39〕

〔註35〕仇兆鰲《古文周易參同契集註》，台北：自由，1994年1月，頁184。徐渭《青藤書屋文集》卷三十《書古本參同契誤識》亦云：「姑蘇雲岩道人杜一誠（字通復）者，當正德丁丑八月所正而序之者也。分四言者，為魏之經；五言者，為徐之注；賦亂辭及歌為《三相類》，為淳于之補遺；並謂己精思所得也。而不知欲分四言五言者各為類，乃俞琰之意也，一誠殆善繼俞志者乎！」（轉引自：王明《周易參同契考證》，頁289～290）。

〔註36〕蔣一彪《古文參同契集解》，台北：新文豐，1987年6月，頁1。

〔註37〕蔣一彪《古文參同契集解》，頁1。

〔註38〕台北：自由，1994年1月，頁184～185。

〔註39〕台北：自由，1994年1月，頁185。

筆者認為《古文參同契》雖有託古造假之嫌，但卻存在著一定的價值。其價值除了確定三作者說，另外還具有：探討《周易參同契》之原貌與文獻整理保存之價值。〔註40〕

第二節 《周易參同契》的性質與主旨

一、《周易參同契》的性質

《周易參同契》在唐宋之後，被內丹學奉為根本經典。許多內丹學家皆以內丹的角度來註解《周易參同契》，以《正統道藏》與《藏外道書》為例，較著名的有：宋陳顯微《周易參同契解》、元俞琰《周易參同契發揮》、元陳致虛《周易參同契分章註》、明陸西星《周易參同契測疏》《周易參同契口義》、清朱元育《周易參同契闡幽》、清劉一明《參同契經文直指》《參同契直指箋註》《參同契直指三相類》及清陶素耜《參同契脈望》等。換言之，宋元之後，《周易參同契》的注釋，幾乎皆為「內丹」角度的註本。此種情形將會不自主地讓人認為《周易參同契》是一部內丹性質的經典。如徐兆仁先生就認為：「《參同契》一書主要不是講外丹，而只是借用諸如鼎爐、火候、藥物、烹煉等一系列的外丹黃白術語，來描述內修的現象，這樣作只是由於外丹爐火在秦漢時代常被用來描述內丹。」〔註41〕、任法融先生亦曰：「《參同契》是借《周易》卦爻象數之象徵性符號，又以天文律曆圖讖等術語作比喻，其核心內容是以修煉內丹為主旨。」〔註42〕及胡孚琛先生亦曾說：「東漢魏伯陽著的《周易參同契》，是第一部專門論述內丹法訣的仙學著作。……《參同契》的

〔註40〕蕭漢明先生《周易參同契研究・第二章《周易參同契》的流傳及作者歸屬考》曰：「以四言句為經、五言句為傳的《古文周易參同契》，此階段始自明正德年間杜一誠及嘉靖年間之楊慎，其影響直至如今。儘管後世對之有不少抨擊，但從該書結構變遷的過程看，打亂長期流行的上、中、下三篇結構，按行文體例差異重新編排整理，實為接近於恢復古本的大膽而又卓有成效的努力。」（頁40）、潘雨廷先生在《參同契作者及成書時代考》一文中嘗云：「讀楊慎之序，令人啼笑皆非，凡事之以誤傳誤是非顛倒一至於此，然所謂《古文參同契》，實有杜一誠完成俞玉吾之所悟，有功於文獻之整理，更有益於後人之學習《參同契》，其何可小視之。」（《道教史發微》，頁58）。

〔註41〕《道教與超越》，北京：中國華僑，1991年7月，頁186。

〔註42〕《周易參同契釋義》，陝西：西北大學，1993年9月，頁3。

傳世標誌著內丹學的形成。」〔註43〕

筆者認為上述說法是有待商榷的！首先，宣稱《周易參同契》已有內丹思想，缺乏文本資料作為佐證。一般認定《參同契》為內丹經典者，引證的文句是：「內以養己，安靜虛无。原本隱明，內照形軀。閉塞其兌，筑固靈株。三光陸沉，溫養子珠，視之不見，近而易求。」〔註44〕、「黃中漸通理，潤澤達肌膚。」〔註45〕、「神氣滿室，莫之能留。守之者昌，失之者亡。動靜休息，常與人俱。」〔註46〕、「將欲養性，延命卻期。審思後末，當慮其先。人所稟軀，體本一无。元精雲布，因氣託初。」〔註47〕、「耳目口三寶，固塞勿發揚。真人潛深淵，浮游守規中……。委志歸虛无，无念以為常。證難以推移，心專不縱橫，寢寐神相抱，覺悟候存亡。顏容浸以潤，骨節益堅強。排卻眾陰邪，然後立正陽。修之不輟休，庶氣雲雨行。淫淫若春澤，液液象解冰，從頭流達足，究竟復上昇，往來洞无極，怫怫被容中。」〔註48〕及「含精養神，通德三光，津液腠理，筋骨緻堅，眾邪辟除，正氣常存，累積長久，變形而仙。」〔註49〕

上述文句，不可否認是屬於內修方面的敘述。但這種對內修狀態的描繪，並不能證明就是在陳述內丹。充其量只能說，此種內修術是與內丹修煉存在著內在的關聯性。換言之，不能因為《周易參同契》出現了內修方面的文句，就認定其為內丹的經典。易言之，「內修方術」並不等同於「內丹」。如王明先生在《周易參同契考證》中，將「胎息呼吸」、「是非歷藏法，內視有所思」、「履行步斗宿，六甲以日辰」以及「食氣鳴腸胃，吐正吸外邪」，皆稱為內丹。其實，上述應為「內修方術」。〔註50〕

〔註43〕《道學通論──道家、道教、丹道》（增訂版），北京：社會科學文獻，2004年6月，頁534。

〔註44〕《周易參同契分章通真義》，《道藏》（三家本），第二十冊，頁137。

〔註45〕《周易參同契分章通真義》，《道藏》（三家本），第二十冊，頁138。

〔註46〕《周易參同契分章通真義》，《道藏》（三家本），第二十冊，頁139。

〔註47〕《周易參同契分章通真義》，《道藏》（三家本），第二十冊，頁148。

〔註48〕《周易參同契分章通真義》，《道藏》（三家本），第二十冊，頁149。

〔註49〕《周易參同契分章通真義》，《道藏》（三家本），第二十冊，頁153。

〔註50〕王明先生的論述，請見於：《道家和道教思想研究》，頁241，269。關於「內修方術」的定義，可參考：田誠陽《中華道家修煉學·上·中華道家修煉學概述》中之「中華道家早期修煉方術」的內容（北京：宗教文化，1999年7月，頁5）；此外，關於「內修方術」與「內丹」的區別，可參閱：戈國龍《道教內丹學溯源·第二章·內丹與方術》（北京：宗教文化，2004年6月，頁117～121）的論述。

　　其次，在《周易參同契》中，出現否定外丹的文句〔註51〕，因而有些學者以此認定《參同契》為內丹經典。〔註52〕筆者認為這些句子，只是《參同契》針對不同的外丹派別的批判，以突顯《參同契》才是正統的外丹宗派，並非是反對外丹。如胡孚琛先生認為「魏伯陽反對當時服雄黃、八石諸雜藥的修煉方法，亦不主張用這些雜藥煉丹，這樣只有《黃帝九鼎神丹經》的『第一神丹』為可取。……魏伯陽所記『還丹』是取『九鼎丹』的『第一鼎』。」〔註53〕、孟乃昌先生則表示「無論從《周易參同契》的文本和整體，無論從歷代哪一種注解（外丹的抑或借此而來的內丹）的全文或整體所指都是鉛汞論的。」〔註54〕

　　《周易參同契》有自己主張的煉丹理論（第一神丹，鉛汞論），並認為自己才是正宗外丹理論。換言之，《參同契》所反對的是當時流行的異於己之外丹理論。因此，不能因為《參同契》中出現否定外丹的文句，就認定《周易參同契》的性質為內丹。

　　最後，筆者認為從《周易參同契》的「文體」的成書先後，判別《參同契》的早期性質應為外丹爐火之說。由於《大丹賦》、《鼎器歌》的成書時間早於五言句《參同契》與四言句《五相類》（《大丹賦》、《鼎器歌》亦影響《參同契》《五相類》形成），加上《大丹賦》、《鼎器歌》的主旨皆為外丹爐火，所以可以得出《周易參同契》的早期主旨應為外丹爐火之說。〔註55〕

〔註51〕「擣治羌石膽，雲母及礜磁。硫黃燒豫章，泥汞相煉飛。鼓下五石銅，以之為輔樞。雜性不同類，安有合體居。千舉必萬敗，欲點反成癡。僥倖訖不遇，聖人獨知之。」（《周易參同契分章通真義》，《道藏》（三家本），第二十冊，頁141）、「不得其理，難以妄言。竭殫家產，妻子飢貧，自古及今，好者億人，訖不諧遇，希有能成。廣求名藥，與道乖殊。如審遭逢，睹其端緒。以類相況，揆物終始。」（同上，頁151）及「挺除武都，八石棄捐。」（同上，頁156）。

〔註52〕如陳國符先生在《說《周易參同契》與內丹外丹》一文中，引「擣治羌石膽」句，認為此句「若不以內丹之說，則將無法解釋。」（《道藏源流考·下冊·附錄六》，北京：中華，1963年12月，頁447）

〔註53〕《魏晉神仙道教·附錄》〈中國科學史上的《周易參同契》〉（北京：人民，1989年6月，329）。

〔註54〕《周易參同契考辨·六中國煉丹術的基本理論是鉛汞論》，頁214。

〔註55〕關於《大丹賦》、《鼎器歌》的成書時間早於並影響五言句《參同契》與四言句《五相類》的證據，見於：蕭漢明先生《周易參同契研究·第三章《參同契》與《五相類》辨析》一文的論證（上海文化，2001年1月，頁41～65）。

綜合上述，不能因為《周易參同契》中有內修方面的文句以及出現否定外丹的文句，就認定《周易參同契》的性質為內丹。再加上「文體」的成書先後的說法，證明《周易參同契》的早期性質應為外丹理論，其成書之初應是一本論述外丹理論的經典。〔註56〕

二、《周易參同契》的主旨

《參同契》的性質雖然是一部論述外丹理論的經典。但由於作者創作時的心理是處於矛盾複雜的狀態──在說與不說之間沉吟，在寫與不寫之間掙扎，「若遂結舌瘖，絕道獲罪誅。寫情著竹帛，又恐泄天符。猶豫增歎息，俛仰綴斯愚。」〔註57〕。因此，作者便權變地使用概略性的語言來陳述，「陶冶有法度，未忍悉陳敷。略述其綱紀，枝條見扶踈。」〔註58〕、「露見枝條，隱藏本根。」〔註59〕

作者既然是使用概略性的語言，因而文義就存在著模糊性。所以後世讀者在閱讀與詮釋時就形成多樣性的見解與論述，如元陳致虛《周易參同契分章註・大易總敘章第一》所云：「彼見《周易》，則指為卜筮納甲之書，又惡知同類得朋之道乎？彼見『鼎器之說』，則猜為金石爐火之事；彼聞『採取之說』，則猜為三峯採戰之術；彼聞『有為』，則疑是傍門邪徑；彼聞『無為』，則疑是打坐頑空；彼聞『大乘』，則執為禪宗空性。」〔註60〕換言之，造成意見分歧的原因，即是《參同契》的表現手法是「寓言借事，隱顯異文」〔註61〕

《參同契》因為表現手法的概略性與模糊性，造成後世詮釋的多義性。

〔註56〕這個說法得到不少學者的支持與認同，如王明先生曾說：「《參同契》之中心理論只是修煉金丹而已。」(《周易參同契考證》，載於：《道家和道教思想研究》，頁 241)、「《參同契》者，論人工煉丹服餌成仙之書也。」(同上，頁 291)，李養正先生亦認為《周易參同契》「究其核心內容，則仍然是燒煉金丹。」(《道教概論》，北京：中華，1989 年 2 月，頁 54)，任繼愈主編《中國道教史・上卷》中認為《周易參同契》「基本上是一部外丹經。」(北京：中國社會科學，2001 年 9 月，頁 26)

〔註57〕《周易參同契分章通真義》，頁 142。

〔註58〕《周易參同契分章通真義》，頁 142。

〔註59〕《周易參同契分章通真義》，頁 153。

〔註60〕《藏外道書》，成都：巴蜀書社，第九冊，1994 年 12 月，頁 223。

〔註61〕《周易參同契分章通真義・序》，頁 131。

此時我們可以追問:《周易參同契》中是否存在著作者創作時所預設的主旨?
筆者認為關於這個問題,還是要回到《參同契》的文獻本身來論述。〔註62〕
《周易參同契》云:「大易情性,各如其度。黃老用究,較而可御。爐火之
事,真有所據。三道由一,俱出徑路。」〔註63〕,魏伯陽在《五相類·後序》
〔註64〕中提出《參同契》的主旨是由「大易」、「黃老」與「爐火」三者所組
成的煉丹理論。在《參同契·後序》中亦是如此,其云

> 歌敘大《易》,三聖遺言。察其旨趣,一統共論。勿在順理,宣耀精
> 神。神化流通,四海和平。表以為歷,萬世可循。序以御政,行之
> 不繁。引內養性,黃老自然。含德之厚,歸根返元。近在我心,不
> 離己身。抱一毋舍,可以長存。配以服食,雄雌設陳。挺除武都,
> 八石棄捐。審用成物,世俗所珍。羅列三條,枝莖相連。同出異名,
> 皆由一門。非徒累句,諧偶斯文。殆有其真,礫硌可觀。使予敷偽,
> 卻被贅愆。命《參同契》,微覽其端。辭寡意大,後嗣宜遵。〔註65〕

由「歌敘大《易》」至「行之不繁」十二句,是在陳述「大易」;從「引內
養性」至「可以長存」八句,則在說明「黃老」;由「配以服食」到「世俗所
珍」六句,敘述的內容是「爐火」;至於「羅列三條」至「皆由一門」四句,
則總結前述三者,說明大易、黃老及爐火三者的內容是同出一門。

綜合《參同契·後序》與《五相類·後序》的說法,我們得出《周易參同
契》的主旨是一本結合「大易」、「黃老」與「爐火」而三道由一的外丹典籍。
換言之,融合「大易」、「黃老」與「爐火」,並認為三者本質相同通的煉丹之
道,就是《參同契》的主旨內容。陳顯微《周易參同契解·卷下》云:「伏羲
由其度而作《易》,黃老究其妙而得虛無自然之理,爐火盜其機而得燒金乾汞

〔註62〕楊立華先生曾在《匿名的拼接——內丹觀念下道教長生技術的開展》一書中,
　　　　提到《周易參同契》的「文本」是「匿名」與「偶然」的拼接(匿名的拼接)。
　　　　接著又說:「這樣一個紛繁錯綜的文本背後,有著一以貫之的邏輯和清晰明確
　　　　的目標。」(北京大學,2002年4月,頁37);筆者認為此種說法是有待商榷
　　　　的!既然《周易參同契》的「文本」是偶然的拼接,又為何會產生(有著)
　　　　一以貫之的邏輯和清晰明確的目標呢?顯然實際情形並非作者所提出「匿名
　　　　的拼接」的這種說法,此種說法是缺乏證據的主觀的臆測。因此,如果我們
　　　　想找尋《參同契》的主旨內容,筆者認為還是必須從其文本文獻資料來著手。
〔註63〕《周易參同契分章通真義》,頁155。
〔註64〕此處對於《周易參同契》文句的分類,是以蕭漢明先生《周易參同契研究·
　　　　下篇《周易參同契》校釋》為依據(上海文化,2001年1月,頁245~308)。
〔註65〕《周易參同契分章通真義》,頁156。

之方。……事雖分三，道則歸一也。」〔註66〕、俞琰《周易參同契發揮‧卷九》曰：「參，三也；同，相也；契，類也。謂此書借大《易》以言黃老之學，而又與爐火之事相類，三者之陰陽造化殆無異也。」〔註67〕

第三節　《周易參同契》的內容

一、運用《易》學的原因

　　《參同契》的內容主旨雖然包含「大易」、「黃老」與「爐火」三者，但三者中是以「大易」為主軸。易言之，《周易參同契》是以《易》學的原理與形式來陳述煉丹之道。〔註68〕此處我們可以追問：《參同契》的「丹道」（煉丹的方法、程序及規律）為何要使用《易》學為表述形式？換言之，為什麼是「易道」（《周易》原理與形式）與丹道結合，而不是丹道與其他？對於這個問題，歷來的研究者〔註69〕多引《周易‧繫辭下》與《四庫全書總目提要》的說法來說明。《周易‧繫辭下》曰：

　　　　《易》之為書也，廣大悉備，有天道焉，有人道焉，有地道焉。
　　　　〔註70〕

〔註66〕《道藏》（三家本），第二十冊，頁292。

〔註67〕《道藏》（三家本），第二十冊，頁259。

〔註68〕朱熹《周易參同契》黃瑞節附錄云：「參，雜也；同，通也；契，合也。謂與《周易》理通而義而也。」（《道藏》（三家本），第二十冊，頁118）、張宇初《峴泉集‧卷二‧還真集序》曰：「漢魏伯陽做《易》撰《參同契》，……以是丹道昌明。」（同上，第三十三冊，頁214）、蔣一彪《古文參同契集解》云：「魏君借《易》辭，演丹法，作《參同契》也。」（台北：新文豐，1987年6月，頁2）、劉一明《參同契經文直指‧上篇》云：「《易》道以乾坤為首而敘卦，《參同》亦以乾坤為首而敘道，是《參同》之理本於《易》理也。」（《藏外道書》，第八冊，頁265）、袁仁林《古文周易參同契註》曰：「《參同契》者，謂參《易》之象，同《易》之理，作此書契，以明修持之事。」（台北：新文豐，1987年6月，頁1）、朱元育《周易參同契闡幽‧序》云：「《參同契》者，……蓋以《易》道，明丹道也。」（台北：自由，2000年2月，頁9）、陶素耜《周易參同契脈望‧讀《參同契》雜義首卷》云：「魏公祖述《周易》作《契》，借《易》卦以發明丹道，點破重玄，見金丹與《易》道有合。」（台北：自由，2000年10月，頁125）。

〔註69〕此處以卿希泰主編，《中國道教史‧第二卷‧第二節‧魏伯陽與《參同契》對煉養方術的概括和貢獻》（四川人民，1988年4月，頁143）為代表。

〔註70〕《周易正義》，北京大學，1999年12月，頁318。

《四庫全書總目提要·經部一·易類一》曾云：

> 《易》道廣大，無所不包，旁及天文、地理、樂律、兵法、韻學、
> 算術，以逮方外之爐火，皆可援《易》以為說，而好異者又援以入
> 《易》，故《易》說愈繁。〔註71〕

　　因為「《易》道廣大，無所不包」，所以諸子百家皆可藉由「包容性」（涵蓋性）、「延展性」（詮釋性）與「啟發性」（聯想性）甚強之《易》學原理、形式符號來建構新說。因此，「方外之爐火」（外丹與內丹）「援《易》以為說」便可言之成理，而成一家之言。筆者認為這個說法是屬於外圍的論述，其僅能說明《周易參同契》援《易》以為說的可能（次要）原因，並未能確切說明其使用《易》道的具體（主要）原因。

　　筆者認為《參同契》之所以使用《易》學為表述形式，其主要原因是「時間」與「陰陽」這兩項因素。首先，我們知道《周易》之「周」有周流義，「易」有變易義，原含「周流變易」之時觀。六爻代表較小規模之周流變易，而六十四卦之形成，則象徵宇宙萬物在時間之流中演進之情況；所以六十四卦之次序，又代表大規模之周流變易。《周易》言「時」凡六十次。歸納其內容，於時間之知解，主要由「觀天」、「察時」而「明時」；於時間之運用，主要由「待時」、「與時偕行」而「趣時」，「以不失時」為最低限度。〔註72〕初期《周易》的「時觀」，主要是推天道以明人事，強調「天時」與「人事」的關聯性，並未與天文曆律相結合。到了漢代象數《易》學的系統，其使用卦氣、納甲、十二消息、爻辰及六虛等學說，將《周易》的卦象、卦爻辭與天干地支、四方五行銜接聯繫，並與天文律曆相結合，形成包容天地萬物的數術宇宙表述體式。〔註73〕《周易參同契》即援引漢《易》「納甲法」來論述煉丹時「火候」的變化與控制情形，火候的變化是以卦爻符號來表示，六十四卦、三百八十四爻則分別與年、月、日、時等時間單位相配。因此，火候的掌握自

〔註71〕河北人民，2000 年 3 月，頁 50。

〔註72〕以上說法的詳細論述，見於：黃師慶萱《周易縱橫談·周易時觀初探》一文（台北：東大，1995 年 3 月，頁 99）；另外關於《周易》「時」的探討，請參閱：朱伯崑主編，《周易知識通覽·第二編·易傳》的論述（山東：齊魯書社，1993 年 12 月，頁 227）。

〔註73〕關於漢代象數《易》學的具體內容，請參見：朱伯崑《易學哲學史·第一卷·第二編·第三章漢代的象數之學》（台北：藍燈，1991 年 9 月，頁 127～273）以及林忠軍《象數易學發展史·第一卷》（山東：齊魯書社，1994 年 7 月，頁 51～249）。

然與「時間」產生關聯（詳細內容見後述）。

　　其次，《周易》本是道陰陽的學說，朱熹曾云：「《易》只是箇陰陽。莊生曰：『《易》以道陰陽』，亦不為無見。如奇耦、剛柔，便只是陰陽做了《易》。」〔註74〕因此，丹道的陰陽變化，便以《周易》為表述形式。由於煉丹火候與卦爻符號相配，每一進陽火、退陰符，皆表示陽爻、陰爻的抽添，因而煉丹火候便與「陰陽」概念產生聯繫（詳細內容見後述）。〔註75〕

　　《周易參同契》的丹道理論，因為「時間」與「陰陽」兩項因素和《周易》原理及卦爻符號有相通及相似之處，因此《參同契》便援《易》以為說。接著，另一個問題是：為什麼丹道一定要與「易道」銜接，而不是與其他？對於這個問題，筆者認為除了作者的時代因素（漢代象數《易》學）外，在古代易道即代表「天道」（宇宙次序或天體的運行規律）才是丹道一定要與易道關聯銜接的主要原因。陶植《還金術三篇·術上篇》云：「古之人所以假《易》象而為經者，謂至道與天地配。」〔註76〕、朱熹「《參同契》取《易》而用之，不知天地造化，如何排得如此巧。」〔註77〕及陸西星《周易參同契測疏》云：「夫金丹之道，法天象地，天地不外乎陰陽。」〔註78〕

　　因為「易道」即是「天道」對人事的模擬（推天道以明人事），因而易道便產生權威性，只要其學說符合易道，便可取得正當性與正統性。筆者認為這是《周易參同契》的丹道理論，為何必須與「易道」銜接的主要因素。

二、丹道、《易》道及天道

　　既然《周易參同契》以「易道」來陳述「丹道」，因此如欲窮究其煉丹理論，就必須先從「易道」下手。清董德寧《周易參同契正義·凡例》曰：「《參同契》者，……諸家之註此書者，俱指為丹道，而畧其《易》理，所以置之而不察也。惟朱子知其本源，且謂《易》中先天之學，後世失其傳，至邵子始發明之，其邵子乃得於陳希夷，而希夷之源流，實本於《參同契》

〔註74〕《朱子語類·四·卷第六十五·易一·綱領上之上·陰陽》，北京：中華，1999年6月，頁1605。

〔註75〕朱元育《周易參同契闡幽·序》云：「《參同契》者，……蓋以《易》道，明丹道也。《易》道之要，不外一陰一陽；丹道之用，亦不外一陰一陽。一陰一陽合而成《易》，大道在其中矣。」（台北：自由，2000年2月，頁9）

〔註76〕《雲笈七籤·卷七十·內丹訣法部》，北京：華夏，頁428。

〔註77〕《朱子語類·五·卷第六十七·易三·綱領下·論後世易象》，頁1673。

〔註78〕《方壺外史》，台北：自由，2002年1月，頁527。

也。故朱子嘗與蔡西山，反覆辨論《參同》之旨，而且為之《考異》註義。」
〔註79〕、又云：「《參同契》之書，乃漢人之語，其文辭古奧，加之《易》理
深微，丹道玄妙。……所以註此者，宜詳考其文義，深究其《易》道而後研
窮其丹學。」〔註80〕

關於《周易參同契》運用《易》學的情形，其文本內容雖然有部分是對
於《易經》的卦爻辭及《易傳》的經文的套用與化用〔註81〕，但其主要內容
還是以漢代象數《易》學為主。〔註82〕朱熹註《周易參同契》云：「按魏書首
言乾坤坎離四卦橐籥之外，其次即言屯蒙六十卦，以見一日用功之早晚，又
次即言納甲六卦，以見一月用功之進退，又次即言十二辟卦，以分納甲而兩
之，蓋內以詳理月節，而外以兼統歲功，其所取於《易》以為說者，如是而
已。」〔註83〕。王明先生曾在《周易參同契考證》一文中論述了「《參同契》
與漢《易》學之關係」〔註84〕，之後的學者踵其事而增華，變其本而加厲，
將《周易參同契》與漢代象數《易》學（卦氣、納甲、十二消息、爻辰及六虛
等學說）的關係論述的十分詳盡〔註85〕，因此本論文將不再贅述。本論文將

〔註79〕台北：自由，2002 年 1 月，頁 5。
〔註80〕台北：自由，2002 年 1 月，頁 5。
〔註81〕《周易參同契》套用與化用《易經》及《易傳》的情形，《易經》部分如《周
易參同契》：「初九潛龍，……九二見龍，……九三夕惕，……九四或躍，……
九五飛龍，……九六亢龍。」（《道藏》（三家本），第二十冊，頁 145）即套用
《周易·乾卦·爻辭》。《易傳》部分如《周易參同契》：「黃中漸通理，潤澤
達肌膚。」（《道藏》（三家本），第二十冊，頁 138）即套用《周易·坤卦·文
言》：「君子黃中通理」句而加以發揮；《周易參同契》：「天地設位，而易行乎
其中。」（同上，頁 134）、「懸象著明，莫大乎日月。」（同上，頁 135）、「君
子居其室，出其言善，則千里之外應之。」（同上，頁 144）、「法象莫大乎天
地」（同上，頁 154）皆套用自《周易·繫辭上》；《周易參同契》：「乾坤者，
易之門戶。」（同上，頁 133）即化用《周易·繫辭下》：「乾坤，其《易》之
門邪？」；《周易參同契》：「二用无爻位，周流行六虛，往來既不定，上下亦
无常。」（同上，頁 134）即化用《周易·繫辭下》：「為道也屢遷，變動不居，
周流六虛，上下无常。」句而加以發揮。
〔註82〕朱伯崑《易學哲學史·第一卷·第二編·第三章漢代的象數之學·四、魏伯
陽的月體納甲說》云：「《參同契》可以說是漢代《易》學和煉丹術相結合的
產物。」（台北：藍燈，1991 年 9 月，頁 250）。
〔註83〕《道藏》（三家本），第二十冊，頁 131。
〔註84〕《道家和道教思想研究》（北京：中國社會科學，1984 年 6 月，頁 250～267）。
〔註85〕這些學者有：(1) 李剛（《漢代道教哲學·道教易學的濫觴——《周易參同契》·
二、《參同契》與漢易》，四川：巴蜀，1995 年 5 月，頁 249～264）、（2）劉
國梁（《道教與周易·壹、道教易學「法天象地」的宇宙模式》，北京：燕山，

把重點集中在「納甲法」來論述。

筆者之所以選用「納甲法」來論述，是因為《周易參同契》統合「丹道」、「易道」與「天道」的一個最明顯的例子便是「月體納甲法」，且《參同契》之「月體納甲法」是對漢代象數《易》學「納甲法」的創造性詮釋。〔註86〕

1、漢代象數易學「納甲法」

納甲之說，始於西漢京房，為漢代象數《易》學的重要《易》例之一。朱熹曾云：「納甲乃漢焦贛京房之學」。〔註87〕所謂「納甲」，就是將八宮卦各配以十天干，其各爻又分別配以十二地支。因為「甲」為天干之首，故稱「納甲」；而配以十二地支，稱為「納支」，納甲、納支之說統稱為「納甲」（詳細的論述見本論文第二章）。

對於《易》學史中之漢代象數《易》學，清黃宗羲曾在《易學象數論·自序》中，站在釐清後起之說加諸於《周易》經典的種種附會與迷障（尊重經典原貌）的立場，對於九流百家之於《易》學的紊亂情形，進行了批判與辨正。其云：「晦庵作《本義》，加之（邵雍先天諸圖）於開卷，讀《易》者從之，後世頒之學官，初猶兼《易傳》並行，久而止行《本義》，於是經生學士，信以為羲文周孔，其道不同，所謂象數者，又語焉而不詳，將夫子之韋編三絕者，須求之賣醬箍桶之徒，而易學之榛蕪，蓋仍如京、焦之時矣。」〔註88〕

黃宗羲認為朱熹由於過度尊崇邵雍之學，因而列其先天諸圖於《周易本義》卷首，加以官方政治勢力（科舉考試）的推波助瀾，迫使文士經生在利

1994 年 1 月，頁 1～48）、（3）詹石窗、連鎮標（《易學與道教文化·第四章·二、易學與原始金丹道派》，福建人民，1995 年 12 月，頁 204～215）及（4）潘雨廷（《道教史發微·參同契的易學與服氣之道》，上海社會科學院，2003年 6 月，頁 61～72）。

〔註86〕 朱熹註《周易參同契》云：「按魏書首言乾坤坎離四卦橐籥之外，其次即言屯蒙六十卦，以見一日用功之早晚，又次即言納甲六卦，以見一月用功之進退，又次即言十二辟卦，以分納甲而兩之，蓋內以詳理月節，而外以兼統歲功，其所取於《易》以為說者，如是而已。」（《道藏》（三家本），第二十冊，頁131）；對於朱熹評論《周易參同契》與《周易》的關係，朱伯崑先生的見解是：「朱說，大體妥當。故後人將《參同契》的《易》學稱為月體納甲說。」（《易學哲學史·第一卷·第二編·第三章漢代的象數之學·四、魏伯陽的月體納甲說》，頁 251），又云：「《參同契》在《易》學史上影響大的是月體納甲說」（同上，頁 260）。

〔註87〕 《朱子語類·四·卷六十六·易二·綱領上之下》，頁 1638。

〔註88〕 台北：廣文，1998 年 9 月，頁 6。

祿功名的引誘下深受誤導，即「信以為羲文周孔，其道不同」。為了破除世人長久以來積非成是的謬誤，並祈求能恢復《周易》經典的原貌，於是有《易學象數論》一書的撰著。書中對於漢代以降的象數《易》學，一一疏通辨明，並冀望後世學者「知其於《易》本了無干涉」，更進而能反求《易程傳》，如此，象數《易》學加諸於《周易》經典的種種附會及迷障，便可一掃而空。《四庫全書總目提要》評論《易學象數論》云：「《易》廣大無所不備，自九流百家借之以行其說，而《易》之本義反晦。世儒過視象數以為絕學，故為所欺。今一一疏通之，知其於《易》本了無干涉，而後反求程《傳》，亦廓清之一端。」〔註89〕

　　由於《易》道廣大無所不包，致使諸子百家皆可藉由「包容性」（涵蓋性）、「延展性」（詮釋性）與「啟發性」（聯想性）甚強之《易》學原理及形式符號來建構新說。如此，便掩蓋了《周易》經典的本來面目。筆者認為，從黃宗羲對於「世儒過視象數」的偏頗現象的反對以及釐清後起象數《易》學與《周易》「本了無干涉」的說法，可以看出黃氏是站在「義理《易》」的立場，以維護《易》學正統的態度來立說的！

　　又黃宗羲在《易學象數論》中，對於朱熹（邵雍先天諸圖）及「象數《易》學」（京房、焦延壽）的批評〔註90〕，其論證的方法是其考據學派之方法——「考其源流」與「以經解經」。〔註91〕筆者認為黃氏在《易學象數論》中對於象數《易》學批判的說法是值得商榷的！茲舉其評京房「納甲」為例，來進行論說。

　　「納甲」為黃宗羲所痛斥的「偽象」之一，其云：「後儒之為偽象者，納甲也，動爻也，卦變也，先天也。」〔註92〕。完整的納甲說創始自西漢著名象數《易》學家京房，而此人正是黃氏眼中使《易》學流於數術的關鍵人物，

〔註89〕《四庫提要·叄·卷六·經部六·易類六·易學象數論》，河北人民，2000年3月，頁152。

〔註90〕「又稱王輔嗣《注》簡當而無浮義，而病朱子添入康節先天之學為添一障。蓋《易》至京房、焦延壽而流為方術，至陳摶而歧入道家。學者失其初旨，彌推衍而彌輗彌增。」（《四庫提要·叄·卷六·經部六·易類六·易學象數論》，河北人民，2000年3月，頁152）。

〔註91〕有關黃宗羲在《易學象數論》中論證的方法：「考其源流」與「以經解經」的詳細內容，見於：朱伯崑，《易學哲學史·第四卷·黃宗羲《易學象數論》和黃宗炎《圖學辨惑》》一節（台北：藍燈文化，1991年9月，頁263～277）。

〔註92〕《易學象數論·卷三·原象》，台北：廣文，1998年9月，頁157。

《四庫提要》云：「蓋《易》至京房、焦延壽而流為方術」〔註93〕，而在《易學象數論》中對於「納甲」的批判，主要見於卷一「納甲」及「納甲二」中。其云：「世言納甲本於《參同契》，然京房積算已言：『分天地乾坤之象，益之以甲乙壬癸，震巽之象配庚辛，坎離之象配戊己，艮兌之象配丙丁。』是則西漢之前已有之矣。」〔註94〕，可以看出黃宗羲首先運用「考其源流」的方法，證明早在西漢京房時期，就已有將八卦配以十天干的「納甲」法。進而駁斥世人認為其屬於《參同契》的說法。

接著，黃氏便運用「以經解經」的方式來批判納甲法。其云：「以方位言之，乾金、坤土、震木、巽木、坎水、離火、艮土、兌金，在《說卦》可證，今乾納甲壬、坤納乙癸，其為木耶？水耶？震巽之為金、坎離之為土、艮兌之為火，將安所適從耶？若置之不論，則又無庸於納矣。」〔註95〕。京房「納甲」之說，包含了納天干與納地支兩者，而以天干之「甲」代言所有干支，因而得名。其納天干之法，係以乾、坤兩卦各納二干（乾內卦納甲、外卦納壬；坤之內卦納乙、外卦納癸），其餘六卦各納一干（震納庚、巽納辛、坎納戊、離納己、艮納丙、兌納丁）。此處黃宗羲直接引《周易‧說卦》所示之八卦方位與五行之配對的說法，來與「納甲」配天干之法相比較，然後質疑「納甲」之說違逆《周易》經文。黃氏又云：「是故納十日者總以卦，納十二辰者析於爻，卜筮家舍納甲則休咎無以辨矣，然觀其所用五行，惟十二辰而十干無與焉。……納甲之說，將古有其名而無其實與，抑傳之者失其真與。不然，乾初爻止當云子為水，不必配為甲子，坤初爻止當云未為土，不必配為乙未。既配以甲乙，自當用其五行矣。且姑置納日之用不用，甲為五行之全數，卦為天地之全數，今以四十八爻而納六十甲，所餘之十二甲將焉置之？豈卦不足以包五行耶？」〔註96〕。黃宗羲除了對「納甲」既兼包天干、地支，但實際運用於占筮時，卻棄天干不用的作法（「惟十二辰而十干無與焉」），表示極大的質疑外，對於八卦只有四十八爻，因而未能將天干、地支的六十種組合完全相配，也深表懷疑。

筆者認為：黃宗羲以「考其源流」與「以經解經」的方法，對於「納甲」

〔註93〕《四庫提要‧叄‧卷六‧經部六‧易類六‧易學象數論》，河北人民，2000年3月，頁152。

〔註94〕《易學象數論‧卷一‧納甲》，頁45。

〔註95〕《易學象數論‧卷一‧納甲》，頁47。

〔註96〕《易學象數論‧卷一‧納甲二》，頁48～49。

的批判是不相應的。換言之，黃氏對於漢《易》「納甲」的理解是有誤的！以上《易學象數論》中對於「納甲」之說所提出的諸多質疑，是不能援引《周易》經典原文為判準。這是因為京房「納甲」之說，其初衷並不是為解釋《周易》經傳而作，其真正的目的在於借用《周易》卦爻符號配以干支、五行，是基於「占筮」的實用目的，所創發的一套新《易》學詮釋體系。〔註97〕因此，如欲釐清其《易》說，了解其系統建構的原理依據，就必須先對其詮釋立場有相應的理解（象數《易》學），進而站在同一向度來進行思考與批判，如此所得出的結果才稱公允。不過，事實上黃宗羲是立足於「義理《易》學」的立場來進行批判。於是，上述其對於「納甲」所提出的評論，是值得商榷的！現在筆者試著以「占筮」的實用立場來探究「納甲」的理論意義。

「納甲」是將天干、地支納於八卦之卦、爻中，精確地說，即是「卦」納十干，「爻」納十二支。其法是：先分八卦為陰陽卦兩組，乾、震、坎、艮為陽卦，坤、巽、離、兌為陰卦。復分十干為陰陽兩組，甲、丙、戊、庚、壬為陽干，乙丁、己、辛、癸為陰干。然後以陽卦納陽干，以陰卦納陰干，乾與坤二卦分內外象，各納二干，其他六卦則各納一干。同理，爻納十二支，亦先分陰分陽。乾、震、坎、艮四陽卦納陽六支：子、寅、辰、午、申、戌；坤、巽、離、兌四陰卦則納陰六支：丑、卯、巳、未、酉、亥。〔註98〕可以看出此處透過類比法，將卦爻與干支，藉由陰陽的對比性而加以轉換，因而得以運用於占筮實務中而與人事吉凶取得連結。此外，因為對比性的關係，代替爻的

〔註97〕劉玉建《兩漢象數易學研究・上冊・第六章京房易學・第三節納甲說與納支說》云：「我們認為，京房創立的納甲說或京房之前的納甲說，其目的決不在於用之解《易》，而是出於占筮及講陰陽災異之便。解說《周易》是一回事，利用納甲說附會於《易》而講占筮陰陽災異又是另外一回事。從現存的京房章句中，未發現其用納甲說解《易》的迹象。可以承認京房或焦延壽講納甲，但不能誤認為京房亦以納甲解《易》，更不能誤以為《周易》中原本就有納甲說。……因此說，京房的納甲說，既不能闡發《易》之微言大義，也不能用之來解《易》，其惟一的意義便是利於占筮及解說陰陽災異。」（廣西教育，1996 年 9 月，頁 219～220）、周立升《京房象數易學探微》曰：「納甲的目的在於筮占，在於規範術數體例，不在於闡發《易》之微言大義。」（收載於：劉大鈞主編，《象數易學研究（第三輯）》，四川：巴蜀，2003 年 3 月，頁 53）。

〔註98〕以上說法見於：高懷民《兩漢易學史・第四章前期占驗派象數易家・第三節京房易》（台北：中國學術著作獎助委員會，1983 年 2 月，頁 147～149）；另外，可參考：盧央《京房評傳・第二章京房易學・四、京氏納甲》（南京大學，1998 年 12 月，頁 119～131）。

地支，於占筮時的功用是顯著的；但代替卦的天干，於占筮時雖似無所功用，事實上，其在整個系統中卻具有編碼序列的重要意義。因為，只有納天干於卦，才能表明各爻所納之地支不相重複。例如：乾、震二卦所納於各爻之地支完全相同〔註99〕，不過因為所納於卦之天干有所區別（乾納甲、壬，震納庚），如此即可明確區分兩組地支的不同（天干與地支相配後的結果）。可見「納甲」的配天干入卦，其看似無用，其實卻存在著大用。因此，上述黃氏引《周易‧說卦》之五行及方位說，欲證明「納甲」中納天干於卦有誤的批評是難以成立的！同時，由於納天干的作用在代替卦，納地支的作用在代替爻，干支的組合，只要能提供八卦共計四十八爻之所需便已足夠。而黃宗羲在此竟有「所餘之十二甲將焉置之？豈卦不足以包五行耶？」的質疑，如此可以證明其對於「納甲」的理論意義是無相應的理解！〔註100〕

2、《周易參同契》之「月體納甲說」

京房「納甲」的系統建構，其初衷並不是為解釋《周易》經傳而作，其真正的目的在於借用卦爻符號配以干支、五行，是基於占筮的實用要求，所創發的一套新《易》學詮釋體系。因此，黃宗羲《易學象數論》中，對於京房「納甲」說是缺乏相應的了解。京房之後，對於「納甲」法進行創造性的詮釋是魏伯陽《周易參同契》中的「月體納甲說」！

我們知道，丹道是藉著《周易》的卦爻符號來論述還丹之「火候」，如此「丹道」與「《易》道」就形成銜接；接著，談到火候的問題時，關注的焦點在：何時用文火？何時用武火？以及時間控制的長短如何？因此，自然必須考慮到自然界的氣候變化問題（不論是內丹或外丹）。就是因為氣候的因素，

〔註99〕惠棟《易漢學》中將「納甲」說以八卦六位圖表示，乾卦六爻，從初爻到上爻，配子、寅、辰、午、申、戌；坤卦六爻配未、巳、卯、丑、亥、酉；震卦六爻配子、寅、辰、午、申、戌；巽卦六爻配丑、亥、酉、未、巳、卯；坎卦六爻配寅、辰、午、申、戌、子；離卦六爻配卯、丑、亥、酉、未、巳；艮卦六爻配辰、午、申、戌、子、寅；兌卦六爻配巳、卯、丑、亥、酉、未。（《惠氏易學‧下‧易漢學四‧京君明易上‧八卦六位圖》，台北：廣文，1981年8月，頁1137～1139）可以看出乾、震二卦從初爻到上爻同配地支：子、寅、辰、午、申、戌。

〔註100〕朱熹註《周易參同契》附錄云：「(《參同》)所云甲、乙、丙、丁、庚、辛者，乃以月之昏旦出沒言之，非以分六卦之方也。」(《道藏》(三家本)，第二十冊，頁118)；另外，上述的相關論述，可參看：張新智《試論黃宗羲易學象數論的得失》，《孔孟月刊》，第三十六卷第二期，頁33～36。

「丹道」與「天道」自然地發生關聯。換言之，談論還丹「火候」這個問題時，可以等同是在論述「丹道」、「《易》道」及「天道」這個「丹道《易》學」模式。而《周易參同契》的「月體納甲說」，正是這個模式的最佳範本。葛洪《神仙傳・魏伯陽》曰：

> 伯陽伯陽作《參同契》《五相類》凡二卷，其說如似解釋《周易》。
> 其實假借爻象，以論作丹之意。〔註101〕

朱熹云：

> 《參同》之書本不為明《易》，乃姑借此納甲之法以寓其行持進退之
> 候。〔註102〕

由於火候的變化情形是不易觀察與描摹，「有形易忖量，无兆難慮謀。」（《周易參同契分章通真義》，頁142）。上述所謂「假借爻象，以論作丹之意」，其實說的就是借助《周易》的卦爻符號來論述難以察睹的還丹之「火候」。而《參同契》中論述「行持進退之候」，即是「納甲之法」。《周易參同契》吸收並應用京房八卦「納甲法」，創造性地將《周易》卦爻符號的陰陽變化與月體的盈虛圓缺現象（晦、朔、弦、望）相結合，形成所謂頗具獨創性的「月體納甲說」。〔註103〕《周易參同契》云：

> 三日出為爽，震庚受西方，八日兌受丁，上弦平如繩。十五乾體就，
> 盛滿甲東方。蟾蜍與兔魄，日月氣雙明。蟾蜍視卦節，兔者吐生光。
> 七八道已訖，屈折低下降。十六轉受統，巽辛見平明。艮直於丙南，
> 下弦二十三。坤乙三十日，東北喪其朋。節盡相禪與，繼體復生龍。
> 壬癸配甲乙，乾坤括始終。七八數十五，九六亦相應。四者合三十，
> 陽氣索滅藏。〔註104〕

「月體納甲說」根據月的晦、朔、弦、望及出沒方位，將一月三十日分為六個階段（初三、初八、十五、十六、二十三、三十），以震、兌、乾、巽、艮、坤六卦，配以月亮的盈虧過程，並納以干支，配四方。初三，月光始萌生

〔註101〕《雲笈七籤・卷一百九・紀傳部・傳》，頁672。
〔註102〕《朱熹集・卷三十八・答袁機仲》（四川教育出版社，1996年，頁1704）。
〔註103〕清胡渭《易圖明辨・卷三・周易參同契》云：「按納甲者，始於京房之積算，以甲為十干之首，舉一干以該其餘，故謂之納甲。魏伯陽以月象附會之，以寓丹家行持進退之候。蓋以月之明魄多少，取象於卦畫，而以所見之方，為所納之甲。」（台北：廣文，1994年3月，頁179）。
〔註104〕《周易參同契分章通真義》，頁135～136。

於西方，西方干支五行為庚辛金，此時震卦一陽始生於下，故震納庚於西方。初八，即月上弦之時，其方位在正南丁位，此時兌卦用事，故兌納丁於南方。十五日，為滿月（望月），其方位在東方甲位，此時乾卦用事，故乾納甲於東方。由初三至十五，為望前三候，象徵陽息陰消（進陽火）。「蟾蜍」，指月亮之精氣，「兔者」，指太陽之精氣。月體不發光，借日而生光，此即「兔者吐生光」。十五時月體全受日光，稱為望月，月單獨不能生光，必須依附日方可生輝，因而此時日月雙明，所以說「日月氣雙明」。「七八」，指十五。十五後，月光開始虧缺，此即「七八道已訖，屈折低下降」。至十六日，陽極生陰，月光開始虧缺，巽卦一陰始生於下，其方位在西方，此時巽卦用事，故巽納辛於西方。二十三日，即月下弦之時，艮卦二陰由下而上滋長，其方位在南方，此時艮卦用事，故艮納丙於南方。最後三十日，月光消失，坤卦三陰為晦日之象，其方位在東方，此時坤卦用事，故坤納乙於東方。從十六至三十，為望後三候，象徵陰息陽消（退陰符）。一個月的月象（陰陽）消長後，又重新陽氣滋長。從下月初三開始，月光又開始出現，震卦用事，震為龍，此即「節盡相禪與，繼體復生龍」。乾卦納甲壬，坤卦納乙癸，乾當望月，坤當晦時，此兩卦表示陰陽消長之終始，所以稱「壬癸配甲乙，乾坤括始終」。七為少陽之數，八為少陰之數，九為老陽之數，六為老陰之數，少陽與少陰、老陽與老陰其和各為十五，代表自朔至望，自望至朔，陰陽消長，均以十五日為期。陰陽之數相加，共一月三十日之數。至此陽氣已盡，月光全部消失，代表陽火陰符之火候到此終止，此即「七八數十五，九六亦相應。四者合三十，陽氣索滅藏」。

「月體納甲說」主要是在說明一月之中煉丹運火（火候）的操作程序，使修煉者可以透過一個精細的火候與時空（時間、方位）結合的方法來掌握火候陰陽節律的進退之機。此處產生一個問題必須提出說明，就是《參同契》的「月體納甲說」，雖然是表示一個月的煉丹火候，但一年之中畫夜有短長，有畫短夜長之月與畫長夜短之月，此時月體的盈虛圓缺的方位是不固定的。換言之，上、下弦未必盡在每月之八日與二十三日，望、朔也未必盡在每月之十五日和三十日。俞琰《周易參同契發揮‧卷二》云：「蓋納甲者，火候之取象也。火候之抽添與月之盈虧無異。……不過借此以論身中六卦火候之進退，非真以為一月三十日也。何以明之？蓋參以歷法，則畫夜有短長，若畫短，日沒於申，則月合於申，望於寅。晝長，日沒於戌，則月合

於戌，望於辰。十二月間，三日之月，未必盡見庚，十五日之月，未必盡見甲。合朔有先後，則上下弦，未必盡在八日二十三日，望晦，未必盡在十五日三十日。」〔註105〕

《周易參同契》此處蓋取晝夜均平的二分之月，即二月（仲春）與八月（仲秋）為標準，以取象譬喻而已。所以修煉者切不可拘泥於卦爻及歷律之數，而從事於火候的抽添。《周易參同契發揮‧卷二》云：「今魏公謂『三日出為爽，震受庚西方』、『十六轉受統，巽辛見平明』，蓋指二八月晝夜均平之時，姑以取象而已。非真以月出庚之時進火，月虧辛之時退符也。……豈可拘以月出沒之方位，而律以卦體爻畫之數，與夫歷家盈縮短長之法哉！」〔註106〕

上述「八卦納甲」（坎離兩卦無爻位，居中位配戊己。所以，實際上只有六卦納甲）取象模擬月象變化（月體納甲說），偏重在講朔，屬於陰曆成分。為了適應「陰陽合曆」的需要，《周易參同契》又將乾卦六爻配以震、兌、乾、巽、艮、坤六卦。〔註107〕易言之，《參同契》又將月體納甲說與乾卦六爻相配，用來說明一月之中煉丹火候消長的陰陽變化程序。其云：

> 昂畢之上，震出為徵。陽氣造端，初九潛龍。陽以三立，陰以八通。故三日震動，八日兌行。九二見龍，和平有明。三五德就，乾體乃成。九三夕惕，虧折神符。盛衰漸革，終還其初。巽繼其統，固濟操持。九四或躍，進退道危。艮主止進，不得踰時。二十三日，典守弦期。九五飛龍，天位加喜。六五坤承，結括終始。韞養眾子，世為類母。上九亢龍，戰德於野。〔註108〕

「昂畢」，指二十八宿西方白虎七宿中之二宿，月初明，居西方。根據納甲之說，震卦其象二陰一陽，為初三月明之象。因為震卦陽火兆驗於下，所以說「昂畢之上，震出為徵，陽氣造端」。《周易‧乾‧初九》：「潛龍勿用」，此處以乾卦初九比喻新月初生，代表陽氣初生發動之象。「陽以三立，陰以八通」，袁仁林《古文周易參同契註‧卷一》云：「陽生子位，自子丑至寅，三陽出地而始立，是陽生於一而立於三。……陰始丑位，自丑至申，得八位而陰

〔註105〕《道藏》（三家本），第二十冊，頁201。

〔註106〕《道藏》（三家本），第二十冊，頁201。

〔註107〕關於《周易參同契》「陰陽合曆」的詳細說法，見於：蕭漢明先生《周易參同契研究‧第五章《周易參同契》的易學特徵‧三、獨具特徵的月相納甲法》（上海文化，2001年1月，頁91～95）。

〔註108〕《周易參同契分章通真義》，頁145。

始通，是陰生於二，成於四，而通於八。」〔註109〕。「陽以三立」，指初三，一陽生；「陰以八通」，指初八，月上弦。初三為震，陽氣生；八日為兌，陽氣長。《周易・乾・九二》：「見龍在田，利見大人」，此處以乾卦九二比喻月至上弦，其形體明暗相半，代表陰陽各半，火力均平。「三五德就，乾體乃成」，指十五日，月光盈滿，其形體為三陽乾體。《周易・乾・九三》：「君子終日乾乾，夕惕若厲，無咎」，此處以乾卦九三比喻月圓，表示陽氣極盛。當陽氣鼎盛之時，需小心謹慎，因為陽極自然陰生。「虧折神符」，指月光轉為虧損，一陰將生。「巽繼其統，固濟操持」，巽卦表示一陰初生的卦象，其繼承陽統緒，此時陽退陰進，陽息變為陽消，應當固濟陽德，操持陰統。《周易・乾・九四》：「或躍在淵，無咎」，此處以乾卦九四比喻陽氣由盛轉衰，由於乾卦九四爻是陽爻居於陰位，因而進退未定，表示處於進退兩難之時，所以當進退（進火退符）隨其時機。「艮主止進，不得踰時。二十三日，典守弦期」，艮卦，陰氣漸長的卦象。月至二十三日為下弦，其明半虧，其形象如一陽二陰之艮卦，此時應行止各隨其時，不可過時違道。《周易・乾・九五》：「飛龍在天，利見大人」，此處以乾卦九五比喻陰氣上升（陰符用事，陽火漸消之時）。「六五坤承，結括終始。韞養眾子，世為類母」，六五，三十日，即月晦之象，月至三十日，其明盡喪，其象為三陰之坤卦。此時當晦朔相交，陰陽交接，從震而始，至坤而終，陰極陽生，終而復始。坤卦為父母之卦，其生六子（震、坎、艮、巽、離、兌），所以坤為眾子之母。《周易・乾・上九》：「亢龍有悔」，此處以乾卦上九比喻陰氣極盛，此時當熄火溫養。

上述以乾卦六爻配六卦，乾初九爻配震比喻陽火起緒之初，九二爻配兌比喻陽火用功之半，九三爻配乾比喻陽火圓滿之時，九四爻配巽比喻陰符繼統之始，九五爻配艮比喻陰符用功之半，上九爻配坤比喻陰符結括之時。《周易參同契》在陳述月體納甲說之後，為何又以「乾卦六爻」配合月象變化？筆者認為其原因除了前述的為了適應「陰陽合曆」的需要外，第二個因素乃是因為金丹乃是純陽之寶，而乾卦則是純陽之象，所以使用類比法，將乾卦六爻比喻為煉丹火候所用之陽火。換言之，突顯「陽氣」在金丹修煉的地位與重要性，於是以乾卦六爻比擬金丹修煉火候的抽添進退之妙及沐浴交結之奧。《周易參同契發揮・卷五》云：「魏公以六卦喻火候，而又配以乾之六爻，何也？蓋丹乃純陽之寶，乾乃純陽之卦也。……丹法之所謂用九，乃刻中火

〔註109〕台北：新文豐，1987 年 6 月，頁 19。

候之九轉，蓋法乾也。……蓋謂九轉功夫，自寅而起，至戌而止，乃刻中火候
之祕訣。其間有抽添進退之妙，沐浴交結之奧，是故謂之極玄。修鍊若不知
此，則雖得真藥，安能成丹。此魏公所以不敢輕泄，而姑借乾元用九之說，以
露其機也。」〔註110〕

第四節　《周易參同契》在丹道易學上的主要論點以及對後世的貢獻與影響

一、在「丹道易學」上提出的主要論點

　　《周易參同契》藉著月體的圓缺變化（天道）與《周易》的卦爻陰陽轉
變（《易》道）相配合，來論述還丹「火候」之進退情形（丹道），如此便形成
「丹道」、「《易》道」及「天道」相結合的「丹道《易》學」模式。在這個模
式中其所提出的主要論點有：

1、將《周易》推天道以明人事的方式，轉化為推天道以明「丹道」。

2、在推天道以明「丹道」的方式中，天地大宇宙與人體小宇宙透過「易
學符號」而形成銜接（例如：天－乾－首、地－坤－腹、日月－坎離
－心腎）。

3、透過「易學符號」，建立煉丹三要素：鼎器（煉丹的場所）、藥物（煉
丹的原料）與火候（煉丹的控制之程序與法則）之模式。形成具有典
範性的煉丹理論之「原型」（archetype）。

4、由於透過「易學符號」，天地大宇宙與人體小宇宙可以形成銜接。因
此，提供後世將「煉丹三要素」的外丹學說，轉譯為內丹理論（「鼎
器」為人體的頭腹部、「藥物」為人體精氣神、「火候」為神和意念控
制藥物在體內經脈運行與控制的節律）的說法。換言之，因為透過「易
學符號」，天地大宇宙與人體小宇宙可以形成銜接，這種卦象符號思
維具有象徵性與多義性，所以外丹與內丹皆可在其中找到著力點來發
展其學說。如此，便形成「外煉與內養一體觀」的思維模式。

5、提出「歸根返還」的思維，認為人服食金丹可以不死長生，是因為金
丹經過「返還」的過程，所以金丹又可稱為還丹。這種返還的思維影

〔註110〕《道藏》（三家本），第二十冊，頁228～229。

響後世內丹學的內煉返還理論。

6、其「文本」書寫的表現形式——「隱喻表述」（象徵、類比、寄言、寓言），形成後世丹經（無論外丹或內丹）隱喻寫作之表達方式的典範。

二、對後世「丹道易學」的貢獻與影響

對於《周易參同契》使用《易》學的情形，朱熹曾評論說：「《參同》之書本不為明《易》，乃姑借此納甲之法以寓其行持進退之候。異時每欲學之，而不得其傳，無下手處，不敢輕議。然其所言納甲之法，則今所傳京房占法見於《火珠林》者是其遺說。沈存中《筆談》解釋甚詳，亦自有理。《參同》所云甲、乙、丙、丁、庚、辛者，乃以月之昏旦出沒言之，非以分六卦之方也。此雖非為明《易》而設，然《易》中無所不有，苟其言自成一說，可推而通，則亦無害於《易》，恐不必輕肆詆排也。」〔註111〕

朱熹評論《周易參同契》以《易》學的原理與形式來陳述煉丹之道，認為「此雖非為明《易》而設，然《易》中無所不有，苟其言自成一說，可推而通，則亦無害於《易》，恐不必輕肆詆排」，可以看出其能接受不同學說的胸襟與氣度！〔註112〕而王明先生對於《周易參同契》亦曾云：「古《易》（卦爻）有古《易》本來之意義，先秦儒者有先秦儒者之《易》說，漢儒有漢儒者之《易》說，魏伯陽有魏伯陽之《易》理，凡言之成理，持之有故，不必強求其同，更無勞事非優劣之分也。」〔註113〕

《周易參同契》雖然非明《易》之作，其不過借助《周易》來陳述道教

〔註111〕《朱熹集・卷三十八・答袁機仲》（四川教育出版社，1996年，頁1704）。

〔註112〕「而病朱子添入康節先天之學，為添一障。」（《四庫全書總目・經部・易類六・易學象數論・六卷》，頁38）、「晦庵作《本義》，加之（邵子先天諸圖）於開卷，讀《易》者從之，後世頒之學官，初猶兼《易傳》並行，久而止行《本義》，於是經生學士，信以為羲文周孔，其道不同。」（《易學象數論》，頁6）及「晦翁日談易者，譬之燭籠，添得一條骨子，則障了一路光明，若能盡去其障使之統體光明，豈不更好，斯言是也。奈何添入康節之學，使之統體皆障乎。」（《易學象數論》，頁7）

上述引文是黃宗羲《易學象數論》中，對朱子《易》學思想滲入邵雍「先天之學」的批評。由於黃氏是站在義理《易》的立場，來維護傳統《周易》經傳之學，並且其對象數《易》缺乏相應的了解，因此只要與《周易》經傳經文有所不同，便成為其詆毀的對象。由此，可以看出黃宗羲相較於朱熹，其缺乏接受不同學說的胸襟與氣度！

〔註113〕《周易參同契考證》，載於：《道家和道教思想研究》（北京：中國社會科學，1984年6月，頁292）。

煉丹之術。但不能因為其《易》學與《周易》經傳有所不同，便詆毀其學說。如《四庫提要》站在儒家經學正統的立場來評論彭曉《周易參同契分章通真義》（簡稱《通真義》），認為《周易參同契》淆亂《周易》經傳的傳統學說，因而說明將《通真義》列入道家類的緣由，其云：「若預睹陳摶以後牽異學以亂聖經者。是書本末源流，道家原了了，儒者反憒憒也。今仍列之於道家，庶可知丹經自丹經，易象自易象，不以方士之說淆羲、文、周、孔之大訓焉。」〔註114〕

筆者認為，《周易參同契》有它在《易》學史上的貢獻。如廖名春等著《周易研究史‧第二章‧第四節》中「魏伯陽與《周易參同契》」曰：「它所包含的易學又是不可忽視的，它發展了漢易的一些基本觀點，創建了道教解易的系統，在易學史上影響很深遠。」〔註115〕、朱伯崑《易學哲學史‧第一卷‧第二編‧第三章漢代的象數之學‧四、魏伯陽的月體納甲說》云：「《參同契》的易學，是為煉丹術服務的。但它創建了道教解易的系統，其在道教思想史和易學史上都起了很大的影響。宋初華山道士陳摶，以《參同契》的易學理論為指導，以煉內丹為宗旨，將道教易學同煉內丹聯繫起來，在易學史上創立了先天圖易。以後經過邵雍等人，發展為宋明易學中的圖書學派或象數學派。邵雍等人的易學哲學，如其乾南坤北、坎西離東說，其根源可以追溯到《參同契》。」〔註116〕

《周易參同契》影響後世丹道易學，在於它獨特的解《易》方式（將月相、卦爻與火候相配合），因而形成「道教解《易》」的系統。後世「丹道易學」借用它「丹道」、「易道」及「天道」相結合模式中所提出的四個論點，來作為自家論述的依據與準則。如《紫陽真人悟真篇三注‧卷三》薛道光注中，即以《參同契》解《易》的方式（月體納甲說），來陳述內丹修煉之藥物變化狀態。其云：「月至三十，陽魂之金散盡，陰魄之水盈輪，故純陰。陰而無光，法象坤，故曰晦。晦朔兩日，日月交合，同出同沒。至於初二，月感陽光而孕。初三即現一陽於坤方庚上，即魄中生魂，法象震。此時人身金氣初生，藥苗新也。初八日，二陽生，法象兌。此時魄中魂半，其平如繩，故曰上弦。弦前屬陽，弦後屬陰。陰中陽半，得水中之金八兩，其味平平，其氣象全。十五

〔註114〕河北人民，2000 年 3 月，頁 3757。
〔註115〕湖南，1991 年 7 月，頁 132。
〔註116〕台北：藍燈，1991 年 9 月，頁 273。

日，三陽備，法象乾。此時陰魄之水消盡，陽魂之金盈輪，是以團圓。純陽而無陰，故云望。陽極則生陰，十六日輪生一陰，魂中魄生，象巽。二十三日，二陰生，象艮。此時魂中魄半，亦平如繩，故曰下弦。弦前屬陰，弦後屬陽。陽中陰半，得金中之水半斤，其味平平，其氣象全。聖人採此二八，擒居造化爐中，烹煆溫養，以成還丹。」〔註117〕，又元代牧常晁在《玄宗直指萬法同歸・卷三・或問金丹性命》中，使用十二消息卦與月相的盈虛變化，亦在說明內丹修煉中藥物變化的情形，其曰：「或問兩弦？答云：人身自有二弦，且以天道言之，朔旦坤始為復，象月初生也。至于初八，坤變為臨，象月上弦也。至十五，坤變為泰，象月望也。十六乾始為姤，象月初減也。至二十三，乾變為遯，象月下弦也。至三十日，乾盡變坤，象月晦也。自此以往，坤又生震，晦又生高明，周而復始，相為無窮也。從初八至于二十有三，恰得一十六日，為之一斤，陰陽兩停，故曰：二弦。丹道取象於此，為人身內象之準的也。或問：內象二弦可得聞乎？答云：金半斤，銀半斤，上下交合，如月之圓。若毫髮差忽，丹道不成。此道玄妙，非心莫傳。」〔註118〕

對於《周易參同契》影響後世的丹道理論，王明先生曾云：「自漢而唐而宋，論煉丹者，代不乏人，溯流尋源，大要如爾：魏伯陽導其源，鍾呂衍其流，劉（海蟾）張（紫陽）薛（紫賢）陳（泥丸）揚其波。由外丹而內丹，流變滋多，《參同契》洵千古丹經之祖也。」〔註119〕、孟乃昌先生則提出「參同學」的概念，說明《周易參同契》對後世丹道理論的關鍵性影響，其云：「《周易參同契》在中國乃至世界文化史上都佔有一席地位。它以《周易》在兩漢時代的表現形式，以氣功（內丹）的開創性理論闡釋，以化學（外丹）的原始原理建樹，以三者的巧妙結合，在文化史上發揮著別具一格而又不容忽視的文獻源頭作用。大思想家周敦頤、朱熹、王夫之都非常關心和重視《周易參同契》，更有許多各層次的名人或非名人認真地注釋它。自北宋以來，它被煉丹家高先或張伯端稱為『萬古丹經王』，即受到一致公認。朱熹通過反覆研讀、討論和注解，得出了此書『詞韻皆古，奧雅難通』的認識。於是，這部語言優美、內容晦澀的文化典籍吸引了更多的讀者和注解者，像

〔註117〕《道藏》（三家本），第二冊，頁999～1000。
〔註118〕《道藏》（三家本），第二十三冊，頁926。
〔註119〕《周易參同契考證》，載於：《道家和道教思想研究》（北京：中國社會科學，1984年6月，頁288）。

滾雪球一般不斷擴展、開發、層積了它的豐富內容和內涵，蔚然而形成了一門『參同學』，給現代各國學者和無數讀者提供了關心、鑽研、探討的一個獨特領域。」〔註 120〕

〔註 120〕孟乃昌、孟慶軒輯編，《萬古丹經王——《周易參同契》三十四家注釋集萃·自序》（北京：華夏，1993 年 9 月，頁 1）。

第四章　彭曉的丹道易學思想

第一節　彭曉的生平與著作

彭曉本姓程，字秀川，號真一子，西蜀永康人。為唐末五代著名道士，生卒年不詳。一說卒於廣政十七年（西元 955 年）。明經登第，累遷金堂令。據傳曾遇異人授與丹訣，修煉於縣內飛鶴山，所以自稱「昌利化（二十四治之一）飛鶴山真一子彭曉」。常以篆符為人治病，號鐵扇符。能長嘯，為鸞鳳聲。蜀主孟昶屢召，問以長生久視之道，曉曰：「以仁義治國，名如堯舜，萬古不死，長生之道也。」昶善其言，以為朝散郎守尚書祠部員外郎，賜紫金魚袋。注有《陰符經》、《參同契》、《金鑰匙》、《真一訣》。〔註1〕現僅存《周易

〔註1〕宋陳葆光編撰《三洞群仙錄‧卷十二》引《野人閒話》云：「祠部員外郎彭曉，字秀川，自號真一子，常謂人曰：『我籤鏗之後，世有得道者，余雖披朱紫，食祿利，未嘗懈怠於修煉，去作一代之高人，終不為下鬼者矣。』宰金堂縣，則恒騎一白牛於昌利山往來，似有會真之所，往往有白鶴飛鳴前後。曉注《陰符經》、解《參同契》，每篆符謂之鐵扇子，有疾者，餌之輒愈。」（《道藏》（三家本），第三十二冊，頁 317）、元趙道一編撰《歷世真仙體道通鑑‧卷四十三‧程曉》云：「昌利化飛鶴山彭曉，本姓程，西蜀永康人。少好修煉，自號真一子。與擊竹子何五雲善。孟蜀時明經登第，累遷金堂令，遇異人得丹訣，注《陰符經》、《參同契》、《金鑰匙》、《真一訣》，篆符以施病者，號鐵扇符。能長嘯，為鸞鳳聲，飛鳥聞而皆至。蜀王孟昶屢召，問以長生久視，曉曰：『以仁義治國，名如堯舜，萬古不死，長生之道也。』累遷祠部員外郎蜀州判官權軍州事。廣政十七年十二月卒。」（《道藏》（三家本），第五冊，頁 347～348）。另外，「朝散郎，守尚書祠部員外郎，賜紫金魚袋」，見於：《周易參同契分章通真義‧卷上》（《道藏》（三家本），第二十冊，頁 133）。

— 87 —

參同契分章通真義》三卷〔註2〕、《周易參同契鼎器歌明鏡圖》一卷。〔註3〕
《還丹內象金鑰匙》已佚，《雲笈七籤·卷七十·內丹訣法部》有節錄兩部分，
名為：《黑鉛水虎論》與《紅鉛火龍論》。〔註4〕

　　《周易參同契分章通真義》三卷。彭曉於其自序中，說明將魏伯陽《周
易參同契》作註分章的情形，「以四篇（《參同契》上中下三篇、《補塞遺脫》
一篇）統分三卷為九十章，以應陽九之數，名曰《分章通真義》」。其分章卷
的情形是「上卷分四十章，中卷分三十八章，下卷分十二章」。並有「歌鼎
器一篇，謂其詞理鈎連，字句零碎，分章不得，故獨存焉，以應水一之數」。
〔註5〕五代後蜀彭曉之《周易參同契分章通真義》（簡稱《通真義》或彭曉
本），是現存《周易參同契》最早的註本。〔註6〕而且後世諸家注解及收錄
《周易參同契》，皆以彭曉本為底本，如朱熹作《周易參同契考異》以及《永
樂大典》所載之《參同契》本，皆以彭曉本為依據。〔註7〕

　　《周易參同契鼎器歌明鏡圖》一卷。彭曉於其自序中稱，將其附於《周
易參同契分章通真義》之後，其云：「復自依約真契，撰《明鏡圖》一篇，附
于下卷之末。」〔註8〕；其功用是「將以重啟真契之戶牖」。〔註9〕易言之，彭
曉透露《明鏡圖》是開啟《通真義》義理內涵的門戶。而《明鏡圖》的創作動
機，彭曉指出「所分章解義畢，竊謂真契言微道秘，文泛理深。既三卷之首尾
鈎牽，而五行之上下輪起，在至人之鋪舒甚顯，恐末學之愚昧難明。是敢復
約真契，著成《明鏡》圖、訣一篇。」〔註10〕；換言之，彭曉是因為《通真

〔註2〕《道藏》（三家本），第二十冊，頁131～157。

〔註3〕《道藏》（三家本），第二十冊，頁157～161。

〔註4〕北京：華夏，1996年8月，頁425～428。

〔註5〕以上見於：《道藏》（三家本），第二十冊，頁132。

〔註6〕《四庫提要·叁·《周易參同契分章通真義》三卷》，河北人民，2000年3月，
　　　頁3756～3757。另外，根據陳國符《道藏源流續考·中國外丹黃白法經訣出
　　　世朝代考》（台北：明文，1983年3月，頁89～91）與孟乃昌《周易參同契
　　　考辨·一《周易參同契》通考·（二）最古的注本和正文》（上海古籍，1993
　　　年8月，頁26～29）的考證，認為《周易參同契》「陰長生註本」與「容字號
　　　無名氏註本」為唐代著作。所以，另有「陰長生註本」為《周易參同契》最
　　　早註本的說法。

〔註7〕任繼愈主編，《道藏提要·《周易參同契分章通真義》三卷》，北京：中國社會
　　　科學，1995年8月，頁746。

〔註8〕《道藏》（三家本），第二十冊，頁132。

〔註9〕《道藏》（三家本），第二十冊，頁132。

〔註10〕《周易參同契鼎器歌明鏡圖》，同上，頁159。

義》「道祕理深」，不易為末學常人所明瞭，所以出於悲憫的心情，將《通真義》精省簡約成《明鏡》圖、訣一篇。《明鏡》訣曰：「造化潛施跡莫窮，簇成真訣指童蒙。三篇祕列八環內，萬象門開一鏡中。」〔註11〕

　　彭曉所創《明鏡圖》，凡分八環。第一環為「四象八卦，天門地戶，人門鬼路」。即：後天八卦方位，四正為青龍、白虎、朱雀、玄武，四隅為天門、地戶、人門、鬼路；第二環為「二十八宿」。即：東方：角、亢、氐、房、心、尾、箕，北方：斗、牛、女、虛、危、室、璧，西方：奎、婁、胃、昴、畢、觜、參，南方：井、鬼、柳、星、張、翼、軫。第三環為「三十圓缺之象」。即：由朔（初一）至晦（三十），月象之變化；第四環為「五十點黑，五十點白」。代表「陰符陽火百刻之數」；第五環為「十二卦」。即：十二辟卦：復、臨、泰、大壯、夬、乾、姤、遯、否、觀、剝、坤；第六環為「十二辰」。即：十二地支：子、丑、寅、卯、辰、巳、午、未、申、酉、戌、亥；第七環為「四時」。即：春、夏、秋、冬；第八環為「五行」。即：金、木、水、火、土。〔註12〕

第二節　「丹道易學」思想

　　上述《明鏡圖》的內容主要是：四時、四獸、五行、八卦、十二辟卦、十二地支、二十八宿、三十圓缺之月象及百刻之數。彭曉使用《明鏡圖》來概括《通真義》的內容，並認為《明鏡圖》是開啟《通真義》的門戶。換言之，只要掌握《明鏡圖》的主要內容，就可以將《通真義》的具體內容展現出來。也就是說，彭曉所使用的研究法是：透過《明鏡圖》，將《通真義》闡述的《周易參同契》之丹道理論作了較系統化、概念化的融匯與簡約。如此可以說是宋代圖書《易》學與內丹學銜接的濫觴，而宋末元初的俞琰在其《周易參同契發揮》中更繪製了多種「內丹圖」〔註13〕，可以說其詮釋《周易參同契》的方式是承繼自彭曉《明鏡圖》的概念。

　　從上述《明鏡圖》的主要內容來看，彭曉的「丹道易學」思想是藉著「易

〔註11〕《周易參同契鼎器歌明鏡圖》，頁160。
〔註12〕以上見於：《明鏡》圖、訣（《道藏》（三家本），第二十冊，頁159～160）；此外，《道藏》本之《明鏡圖》第四環闕如。所以筆者此處參考《四庫全書》本，加以補充。
〔註13〕俞琰在《周易參同契發揮》中繪製了「內丹圖」共有29幅圖（《道藏》（三家本），第二十冊，頁192～261），在《易外別傳》共有16幅圖（同上，頁312～320）。

道」（《易》學符號）與「天道」（月、星象，四時）來呈現的。《周易參同契分章通真義・序》曰：「公（魏伯陽）撰《參同契》者，謂修丹與天地造化同途，故托《易》象而論之。」〔註14〕而在資料的徵引上，將以《周易參同契分章通真義》、《周易參同契鼎器歌明鏡圖》及《還丹內象金鑰匙》三者為依據。

一、丹道火候與漢代象數《易》學

「丹道」與「易道」、「天道」相銜接，是彭曉丹道理論的基本表現模式。彭曉認為「修丹與天地造化同途」或「鼎室中，乃自是一天地」〔註15〕的說法，皆是深信修煉「金液還丹」，若非「法象天地造化」，將無法成功。〔註16〕這種思維模式，背後所隱含的觀念是：修煉者為了丹道（不論外丹或內丹）功成的所有行為（功法），皆必須符合天地造化的運行之理。易言之，「丹道」符合「天道」的表現形式是借助「易道」（《易》學符號）來陳述。

從彭曉《通真義》的自序中，其提出解《周易參同契》分章定句之理是依據《易》數之理安排的，「以四篇（《參同契》上中下三篇、《補塞遺脫》一篇）統分三卷為九十章，以應陽九之數，名曰《分章通真義》。……歌鼎器一篇，謂其詞理鉤連，字句零碎，分章不得，故獨存焉，以應水一之數」。此處「陽九之數」，是指《易經》中之爻數。爻數是由代表爻性的數——「九」、「六」與表示爻位數——「初」、「二」、「三」、「四」、「五」、「上」兩部分組成。此處應是指《易經》中陰爻稱六，陽爻稱九的說法〔註17〕；「水一之數」，即在本論文第二章（頁47之註68）中曾討論過的《河圖》「五行生成數」（1、2、3、4、5生數，6、7、8、9、10成數）。可以看出《通真義》在形式上已經以《易》數（象數《易》學）為依據。此外，《通真義》在漢代象數《易》學的表現形式則包括：「納甲」與「十二消息卦」說等。

1、納甲說

彭曉使用漢《易》納甲法，來陳述煉丹一月火候（陽火陰符）的運行規律。

〔註14〕 《道藏》（三家本），第二十冊，頁131。
〔註15〕 《周易參同契分章通真義・卷上》，同上，頁135。
〔註16〕 《周易參同契分章通真義・卷上》云：「是故修金液還丹，若非取法象天地造化，以自然之情，則无所成也。」（《道藏》（三家本），第二十冊，頁134）。
〔註17〕 詳細的內容見於：朱伯崑主編，《周易知識通覽・第一編易經・五《易經》總論》（山東：齊魯，1996年8月，頁117）及張其成，《象數易學・第一章・二《易經》中的象數》（北京：中國書店，2003年6月，頁24～25）。

其注解《周易參同契》「復卦建始萌章第十三」與「十六轉受統章第十四」云：

如月自三日生形，至于八，成上弦，陽數得半，喻鼎中金水各半也。
至十五日圓滿，出於東方，蟾蜍與兔魄雙明，喻鼎中金水圓滿得火
候也。魏公託此卦象，喻月生者，蓋將半月三候，陷於半日六辰內，
進陽火抽添於鼎中。……十六轉受統者，謂十六日以後，陽火初退，
陰符始生也。……下弦二十三者，復如上弦同義，金水各半也。坤
乙三十日，東北喪其朋者，陰符到此消盡陽火也。緣一月內，陰陽
各半，陰陽相禪，水火相須。一月既終，復又如初。〔註18〕

魏伯陽分一月三十日為六節（三、八、十五、十六、二十三、三十日），
彭曉認為其月體的盈虧，是象徵煉丹火候的陰陽消長及鼎內金水藥物比例分
布情形。初三日生形至初八日，由震卦而至兌卦，從卦爻來看代表「陽數得
半」，象徵「鼎中金水各半」；十五日滿月為乾卦，卦爻全為陽爻，象徵「鼎中
金水圓滿」；三至十五日為進陽火候，十六日以後，「陽火初退，陰符始生」；
下弦二十三日，由巽卦而至艮卦，從卦爻來看代表陰數得其半（另一半為陽
數，所以與上弦同義）亦象徵「鼎中金水各半」；三十日為坤卦，表示「陰符
到此消盡陽火」。上述可以看出，一個月內陰陽二氣各半、相禪與火候藥物變
化的情形。並且週期為一個月，月終又重新初啟下一個重複的週期循環。

另外，彭曉又將月體納甲之六卦配以乾卦六爻（震配初九潛龍、兌配九
二見龍、乾配九三夕惕、巽配九四或躍、艮配九五飛龍、坤配上九亢龍），亦
是用來說明鼎內金水（鉛汞藥物比例）及火候控制的情形。〔註19〕

2、十二消息卦

十二消息卦，是指由復卦至坤卦，陰、陽爻遞變的情形，象徵陰陽二氣
在一年十二月中消長、循環的狀況。彭曉認為《周易參同契》運用漢《易》十
二消息卦，主要在陳述一年之中火候抽添進退的情形。其注解《周易參同契》
「朔旦為復章第四十九」至「道窮則反章第六十」共十二章中認為：

（1）復卦，五陰一陽。陰氣已極，陽氣復生，謂六柔爻下體，初變一剛
爻，是一陽發生之兆，故從子初起，陽火也。律應黃鍾。鼎內受微
陽之氣，始造砂汞之基。比喻天地鼎中，將生萬物。自茲而始，應
十一月子，進陽火候也。

〔註18〕《周易參同契分章通真義・卷上》，《道藏》（三家本），第二十冊，頁136。
〔註19〕詳細內容見於：《周易參同契分章通真義・卷中》，同上，頁145～146。

（2）臨卦，四陰二陽。比喻行丑火。符應大呂。應十二月丑，進陽火候
也。

（3）泰卦，三陰三陽。陰陽氣停，陰陽相承之道。應正月寅，進陽火候
也。

（4）大壯卦，二陰四陽。應二月卯，息符候也。

（5）夬卦，一陰五陽。陽升陰退，應三月辰，進陽火候也。

（6）乾卦，比喻鼎內自十一月受符，至四月六爻盡變為純乾。應四月
巳，進陽火候也。

（7）姤卦，五陽一陰。陰生陽退，應五月午，退陰符候也。

（8）遯卦，四陽二陰。陰氣漸盛，陽氣漸衰。比喻鼎內赤龍之精，被陰
用事，漸合金水。應六月未，退陰符候也。

（9）否卦，三陽三陰。應七月申，退陰符候也。

（10）觀卦，二陽四陰。比喻金水承陰符於仲秋，生養靈汞。應八月酉，
息符候也。

（11）剝卦，一陽五陰。陰盛陽衰，應九月戌，退陰符候也。

（12）坤卦，六陰柔爻。應十月亥，陰符候也。〔註20〕

對於上述由復卦自坤卦，象徵煉丹火候（進陽火退陰符）的消長、循環
變化情形，彭曉的結論是：

> 此喻一年十二月，一日十二辰，運陰陽進退之火符，合乾坤坎離之
> 精氣，周而復始，妙用无窮。因使聖女靈男，交陰陽於神室；飛龍
> 伏虎，媾魂魄於母胎，是以神變无方，化生純粹者也。〔註21〕

此外，彭曉又令十二消息卦與一日十二辰相配以論火候，其注解《周易
參同契》「春夏據內體章第五」云：

> 陽火自子進符，至巳純陽用事，乃內陰求外陽也。陰符自午退火，
> 至亥純陰用事，乃外陽附內陰也。此內外之體，盛衰之理，始復而
> 終坤，皆以爻象則之也。〔註22〕

〔註20〕因為由復卦自坤卦彭曉注解的原文文句太多，所以筆者在此節錄具有代表性
的句子。而坤卦注解的原文並無「應十月亥，陰符候也」的句子，是筆者根
據上下文意增補的。詳細的內容見於：《周易參同契分章通真義‧卷中》，《道
藏》（三家本），第二十冊，頁146〜147。

〔註21〕《周易參同契分章通真義‧卷中》，同上，頁147〜148。

〔註22〕《周易參同契分章通真義‧卷上》，同上，頁134。

「爻辰說」，是以乾坤兩卦十二爻當十二辰，分主十二月。如乾卦初九當子，為十一月。彭曉此處的說法，與傳統漢《易》「爻辰說」有所不同，其是以十二消息卦與十二辰相配。因此，我們可稱之為「十二消息卦爻辰說」。其大意是：煉丹火候以爻象為準則與象徵，復卦當子時，始進陽火，至巳為乾卦，此時為純陽，陽氣已極。由復、臨、泰、大壯、夬、乾卦的卦爻來看，為陽息陰消之象。姤卦當午時，始退陰符，至亥為坤卦，此時為純陰，陰氣已盛。從姤、遯、否、觀、剝、坤卦的卦爻來看，為陰息陽消之象。

綜合上述，丹家使用十二消息卦，主要在表示煉丹火候在一年十二月（或一日十二辰）中進退的情形。如此，便能形象化地（卦爻符號的使用）將不易使人明瞭的煉丹火候，有了較鮮明的觀察依據。

二、五行說與鉛汞藥物

彭曉使用漢代象數《易》學，主要在陳述煉丹鼎內鉛汞藥物比例及火候控制的情形。另外，其又使用「五行說」（五行生剋與五行生成數說），來論述鉛汞藥物和合成還丹的返還理論模式。彭曉注解《周易參同契》「推演五行數章第三十九」云：

> 五行是虛无之氣，窺視難名。若以天地總數則之，則无逃其運用。致
> 感鼎內五行自拘，陰陽交媾，火與水退，水激火衰，日魂起於朔晨，
> 月魄終於晦暮，雄雌相禪，砂汞互生，天地自然，丹道昭矣。〔註23〕

彭曉此處將五行理解為「氣」，即五行為五行之氣。這種將五行理解為氣的思惟，在唐五代時期的丹道界是一個普遍的共識。如唐劉知古的《日月玄樞論》中云：「故土者，戊己之氣也，非土之土也。」〔註24〕此處以干支與五行相配，認為此時之五行（土），已非具體有形之物質，而是代表五行之氣（中

〔註23〕《周易參同契分章通真義·卷中》，同上，頁143。

〔註24〕宋曾慥《道樞·卷二十六》，《道藏》（三家本），第二十冊，頁737。《日月玄樞論》今保存於《道樞·卷二十六》中，而「論」則依照其全書之體例改為「篇」（《日月玄樞篇》）。是書對於《周易參同契》作出了部分的解說，其是現存三種唐代解釋《周易參同契》的文字（第二為長生陰真人註的《周易參同契》，《道藏》（三家本），第二十冊，頁64～96；第三為容字號無名氏註《周易參同契註》，同上，頁161～192）。關於陰長生本與容字號無名氏本為唐代著作的證據，見於：陳國符《道藏源流續考·中國外丹黃白法經訣出世朝代考》（台北：明文，1983年3月，頁89～91）與孟乃昌《周易參同契考辨·一《周易參同契》通考·（二）最古的注本和正文》（上海古籍，1993年8月，頁26～29）。

央戊己土氣）。〔註25〕對此，我們可以追問：「為何將傳統代表形質的五行，轉變為相對下無形質之氣」？對此問題，《日月玄樞論》以五行「返生」（返還逆生）來回答，其云：「金生水，水生金，是乃鉛之中生乎黃芽者也。訣曰：鉛能制汞，汞能伏金，金汞成形，此銀伏之理也。木生火，火生木，是乃丹砂之中，出乎汞者也。」〔註26〕；在我們一般的認知中，五行相生（水生木、木生火、火生土、土生金、金生水），是合乎常理的。但如此物質性的東西，如何能成為長生不死的丹藥，卻是令人費解。為了解決此問題，丹家先將五行重新詮釋為「氣」，再配以五行「逆生」（水生金、火生木、木生水、金生土、土生火）的理論，如此就能突破與超越常識的侷限，來論敘其五行「返生」之理。而彭曉在注解《周易參同契》「丹砂木精章第七十六」時，亦提出五行「返生」之理。其云：

> 金木自變化，水火互經營，四者相混雜，其內龍虎形。陰陽奇偶數，晝夜升降分。肝青為父者，甲乙為火宗，而與金母合，故得名為父。肺白為母者，金母鎮內胎，常以火為夫，故得名為母。腎黑為子者，金母本於水中生，及乎在鼎中，水卻反生於金，故水為子也。子水數一，為五行始，金水木三物同功，首尾造化，俱歸戊己者，是故脾黃為藥之祖也。〔註27〕

此處所陳述的五行「返生」之理，可以看出是結合「五行生剋」與「五行生成數」的理論。「金木自變化，水火互經營」，五行中金能剋木，但金木相併則為器。易言之，木雖受金伐，但木如果沒有金的砍削製造則不能成器物之用。水能剋火，但水火相交則生萬物。換言之，如果火沒有水的克制，將使生火之「木」受到焚毀以及火剋之「金」全部溶解。如此即影響到木生

〔註25〕在唐五代時期「五行」除了稱五行之氣外，又有「真五行」與「五行真氣」的稱呼。《混元八景真經・真五行定命氣章》云：「夫人立命，須認五行。……五行者，真五行也。非東南西北中，金木水火土五行也。此五行者，蓋是配象，有名無形。五行真象，名具形體。又非人之五藏。人之五藏，亦是真五行結就也。」（《道藏》（三家本），第十一冊，頁446）；希夷陳摶注《陰真君還丹歌注・無質生質是還丹》云：「從無入有，從有入無。將無質氣結為陰氣，交感是也。大丹無藥，五行真氣是矣。」（《道藏》（三家本），第二冊，頁880）。《混元八景真經》與《陰真君還丹歌注》皆為五代著作的說法，見於：任繼愈主編，《道藏提要》（北京：中國社會科學，1991年7月，頁99與470）。

〔註26〕《道樞・卷二十六》，《道藏》（三家本），第二十冊，頁737。

〔註27〕《周易參同契分章通真義・卷中》，同上，頁152。

之「火」、木剋之「土」與金生之「水」、金剋之「木」的生長，而整個五行生剋將失去平衡。所以火得水克制，則五行生剋平衡而生萬物（由五行五種元素產生萬物）。「四者相混雜，其內龍虎形」，是指金、木、水、火四者混為一體之後，自然分成二家，即《周易參同契》「金水合處」、「木火為侶」之說。金能生水，金為水母，水為金子。子含有母的性質，所以又稱水中藏金；木能生火，木為火母，火為木子。同樣子含有母的性質，所以又稱火中含木。金水合併稱虎，木火合併稱龍。「陰陽奇偶數」，則指龍性陽，《河圖》五行生數為三為奇數；虎性陰，生數為四為偶數。「晝夜升降分」，是說太陽升於東方，此時陽氣逐漸上升，龍性屬陽，故分屬於東方，五行木在東方，木為青色，所以又稱青龍，青龍此時代表白晝陽氣上升。太陽在西方降落，此時陰氣逐漸上升，虎性屬陰，故分屬於西方，五行金在西方，金為白色，所以又稱白虎，白虎此時表示黑夜陰氣上升（陽氣下降）。「肝青為父者，甲乙為火宗，而與金母合，故得名為父」，五行配人體五臟及干支，肝屬木其色青配甲乙，心屬火其色赤配丙丁，脾屬土其色黃配戊己，肺屬金其色白配庚辛，腎屬水其色黑配壬癸。因為木是火之源（木生火），所以肝木為火之父，干支甲乙配木，木生火，所以甲乙為火之宗祖。因為土生金，所以金母為土。而火生土，所以火與金母（土）相合。木生火，木與火合；火生土，火與土合。於是木與土相合。「肺白為母者，金母鎮內胎，常以火為夫，故得名為母」，因為金是水之源（金生水），所以肺金為水之母。金受剋於火，但金無火煉不能成器，所以五行相剋理論把相剋的兩者比喻為夫妻〔註28〕，夫主妻從，金順火制，所以火為金之夫。「腎黑為子者，金母本於水中生，及乎在鼎中，水卻反生於金，故水為子」，五行中金生水，水為金之子，金為水之母。而在煉丹鼎爐中卻五行「逆生」為水生金。「子水數一，為五行始」，彭曉注解《周易參同契》「知白守黑章第二十三」云：「水數一，為天地陰陽、五行萬物之始也。水一，火二，木三，金四，土五是也。」〔註29〕，

〔註28〕（隋）蕭吉，《五行大義·第十論相剋》云：「剋者，制罰為義，以其力強能制弱，故木剋土、土剋水、水剋火、火剋金、金剋木。……勝者為君、為夫、為官、為吏、為鬼，負者為臣、為妻、為財。」（上海書店，2001年12月，頁 49～50）；彭曉注解《周易參同契》「五行相剋章第七十一」云：「五行相生相剋，更為父母，互作夫妻。父母相稟而生，陰陽相須而立，共成不朽之丹。」（《周易參同契分章通真義·卷中》，同上，頁151）。
〔註29〕《周易參同契分章通真義·卷上》，同上，頁138。

《河圖》五行生成數，天一生水、地六成之，地二生火、天七成之，天三生木、地八成之，地四生金、天九成之，天五生土、地十成之。腎子在北方水位，水生數一，五行循環之生始於水，則天一生水，而水為金子，所以說子為五行之始。「金水木三物同功，首尾造化，俱歸戊己者，是故脾黃為藥之祖」，金水木三物與前面的水相配，則金水合為一，木火合為一，土自為一，則三物共成一家，俱歸中央戊己之土。而中央土，五臟配脾其色黃，三物歸一，同入戊己中宮，方能凝結成丹。所以稱「脾黃為藥之祖」。

上述彭曉注解《周易參同契》「三物一家，都歸戊己」的說法，在其注解《周易參同契》「子午數合三章第三十一」與「陰陽得配章第八十二」中，同樣有所提及。「子午數合三章第三十一」中「子午數合三，戊己號稱五，三五既和諧，八石正綱紀」，彭曉注解云：

> 子水數一，午火數二，共合成三也。戊己，土數五也。三五合成八，
> 此乃三五既和諧，八石正綱紀也。〔註30〕

子，十二地支之首，位居北方，在後天八卦為坎卦，所以五行屬水，水生數為一。午，十二地支之第七，位居南方，在後天八卦為離卦，所以五行屬火，火生數為二。天一水加地二火，即水火兩生數相加其合為三。五行與天干地支相配，中央土配戊己，其生數為五。子水午火生數之合與土之生數相加為八，代表水、火、土三者相和合。換言之，水性流下，火性炎上，水北火南本不能相濟相偕，必須通過中央土的媒介，方能水火既濟、南北相偕。而三五相合為八，比喻為燒煉外丹時，如欲將八石融混合調，必須借助土釜的作用。

「陰陽得配章第八十二」中，「本之但二物兮，末而為三五。三五并與一兮，都集歸二」注解云：

> 且藥基元只有金火二物，末成三五與一者，木土水合內金火二物，
> 共成變化也。〔註31〕

丹道的藥物原來只有「金」（鉛）、「火」（汞）二物，因為坎為水、為腎、為鉛，離為火、為心、為汞，所以藥物的本源又稱「水」、「火」二物。〔註32〕

〔註30〕《周易參同契分章通真義·卷上》，同上，頁140。
〔註31〕《周易參同契分章通真義·卷下》，同上，頁154。
〔註32〕為什麼前面說丹道藥物為「金火」而後面卻說為「水火」？關於這個問題，朱元育在《周易參同契闡幽》中解釋了這個問題，其云：「蓋後天造化之妙，只是一坎一離，而千變萬化，各異其名。以言乎坎離本位，則曰水火；以言乎兩弦之炁，則曰金水；以言乎甲庚之用，則曰金木；以言乎伏煉之功，則

運用五行相生的理論（水生木，木生火，火生土，土生金），所以派生出「木、金、土」三者。四象（水、火、木、金）外加土成五行，四象五行合併為「三五」（水一金四合為第一個五，火二木三合為第二個五，中央土自成一個五）。三五（水金、木火、土）合併為一而成丹，歸為乾坤鼎器之中。

　　上述的五行「返生」之理，是結合「五行生剋」與「五行生成數」說，來陳述藥物合併成還丹的「五行返還理論模式」。彭曉注解《周易參同契》「太陽流珠章第六十八」時，就是將兩者相結合來論說還丹之理，其云：

　　　火能銷金，火又生於木，金復剋木，是以火、金、木反制為榮。古
　　　歌曰：「丹砂木精，得金乃并」。又曰：「三性既合會，二味自相拘，
　　　固濟胎不泄，變化在須臾」。三性者，火金木也。二味者，鉛汞龍虎
　　　也。故云：三五與一，天地至精也。可以口訣，難以書傳者，豈可
　　　輕議於非人也。〔註33〕

　　「五行生剋」理論中，火本剋金，但木能生火，而金又剋了生火之木。所以火、金、木三者相互制約而為榮。易言之，火雖能剋金，但金必須經過火之燒煉方能成器；同理，金雖能剋木，但木受金之砍削方可成材。由火、金、木三者反制為榮，再與「鉛汞龍虎」（水、火）相配，即是「三性既合會，二味自相拘」。如此，三五凝結成一，而形成還丹。此種返還理論又稱為「九還七返」，彭曉注解《周易參同契》「陰陽為度章第六十三」云：

　　　九還七返，八歸六居者，謂金生數四，成數九；火生數二，成數
　　　七；木生數三，成數八；水生數一，成數六；土生數五，成數十
　　　是也。〔註34〕

《河圖》五行生成數，天一生水、地六成之，地二生火、天七成之，天三生木、地八成之，地四生金、天九成之，天五生土、地十成之。「九還」，還指還其源，由成數九還其源為生數四；「七返」，返指返其本，由成數七返其本為生數二；「八歸」，歸指歸其源，從成數八歸其源為生數三；「六居」，居指居其本，從成數六居其本為生數一。易言之，水（一）、火（二）、木（三）、金

　　　日金火。顛倒取用，不可窮詰，究只是水火二物。後天水火雖分二物，究只
　　　是先天一炁。」（台北：自由，2000年2月，頁225），彭曉《周易參同契分
　　　章通真義・卷中》亦云：「金丹之要，全在鉛火二字，鉛火則水火也。為還返
　　　之宗祖，其餘五行氣候，皆輔助而成功。」（同上，頁143～144）。
〔註33〕《周易參同契分章通真義・卷中》，同上，頁150。
〔註34〕《周易參同契分章通真義・卷中》，同上，頁148。

（四）之生數皆必須與中央土生數五相加而為成數（六、七、八、九）。易言之，不管是「還」、「返」、「歸」，都是通過「居」於中央土生數五為中介而作返還復歸。復歸於何處？復歸於五行之始，即北方天一水。換言之，「九還七返，八歸六居」，講的是由「後天」返為「先天」，四象五行融混為一而凝結成丹的返還理論。

三、金液還丹與真鉛、真汞

　　經過「九還七返」或「三五與一」的返還過程，則終將成還丹。還丹，即「金液還丹」。彭曉認為修煉金液還丹乃「白日沖天之上道」，必須得遇明師親授其真訣，「遵其妙訣而修之」，切忌「不得其理」，而妄動瞎煉。〔註35〕並且認為若不由「金液還丹」而修煉，皆屬旁門而非正道。〔註36〕而修煉金液還丹同樣需要與「造化同途」，並且其表現形式一樣是使用《易》象。《周易參同契分章通真義・卷上》云：「魏公謂修金液還丹，與造化同途，因托《易》象而論之，莫不首採天地真一混沌之氣而為根基。」〔註37〕，又云：「修金液還丹，若非取法象天地造化，以自然之情，則无所成也。」〔註38〕；金液還丹是以「天地真一混沌之氣」為根基，它是修煉者得以長生的依據。天地真一混沌之氣又稱「无涯之元氣」或逕稱「元氣」。彭曉在注解《周易參同契》「將欲養性章第六十二」云：

　　魏公謂：世人欲延生命卻死期者，須知得身之始末。始末者，元氣也。
　　喻修還丹，全因元氣而成，是將无涯之元氣，續有限之形軀。无涯之

〔註35〕《周易參同契分章通真義・卷中》云：「修金液還丹，是白日沖天之上道。若遇明師，或逢神授，遵其妙訣而修之，則《易》簡之理得矣。」（《道藏》（三家本），第二十冊，頁150），又云：「魏公謂修金液還丹，不得其理，不可妄動。虛費財產，復累妻兒，自古及今，好自道者，計有億人，不遇明師，不逢真訣，竟致无成。若得傳授，見其端倪，取類而修之，則終始成功矣。」（同上，頁151）。

〔註36〕《周易參同契分章通真義・卷上》云：「魏公謂世人不達大道之宗元，而趨旁門之曲逕。……故魏公不欲人習旁門，便令逕入正道，而歷藏諸法，縱有小成，終亦不免其死壞。唯金液還丹，得服之後，返老為嬰，位證真人，與天位同其長久也。」（同上，頁139），又《周易參同契分章通真義・卷下》云：「金液還丹為第一鼎者，號曰金砂黃芽也。……蓋道門有二十四大丹，皆由第一鼎金砂黃芽而始。若不由此而始者，乃旁門有質之藥，非金液還丹之列也。」（同上，頁155）。

〔註37〕《道藏》（三家本），第二十冊，頁133。

〔註38〕《道藏》（三家本），第二十冊，頁134。

元氣者，天地陰陽長生真精聖父靈母之氣也。有限之形軀者，陰陽短促濁亂凡父母之氣也。故以真父母之氣，變化凡父母之身，為純陽真精之形，則與天地同壽也。陶真人云：元氣者，人之根本也。〔註39〕

　　人的生命由生即長（體內的元氣逐漸消耗），如欲「延生命卻死期」，釜底抽薪之法就必須從「身之始末」處著手。人身之始末，彭曉認為是「元氣」。換言之，只要適時地補充人所消耗的元氣，就可以扭轉死亡。那麼「要如何適時地補充人所消耗的元氣」？答案是「修還丹」！修煉金液還丹的功用是「將无涯之元氣，續有限之形軀」。因為「无涯之元氣」是「天地陰陽長生真精」，所以又稱「聖父靈母之氣」；而「有限之形軀」，則是「陰陽短促濁亂」，所以又稱「凡父母之氣」。因此，修煉金液還丹就是以「真父母之氣，變化凡父母之身」，轉變為「純陽真精之形」。

　　可以看出，「元氣」（天地真一混沌之氣）是修煉金液還丹的理論基礎與核心。當修煉金液還丹時，採、尋「天地之根基」（天地混元之根）就成為首要工作。《周易參同契分章通真義·卷下》云：「故聖人採天地之根基，為還丹之父母。」〔註40〕及《周易參同契分章通真義·後序》云：「凡修金液還丹，先尋天地混元之根，次究陰陽分擘之象，明水火相剋，復為夫妻；認金水相生，反為母子。」〔註41〕；天地之根尋獲後，接下來就是深究「陰陽分擘之象」；陰陽分擘之象的內容即是：「水火相剋」（水生木、木生火，火剋金、金剋木）與「金水相生」（金生水，水生木，木生火）。《周易參同契分章通真義·卷下》云：「青龍、白虎、朱雀，木、金、火是也。還丹不出此三物而成，且三物只金、火二味，末成木、金、火三物也（此乃內象三物，非外木、金、火也）。雖多異名，蓋以寓言窮理，其實一門而已。緣屬辭比事，諧偶斯文。」〔註42〕；而水火、金水雖然異名頗多（龍虎、鉛汞、坎離、砂汞、魂魄），不過皆「屬辭比事，諧偶斯文」及比喻象徵的作用，實際上講的就是煉丹理論中的「真鉛」與「真汞」。《周易參同契分章通真義·卷下》云：「凡修金液還丹，當須先認根株，方得繁生華葉，而果實垂布也。……但認得真鉛為藥根株，則自然繁生真汞果實。」〔註43〕

〔註39〕《道藏》（三家本），第二十冊，頁148。
〔註40〕《道藏》（三家本），第二十冊，頁155。
〔註41〕《道藏》（三家本），第二十冊，頁160。
〔註42〕《道藏》（三家本），第二十冊，頁157。
〔註43〕《道藏》（三家本），第二十冊，頁156。

　　煉丹藥物的「真鉛」與「真汞」中，以「真鉛」為根株。易言之，「真鉛」是彭曉金液還丹理論中藥物之根基（藥根、丹基、藥基）。其《周易參同契分章通真義·卷上》云：

　　　　巍巍尊高者，謂真鉛。未有天地混沌之前，鉛得一而相形，次則漸
　　　　生天地陰陽五行萬物眾類。故鉛是天地之父母，陰陽之本元。蓋聖
　　　　人採天地父母之根而為大藥之基，聚陰陽純粹之精而為還丹之質，
　　　　殆非常物之造化也。則修丹之始，須以天地根為藥根，以陰陽母為
　　　　丹母，如不能於其間生天地陰陽者，即非金液還丹之道。」〔註44〕，
　　　　又云：「還丹始生於真金，金體故无敗朽。然真金是天地元氣之祖，
　　　　以為萬物之母。……天地之先，一氣為初，而生萬象。金是水根，
　　　　取為藥基。是故真金母能產金砂，而成還丹也。」〔註45〕

　　「真鉛」（真金）在此的性質與上文的「元氣」類似（天地元氣之祖），皆是「天地父母之根」（天地根、陰陽母、萬物之母）。所以並不是自然金石類的物質鉛（殆非常物之造化）〔註46〕。換言之，真鉛的本質是「無質而有氣」的氣，是「生於天地之先，作眾物之母」的先天精氣（此精氣能產生天地五行萬物），所以其異名又稱「真一之精」或「黑鉛水虎」（之所以有這些別名，皆是說明真鉛非是後天所生之常物）。彭曉在《還丹內象金鑰匙·黑鉛水虎論》云：「夫黑鉛水虎者，是天地妙化之根，無質而有氣也。乃玄妙真一之精，為天地之母，陰陽之根，日月之宗，水火之本，五行之祖，三才之元。萬物賴之以生成，千靈稟之以舒慘。……未有一物不因鉛氣產出而成變化也。……即是真一之精，聖人異號為真鉛，則天地之根，萬物之母是也。……黑鉛者非是常物，是玄天神水，生於天地之先，作眾物之母，此真一之精元，是天地之根。能於此精氣中，產生天地五行萬物。豈將天地之後所生之雜物呼為真鉛？」〔註47〕

　　彭曉稱「真鉛」的別名為「黑鉛水虎」（或逕稱黑鉛）。相對地，稱「真汞」為「紅鉛火龍」（或逕稱紅鉛）。〔註48〕其《還丹內象金鑰匙·紅鉛火龍

〔註44〕《道藏》（三家本），第二十冊，頁139。
〔註45〕《道藏》（三家本），第二十冊，頁141。
〔註46〕《周易參同契分章通真義·卷下》云：「故聖人採天地之根基，為還丹之父母，
　　　　運五行而化生靈藥，殆非五金八石諸物雜類而為之也。」（同上，頁155）。
〔註47〕《雲笈七籤·卷七十·內丹訣法部》（北京，華夏，1996年8月，頁425）。
〔註48〕《還丹內象金鑰匙·並序》曰：「水虎，真汞之本，火龍，真鉛之門。還丹根

訣》云：「夫紅鉛火龍者，是天地妙用發生之氣，萬物因之以生，有氣而無質。」
〔註49〕黑鉛與紅鉛的共同處是「有氣而無質」，其差異在於：黑鉛扮演「化」
（天地妙化之根）的角色，紅鉛則是「生」（天地妙用發生之氣）的角色。易
言之，黑鉛與紅鉛是「體」（本體）與「用」（作用）的關係。黑鉛扮演生化的
本質（根源、母體），紅鉛則扮演生化的作用（執行者）。〔註50〕兩者的結合
則成「大丹」，《還丹內象金鑰匙·紅鉛火龍訣》云：「是大丹紅鉛黑鉛龍虎交
媾，生成乾精坤粹真砂純妙之上道，運火之秘訣，養赤龍之魂方也。……故
經云：即得真鉛，又須得真汞，為此事也。」〔註51〕易言之，「真鉛」與「真
汞」是修煉金液還丹的藥物根基。《還丹內象金鑰匙·并序》云：「水虎，真汞
之本，火龍，真鉛之門。還丹根基，於斯盡矣。」〔註52〕

　　「真鉛」與「真汞」雖然是還丹的藥基，但兩者是存在著主從關係，即
以「真鉛」為主而派生「真汞」。《周易參同契分章通真義·卷下》云：「始以
水母為丹基，水母復生其水銀。」〔註53〕彭曉此處以「五行相生說」來陳述
此派生過程，即：「水母」，金也。因為金能生水，故為水之母。金此處代表
鉛，水銀又稱汞，所以「水母復生其水銀」，就是鉛復生汞之意。「真鉛」除了
派生「真汞」外，又能制伏「真汞」，使其不隨意飛騰。《周易參同契分章通真
義·卷中》云：

　　　河上姹女者，真汞也。見火則飛騰，如鬼隱龍潛，莫知所往。或擬
　　　制之，須得黃芽為母，養育而存也。黃芽，即真鉛也。〔註54〕

　　此處使用到「五行相生說」中「母子」之關係，因為金能生水，所以金是

　　　　基，於斯盡矣。」（《雲笈七籤·卷七十·內丹訣法部》，北京，華夏，1996年
　　　　8月，頁425）。

〔註49〕《雲笈七籤·卷七十·內丹訣法部》，頁425。

〔註50〕卿希泰主編，《中國道教·第二卷（修定本）·第六章·第七節彭曉的生平
　　　　及其內丹思想》中認為「紅鉛火龍」是同黑鉛水虎一樣，「指的是同一個先天
　　　　真一之氣」（四川人民，1996年，頁517）。筆者認為，此處卿先生的說法是
　　　　有待商榷的！因為「先天真一之氣」，依據彭曉的意思應該是指「真鉛」，而
　　　　非同時包含由真鉛派生出的「真汞」。

〔註51〕卿希泰主編，《中國道教史·第二卷（修定本）·第六章·第七節彭曉的生平
　　　　及其內丹思想》，頁426。

〔註52〕卿希泰主編，《中國道教史·第二卷（修定本）·第六章·第七節彭曉的生平
　　　　及其內丹思想》，頁425。

〔註53〕《道藏》（三家本），第二十冊，頁158。

〔註54〕《道藏》（三家本），第二十冊，頁151。

水之母，水則是金之子。而子行遇母行，則是處於被抑制的地位。換言之，五行中凡相生亦相抑，所以金抑水。而此處金代表真鉛，水則代表真汞，因此表示真鉛能抑制真汞。

由「真鉛」派生出「真汞」，因而「真鉛」與「真汞」相結合，便成為還丹的藥根、母，《周易參同契分章通真義·卷上》云：「金砂、水銀皆一體之物，以金為母，還產砂汞。……是將天地根為藥根，真金母為藥母，令產陰陽成精，金砂靈汞以為長生之藥。」〔註55〕

四、還丹火候與時間攢簇理論

彭曉認為修金液還丹在取得藥物之後，接著必須考慮「火候」的問題。

《周易參同契分章通真義·卷上》云：「金液還丹，秘在鉛火二字。為之，終始既得真鉛，又難得真火也。」〔註56〕

《周易參同契分章通真義·卷中》云：「凡修金液還丹，先立乾坤既濟鼎器，然後使陰陽合精氣於其中，次運水火坎離，繼合日月龍虎。……然金丹之要，全在鉛火二字，鉛火則水火也。為還返之宗祖，其餘五行氣候，皆輔助而成功。」〔註57〕

金液還丹，秘要之處在「鉛火」二字。〔註58〕「鉛」，即真鉛，代表還丹之藥物；「火」，則為火候，表示還丹之火候。〔註59〕火候的掌握難度甚高（必須與天地造化同途），其前製作業要先設立「鼎器」，然後鉛汞藥物才能在鼎中經過火候的催化而成還丹。而鼎器之外，需要的設備是煉丹之壇，壇上有竈，竈中有鼎；鼎器之內，有神室，神室中有金水（鉛汞藥物）。《周易參同契分章通真義·卷中》云：「凡修金液還丹，有壇，壇上有竈，竈中有鼎，鼎中

〔註55〕《道藏》（三家本），第二十冊，頁141。

〔註56〕《道藏》（三家本），第二十冊，頁137。

〔註57〕《道藏》（三家本），第二十冊，頁143～144。

〔註58〕《周易參同契分章通真義·卷中》云：「還丹以鉛火二字為宗祖，終始運用者也。其餘氣候、節符，裨佐共成神基。過此以往，則皆非金液還丹之道也。」（同上，頁150）。

〔註59〕卿希泰主編，《中國道教史·第二卷（修定本）·第六章·第七節彭曉的生平及其內丹思想》中認為：「鉛火是什麼？從彭曉的解說來看，鉛火即水火，與坎離，陰陽，龍虎，真金，鉛汞，精氣，元氣，真鉛同義。本質上，它是產生天地萬物的先天之精氣，而非後天之雜物。」（四川人民，1996年，頁515）可以看出，此處卿先生僅解釋了還丹之藥物（鉛），對於「火」（火候）並未加以說明，所以其上述說法是有待商榷的！

有神室，神室中有金水也。」〔註60〕

可以看出，彭曉的修煉「金液還丹」是外丹與內丹理論的融合。由「真鉛」與「真汞」的還丹藥物，陳述的應該是「內丹」。但是如果從煉丹設備（壇、竈、鼎）來看，又似在敘述「外丹」。所以，一個比較圓融的說法是：彭曉「金液還丹」的理論思維，是借用外丹的術語來陳述宋元之後所稱的「內丹」。也就是說，彭曉當時關注的焦點並不是宋元之後所分辨的內、外丹，而是以唐五代當時的時代術語（內外丹相混），來論述其「金液還丹」理論！

彭曉認為修煉「金液還丹」，火候的掌握難度甚高（難得真火）。所以，提出「火候」必須與天地造化同途的說法。〔註61〕易言之，因為煉丹火候是無形象的，因而陽火陰符的控制情形便無法描摹形容。所以必須借助「法象」的輔助說明，才能明瞭無形無象之火候。而「法象」使用上的基本原則是與天地造化的運行之理相符合，因為《易》學之理，是可以明確地表達此天地造化之理。所以，彭曉便認為這是魏伯陽之所以使用《易》理這個法象來陳述天地造化之理與丹道火候理論的原因。《周易參同契分章通真義‧卷上》云：「然有形易忖者，天地也；无兆難謀者，陰陽也。若不因三聖演《易》，將水火何路施張；若不賴萬世垂文，驅龍虎何門鈐鍵。……因《易》而復明火記。」〔註62〕，又云：「火雖有記，須約《易》道而行之，循諸卦爻。」〔註63〕

彭曉以《易》理來陳述煉丹之火候，即如前述借助漢代象數《易》學之「納甲」與「十二消息卦」說。依據《易》理來論述火候，其不外是以陽火陰符的掌握與天地造化之理相符為總原則。天地造化之理的時間單位是：年、月、日、時。煉丹理論雖與造化之理相模仿，但其時間的掌握不太可能完全依據天地造化之理的時間單位。其原因主要是因為天地與人相比，天地代表大時間，相對地人則為小時間。因此，人在煉丹時（不論外丹或內丹）皆不可能完全仿效（時間壽命與財力等因素）。如此，在既要與天地造化之理相符，

〔註60〕《道藏》（三家本），第二十冊，頁149。
〔註61〕《周易參同契分章通真義‧卷上》云：「自子丑寅為春，卯辰巳為夏，陽火候也。午未申為秋，酉戌亥為冬，陰符候也。乃於十二辰中，運其火符，應此四時五行，昏明寒暑，仁義喜怒，爻象不得纖毫參差。故謂之不失鼎內四時，不虧象中寒暑，則其丹必成矣。……是故修金液還丹，若非取法象天地造化，以自然之情，則无所成也。」（同上，頁134）
〔註62〕《周易參同契分章通真義‧卷上》，頁142。
〔註63〕《周易參同契分章通真義‧卷上》，頁140。

又要縮短時間流程的雙重條件下，「時間攢簇理論」應運而生。對此，《周易
參同契分章通真義・卷上》云：

> 剛火柔符，皆依約六十四卦，周而復始，循環互用。又於其間，運
> 春夏秋冬，分二十四氣，擘七十二候。以一年十二月氣候，蹙於一
> 月內；以一月氣候，陷於一晝夜十二辰中。定刻漏，分二弦，隔子
> 午，按陰陽，通晦朔，合龍虎。依天地之大數，協陰陽之化機。其
> 或控御不差，運移不失，則外交陰陽之符，內生龍虎之體。故云：
> 善工者，準繩墨以无差；能御者，執銜轡而不撓。合其規矩軌轍也。
> 蓋喻修丹之士，運火候也。〔註64〕

彭曉把煉丹火候的時間，作等比例的濃縮，即：將一年四季擘分成「二
十四節氣」與「七十二候」，然後把「一年十二月氣候，蹙於一月內」以及「一
月氣候，陷於一晝夜十二辰中」。換言之，其原則即是時間同構理論之「年與
月同，月與日同，日與時同」。〔註65〕而這些煉丹時間與天地造化時間的中介，
即是通過《易》學的卦爻符號來表示火候的運用情形。

易言之，《周易》的卦爻符號是「時間攢簇理論」的運用工具，它將原本
藐而難明的煉丹火候形象化與具體化。其方法大致是：因為六十卦共有三百
六十爻，所以可以將一年三百六十日，蹙於一月三百六十時，此時卦爻扮演
轉介的角色；此外，又可依據比例，移此六十卦三百六十爻，陷於五日六十
時之內；同理，兩日半三十時，便為三十日，又象徵一月。朝暮各占一卦，又
繫以六十卦，共計三百六十爻，復象一年三百六十日。〔註66〕

〔註64〕《周易參同契分章通真義・卷上》，頁 133。

〔註65〕《周易參同契分章通真義・卷中》云：「火記六百篇，蓋是周星運火之大數，
朝暮各係一卦直事。……故年與月同，月與日同，日與時同也。」（同上，頁
142）。

〔註66〕《還丹內象金鑰匙・紅鉛火龍訣》云：「故將一年三百六十日，蹙於一月三百
六十時。又於一月三十日三百六十時內，朝夕各繫一卦。又移此六十卦三百
六十爻，陷於五日六十時內，復象一月也。兩日半三十時，便為三十日，又
象一月。朝暮各占一卦，又繫六十卦，計三百六十爻，復象一年三百六十日
也。又于兩日半三十時內，卻分十五時，應半月一十五日用事。復將此半月
從一至十五日，又陷於十二辰中，自子後至巳前六辰之內，繫三十卦，計一
百八十爻，便象冬至後到夏至前，應半年一百八十日也。自十六日至三十日，
又陷於六辰之內，午後至亥前六辰之中，繫三十卦，計一百八十爻，便象夏
至後到冬至前，應半年一百八十日也。春秋二分在時內，二分二至於一日十
二辰中，都合三百六十，象一年之氣。……冬至巳後，夏至巳前，半年一百

小結

　　彭曉的「丹道易學」思想，由「丹道火候與漢代象數《易》學」——「納甲」與「十二消息卦」說，到「五行說與鉛汞藥物」、「金液還丹與真鉛、真汞」以及「還丹火候與時間攢簇理論」的內容來看，其《明鏡圖》確實可以用來概括《通真義》的內容，並且亦可包含了《還丹內象金鑰匙》的思想。因此，透過《明鏡圖》，便可將彭曉《通真義》所闡述的《周易參同契》之丹道理論，作較系統化、概念化的精簡與融匯。〔註67〕彭曉《周易參同契分章通真義‧序》中所言，可與《明鏡圖》相參照，其云：「公（魏伯陽）撰《參同契》者，謂修丹與天地造化同途，故托《易》象而論之。……故以乾坤為鼎器，以陰陽為隄防，以水火為化機，以五行為輔助，以真鉛為藥祖，以玄精為丹基，以坎離為夫婦，以天地為父母，互施八卦，驅役四時。分三百八十四爻，循行火候；運五星二十八宿，環列鼎中。乃得水虎潛形，寄庚辛而西轉；火龍伏體，逐甲乙以東旋。《易》曰：聖人有以見天下之賾，而擬諸其形容，象其物宜。公因取象焉。」〔註68〕

　　如此，我們可以這樣說：彭曉所繪製的《明鏡圖》，是宋代圖書《易》學與內丹學銜接的濫觴，而宋末元初的俞琰在其《周易參同契發揮》中更繪製了多種內丹圖，可以說其詮釋《周易參同契》的方式是承繼自彭曉《明鏡圖》的概念。所以彭曉在注解《周易參同契》的歷史（《周易參同契》學）中，扮演著承上啟下的角色。換言之，彭曉是第一位將「丹道易學」中之「《易》圖學」與「《易》學內丹學」相結合的丹道易學思想家。

八十日，運火合天符，動靜盈縮、造化萬物之數也。聖人麼于一百八十日節候，陷於半日六辰之中，計奪得二千一百六十年正氣，入於神室中，養萬靈也。」（《雲笈七籤‧卷七十‧內丹訣法部》，北京，華夏，1996年8月，頁425～426）。

〔註67〕《周易參同契鼎器歌明鏡圖》云：「凡修還丹，先究陰陽之情性，次明水火之根源，審察五行，區分畫夜，循環刻漏，析別分銖，得陰陽相須，五行互用，方有所獲也。……則知金液還丹，非陰陽五行，真鉛真汞合成藥，則餘无別徑也。」（同上，頁158），又云：「列陰陽五行萬象入鼎中，輔助金水龍虎，離女坎男交媾，共生真砂真汞，而成還丹也。」（同上，頁160）。

〔註68〕《周易參同契鼎器歌明鏡圖》，頁131～132。

第五章　張伯端《悟真篇》與《周易參同契》的關係

第一節　張伯端的生平事蹟及著作的內容結構

一、張伯端的生平與度師

　　北宋張伯端字平叔，一名用成，號紫陽，天臺人（今屬浙江）。生於宋太宗雍熙四年（987），一說雍熙元年（984），卒於宋神宗元豐五年（1082）。據柳存仁先生《張伯端與悟真篇》一文的考證，認為張伯端應該生於宋神宗熙寧九年（1076）左右，卒於宋高宗紹興二十五年（1155）左右。〔註1〕

　　關於張伯端的生平事蹟，據《悟真篇》前序與後序、陸彥孚（思誠）《悟真篇記》、翁葆光《悟真篇本末事蹟・張真人本末》以及《歷世真仙體道通鑒・

〔註1〕關於張伯端的生卒年，據翁葆光《紫陽真人悟真直指詳說三乘祕要》中，稱張伯端於元豐五年（1082）尸解，閱世96歲。其云：「元豐五年三月初五日屍解之，……其閱世亦九十六載矣。」（《道藏》（三家本），第二冊，頁1020）。依此推算，張伯端生於宋太宗雍熙四年（987）。又《歷世真仙體道通鑒・卷四十九・張用成》中，又稱張伯端住世99歲，其曰：「於元豐五年三月十五日，趺坐而化，住世九十九歲，有尸解頌。」（《道藏》（三家本），第五冊，頁383）。依此說與西元1082尸解之說推算，張伯端應生於雍熙元年（984）。而柳存仁先生說法的詳細內容，見於：《張伯端與悟真篇・張伯端之時代》（《和風堂文集・中冊》，上海古籍，1991年10月，頁788～795）；另外，朱越利《金丹派南宗形成考論・一張伯端的生平》（《道韻（六）——金丹派南宗（乙）》，台北：中華大道，2000年2月，頁126～128）一文亦贊同柳存仁先生的看法！

卷四十九・張用成》的記載，其大致的情形是：張伯端早年如同中國傳統的
知識份子一樣，專心於科舉功名之事，不過可能進士未第，長而擔任府吏的
工作。一次意外事故（據《臨海縣志》的說法是：誤婢竊魚，婢因而自縊，後
悔悟而火燒公文案卷之事），因火燒文書律遣戍嶺南。宋神宗治平年間（1064
～1067），龍圖公陸詵，鎮兵桂林，取張伯端置帳下，典機事，公移他鎮，皆
以自隨。西寧二年（1069），張伯端隨從陸詵至成都，遇真人授以金丹藥物、
火候之訣，遂改名用成，號紫陽。修煉功成，作《悟真篇》行於世。最後陸詵
薨於成都（四川），張伯端轉徙秦、隴（陝西、甘肅一帶），事扶風（今屬陝西
省）人馬默處厚於河東（今屬山西）。處厚被召，臨行，伯端以《悟真篇》授
之，曰：平生所學盡在是矣！願公流布，當有因書而會意者。〔註2〕

　　此處產生一個頗耐人尋味的問題，就是張伯端於成都「遇真人（或異人）
授以金丹藥物、火候之訣」，此「真人（或異人）」究竟是誰？對於這個問題
《悟真篇》前、後序中並未說明。不過，由《悟真篇》的內容（絕句六十四之

〔註2〕 關於張伯端的生平事蹟，據《悟真篇・序》曰：「熙寧己酉歲（1069），因隨
　　　龍圖陸公入成都，以夙志不回，初誠愈恪，遂感真人授金丹藥物、火候之
　　　訣。……時皇宋熙寧乙卯歲旦，天台張伯端平叔序。」（《紫陽真人悟真篇注
　　　疏》，（三家本），第二冊，頁915），《悟真篇・後序》曰：「僕自己酉歲於成都
　　　遇師，授以丹法。……而患此道人不之信，遂撰此《悟真篇》，敘丹藥本末。……
　　　時皇宋元豐改元戊午歲，月戊寅日，張用成平叔序。」（同上，頁968）、《悟
　　　真篇記》曰：「張平叔先生者，天台人。少業進士，坐累，謫嶺南兵籍。治平
　　　（1064～1067）中，先大父龍圖公詵，帥桂林，取置帳下，典機事，公移他
　　　鎮，皆以自隨。最後公薨於成都，平叔轉徙秦隴。久之，事扶風馬默處厚於
　　　河東。處厚被召，臨行，平叔以此書授之，曰：平生所學盡在是矣！願公流
　　　布，當有因書而會意者。」（《紫陽真人悟真篇三注序》，《道藏》（三家本），
　　　第二冊，頁968）、《悟真篇本末事蹟・張真人本末》云：「紫陽真人，乃天台
　　　纓絡街人。先名伯端，字平叔，後名用成。少無名不學，浪迹雲水，晚傳混
　　　元之道而未備，孜孜訪問，徧歷四方。熙寧中，陸公龍圖詵鎮成都，乃依以
　　　遊蜀，任四川節度制置使，安撫司參議，於己酉歲，遂遇異人傳火候之祕，
　　　其道乃成。」（《紫陽真人悟真直指詳說三乘秘要》，《道藏》（三家本），第二
　　　冊，頁1024）、《歷世真仙體道通鑑・卷四十九・張用成》云：「張伯端，天台
　　　人也。少無所不學，浪迹雲水，晚傳混元之道而未備，孜孜訪問，徧歷四方。
　　　宋神宗熙寧二年，陸龍圖公詵鎮益都，乃依以遊蜀，遂遇劉海蟾授金液還丹
　　　火候之訣，乃改名用成，字平叔，號紫陽。修煉功成，作《悟真篇》行於世。……
　　　英宗治平中，龍圖陸公，帥桂林，取紫陽帳下，典機事，公移他鎮，皆以自
　　　隨。最後公薨於成都，紫陽轉徙秦隴。久之，事扶風馬默處厚於河東。處厚
　　　被召，臨行，紫陽以《悟真篇》授之，曰：平生所學盡在是矣！願公流布此
　　　書，當有因書而會意者。」（《道藏》（三家本），第五冊，頁382～383）。

十一)、《悟真篇》的注本(《修真十書‧悟真篇》、翁葆光《紫陽真人悟真篇注疏》、仇兆鰲《悟真篇集註》、董德寧《悟真篇正義》、朱元育《悟真篇闡幽》)、陸彥孚《悟真篇記》以及《歷世真仙體道通鑒‧卷四十九‧張用成》的記載,歸納起來共有四種說法:

其一,由《悟真篇》的內容,認為此「真人(或異人)」就是「西華真人」。《悟真篇》云:「夢謁西華到九天,真人授我《指玄篇》。其中簡易無多語,只是教人鍊汞鉛。」〔註3〕,這種說法,得到陳振孫《直齋書錄解題》的贊同。陳氏在著錄白玉蟾《羣仙珠玉集》時,引其序曰:「西華真人以金丹刀圭之訣,傳張平叔,(平叔)作《悟真篇》以傳石得之、薛道光、陳泥丸至白玉蟾。」〔註4〕

其二,據陸彥孚《悟真篇記》、《歷世真仙體道通鑒》與《悟真篇闡幽》的說法,認為張伯端於成都所遇真人為「劉海蟾」。《悟真篇記》曰:「復序其所從來得之成都異人者,豈非海蟾耶?……又考世之所傳呂公《沁園春》及海蟾詩詞,無一語不相契者,是以知淵源所來,蓋有自矣!」〔註5〕、《歷世真仙體道通鑒‧卷四十九‧張用成》曰:「宋神宗熙寧二年,陸龍圖公詵鎮益都,乃依以遊蜀,遂遇劉海蟾授金液還丹火候之訣,乃改名用成,字平叔,號紫陽。修煉功成,作《悟真篇》行於世。」〔註6〕以及《悟真篇闡幽‧中卷‧七絕》云:「我紫陽張祖,當年於西蜀成都青城山,面遇海蟾劉祖,拜受金丹秘訣。」〔註7〕

其三,南宋翁葆光則認為傳授張伯端金丹藥物、火候之訣的真人是「青城丈人」,《紫陽真人悟真篇注疏‧序》云:「晚年遇青城丈人於成都,盡得金丹妙旨,勳曉陰陽顛倒互用之機,天地返覆生成之理。」〔註8〕,又《紫陽真人悟真篇注疏‧卷一》云:「仙翁瞻游成都,遇青城丈人,得傳金液還丹之道。」〔註9〕

〔註3〕《修真十書‧悟真篇》,《道藏》(三家本),第四冊,頁725。
〔註4〕元馬端臨撰,《文獻通考‧下冊‧卷二百二十五‧經籍五十二‧子‧神僊家》(北京:中華,1986年9月,頁1809)
〔註5〕《紫陽真人悟真篇三注序》,《道藏》(三家本),第二冊,頁969。
〔註6〕《道藏》(三家本),第五冊,頁382。
〔註7〕台北:自由,1998年1月,頁128。
〔註8〕《道藏》(三家本),第二冊,頁911。
〔註9〕《道藏》(三家本),第二冊,頁916。

其四，認為第一項「西華真人」的說法，僅是譬喻之辭，其是借用《高象先歌》中「西華」之意，來說明產藥煉丹之地。《修真十書·悟真篇》云：「袁公輔曰：此一篇，即《高象先歌》意。」〔註10〕、《悟真篇集註·中卷上》曰：「《高象先歌》云：『舉世何人識河車，子當西去求西華。西華夫人掌樞紐，便當指與真丹砂。』此詩夢謁西華到九天，殆借歌中之意，以示產藥煉丹之地。」〔註11〕及《悟真篇正義·卷中》曰：「《高象先夢仙歌》有曰：『舉世何人識河車，子當西去求西華。西華夫人掌樞紐，便當指與真丹砂。』今詩中謂：夢謁西華，授我指玄。是借此之義，以明藥產於西南。」〔註12〕

筆者認為，上述四種說法，第一項與第四項可以合併為一說。因此，事實上僅有三種說法。這三種說法中，以第二種（劉海蟾）說法，在歷史上影響力最大，它幾乎成為後世道教中公認最為正統的說法。〔註13〕究其原因，應該是：如果能承認張伯端的度師為劉海蟾，就可以順理成章地與鍾呂金丹派銜接，而自然地取得丹道正統的地位。筆者在本論文第六章中，曾論證了張伯端的內丹思想確實與鍾呂金丹派有承繼的關係。但要說張伯端與劉海蟾有直接承繼的關係，卻是缺乏證據而值得商榷的！

不過，劉海蟾的說法，後來卻衍生為呂洞賓或陳摶傳授張伯端金丹藥物、火候之訣的說法。之所以有如此的轉變，完全是因為《指玄篇》作者的認定問題所引發的。如《呂祖全書·指玄篇·小序》中，將《指玄篇》認定為呂洞賓所著，並指出《參同契》、《指玄篇》及《悟真篇》三書的先後承繼關係。又認為《悟真篇》仿《指玄篇》的形式，所以認為《悟真篇》中所提到的《指玄篇》即《呂祖全書》中之《指玄篇》。其云：「今世盛行《參同契》、《悟真篇》二書，註釋者多家，誠丹道之津梁也。第繼《參同》之後，開《悟真》之先，有呂祖之《指玄篇》。原藏諸青城石室，以待其人者。迨數傳而紫清白真人註之、和之。雖已刊行，其傳未廣。今細讀之，與《參同》、《悟真》，不差毫末。

〔註10〕《道藏》（三家本），第四冊，頁725。

〔註11〕台北：自由，1999年4月，頁139。

〔註12〕台北：自由，2002年1月，頁23。

〔註13〕《海瓊問道集·序》云：「白君得之於陳泥丸，陳得於薛道光，薛得於石泰，石得於張平叔，張得於劉海蟾，劉得於呂洞賓。」（《道藏》（三家本），第三十三冊，頁140）、《海瓊傳道集·序》云：「昔者鍾離雲房以此傳之呂洞賓，呂傳之劉海蟾，劉傳之張平叔，張傳之石泰，石傳之道光和尚，道光傳之陳泥丸，陳傳之白玉蟾。」（同上，頁147）。

如律詩一十六首，《悟真》亦律詩十六首；絕句三十二首，《悟真》卷末雜言亦三十二首，若出一手，他可知矣。然後知紫陽真人，所謂『夢謁西華入九天，真人授我《指伭篇》。其中簡易無多語，只是教人鍊汞鉛。』之詩，即專指此篇無疑也。嘗考紫清之讚紫陽云：『元豐一皂吏，三番遭配隸，遺下《悟真篇》，帶些鉛汞氣。』吾謂《悟真》，《指伭》之外傳也；《指伭》，又《參同》之外傳也。」〔註14〕

對於這個說法，鄺國強先生承繼是說，其在《全真北宗思想史・第二章・第三節》中，將《指伭篇》與《悟真篇》的內容對比，得出十句相同之處，因而指出：「今考查《指玄》和《悟真》之體例，其實如同出一轍：《指玄》上篇律詩十六首，下篇絕句三十二首；而《悟真》上卷七律十六首，中卷各七絕六十四首，下卷雜句多篇。《指玄篇》與《悟真篇》其內容相同之處甚多。」〔註15〕

認為《指玄篇》的作者為陳摶者，主要是今人的《悟真篇》註釋本。如王沐先生的《悟真篇淺解・附錄二・悟真篇丹法源流》中認為《悟真篇》絕句六十四第十一首，「雖是游仙詩的體裁，但所指西華似是暗指西嶽華山，是陳摶修道的地方；所授《指玄篇》，是陳摶的丹法著作。所以此詩雖託為夢游，實際暗示自己師承，詞意是很明顯的。」〔註16〕；劉國樑、連遥注譯《新譯悟真篇》，絕句六十四第十一首中注釋「西華」為「西嶽華山，隱指陳摶。因陳摶有《指玄篇》，並在華山修道，故西華當指陳摶。」〔註17〕

也有綜合的說法，如浙江氣功科學研究會文獻委員會編《道家氣功南宗丹訣釋義・悟真篇釋義》中，便將《指玄篇》解釋為「有兩種。一為五代末、宋初的陳摶著。陳曾在四川青城山下學『鎖鼻術』，即屬內煉法。一為呂洞賓著。」〔註18〕、張振國《悟真篇導讀・絕句六十四其十一》評述曰：「從一般分析來看，陳摶卒於 989 年，張伯端生於 987 年，有說生於 983 年，此間張伯端不可能面獲陳摶的《指玄篇》。他到成都遇異人，傳說是劉海蟾，詩中的『真人』若指劉海蟾，劉卻沒有《指玄篇》可授。者裡有兩種可能：即劉海蟾將呂洞賓的《指玄篇》授給張伯端或者純屬希望得到《指玄篇》並相信該書

〔註14〕《藏外道書》，第七冊，成都：巴蜀書社，1994 年 12 月，頁 157。
〔註15〕廣東：中山大學，1993 年 6 月，頁 51。
〔註16〕北京：中華，1990 年 10 月，頁 360。
〔註17〕台北：三民，2005 年 1 月，頁 97。
〔註18〕浙江科學技術，1991 年 1 月，頁 38。

中的理論和自己的主張是吻合的。」〔註19〕

筆者認為，由於道教丹道口訣皆由師徒間口耳私相授受，加上又有扶乩降神的可能性存在，所以如果欲求得其確切地傳承關係，不該只著眼在考據資料上打轉，應該由其文獻內容而考察、比較其內在義理的相似度來證明（如本論文第六章中，筆者比較鍾呂金丹派與張伯端的文獻資料的義理內容，證明兩者的承繼關係）！

二、張伯端的著作及其內容結構

1、作品辨偽

《正統道藏》中署名張伯端的著作有：《悟真篇》、《金丹四百字》與《玉清金笥青華秘文金寶內煉丹訣》三種。

關於《悟真篇》中，是否包含《紫陽真人悟真篇拾遺》（或稱《禪宗歌頌詩曲雜言》、《悟真性宗直指》），易言之，即《禪宗歌頌詩曲雜言》是否為偽作的問題？張士弘《紫陽真人悟真篇筌蹄》一文中，提出為偽作的質疑，其云：「近世有輩妄人，偽作歌頌，記于此書之後，以瞽性命之學。如〈讀《祖英集》〉、〈讀《參同契》〉等禪宗歌頌四十餘篇，措辭殊甚鄙陋。」〔註20〕，筆者認為，張士弘提不出任何具體的證據，因此其說只是個人臆測之詞。我們考查《悟真篇》前、後序，得出《紫陽真人悟真篇拾遺》非偽作的證明。《悟真篇·序》曰：「及乎篇集既成之後，又覺其中惟談養命固形之術，而於本源真覺之性有所未究，遂翫佛書及《傳燈錄》，至於祖師有擊竹而悟者，乃形於歌頌詩曲雜言三十二首，今附之卷末，庶幾達本明性之道，盡於此矣。」〔註21〕，《悟真篇·後序》云：「其如篇末歌頌，談見性之法，即上之所謂妙覺之道也。」〔註22〕，因此本論文便將《紫陽真人悟真篇拾遺》視為張伯端的著作。

《金丹四百字》一書，元俞琰《席上腐談·卷下》質疑為白玉蟾偽托，其云：「《羣仙珠玉集》載張紫陽《金丹四百字》，石杏林《還源篇》，其文辭格調與玉蟾所作無異，蓋玉蟾托張、石之名為之耳。」〔註23〕，不過根據南宋周無所住《金丹直指·序》與南宋黃自如《金丹四百字·後序》的說法，

〔註19〕北京：宗教文化，2001 年 2 月，頁 48。
〔註20〕《道藏》（三家本），第二冊，頁 972。
〔註21〕《道藏》（三家本），第二冊，頁 915。
〔註22〕《道藏》（三家本），第二冊，頁 968。
〔註23〕《藏外道書》，成都：巴蜀書社，第九冊，頁 804。

皆認定《金丹四百字》為張伯端的作品。〔註24〕又，任繼愈主編《道藏提要‧金丹四百字》曰：「其旨趣與《悟真篇》無異，略謂以火鍊金，返本還源，謂之金丹。」〔註25〕，所以本論文便將《金丹四百字》一書視為張伯端的作品。

　　《玉清金笥青華秘文金寶內鍊丹訣》一書，清仇兆鰲《悟真篇集註‧例言二十條》中，懷疑其非張伯端的作品。其云：「今翫其書，指坎為腎宮，離為心田。又謂鉛升於臍上，汞產自心源。此專取心腎交媾，為金丹下手工夫，全與《悟真篇》相左。且書中所論氣質之性，義理之性，本出橫渠張子，紫陽年齒在橫渠之先，不應引用此語，故知非仙翁所作也。此明是兩種法門。」〔註26〕、任繼愈主編《道藏提要‧玉清金笥青華秘文金寶內鍊丹訣》亦提出懷疑之辭，其云：「《玉清金笥青華秘文金寶內鍊丹訣》三卷，簡稱《金寶內鍊丹訣》或《青華祕文》，北宋張伯端撰，門人王邦叔輯錄。然有人疑為明代道士李樸野所著，而託名張紫陽者。」〔註27〕

　　但是根據《玉清金笥青華秘文金寶內鍊丹訣‧卷上‧金丹圖論序》說法，張伯端著《青華祕文》的目的是為了彌補《悟真篇》之「首尾未明，機關尚隱」的缺點，其云：「吾自識金丹秘訣之後，累獲罪於天而不自悛。又為玄書，並《悟真篇》等行於世，自心為至矣。忽有客至訪，余怪其狀貌非凡，靜肅待之。或問曰：『子於金丹之道，訓人亦至矣。但首尾未明，機關尚隱，後學何以為識？』『余自此亦不得已也！天機至重，玄律至嚴。子固美言，某敢不奉。』曰：『子但著為一書，盡底泄漏，苟有譴焉，某當其責。』余再拜敬服，遂失所在。余思此語，故著此書。」〔註28〕以及卿希泰主編《中國道教史‧第二

〔註24〕周無所住《金丹直指‧序》云：「取紫陽張真人《金丹序》、泥丸陳真人《翠虛吟》印之，節節符驗。」(《道藏》(三家本)，第二十四冊，頁90)、南宋黃自如《金丹四百字‧後序》云：「自黃老之心學不傳，寥寥數千年間，有伯陽以導其流，有鍾呂以揚其波。惟我國朝張紫陽真人《金丹四百字》，包含造化之根基，貫穿陰陽之骨髓，乃入道之階梯，是修真之徑路。」(同上，頁164)。
〔註25〕北京：中國社會科學，1995年8月，頁828。
〔註26〕台北：自由，1999年4月，頁44。常裕、孫堯奎《張載心性理論對張伯端內丹學說的影響》中，認為張載《正蒙》成書早於張伯端《玉清金笥青華秘文金寶內煉丹訣》。理由是因為《青華秘文》的成書時間最早應不超過元豐二年(1079)，而張載於熙寧十年(1077)已去世，絕不會見到《青華秘文》一書(載於：《山西大學學報》(哲學社會科學版)，1999年3期，頁61～63)。
〔註27〕北京：中國社會科學，1995年8月，頁171。
〔註28〕《道藏》(三家本)，第四冊，頁362～363。

卷·第七章·第六節》中認為「由於《青華祕文》是講內丹修煉的入手功夫，且對『性命雙修』、『先命後性』作了進一步的闡釋，因此，此書可視為《悟真篇》的補充。從這個意義上說，疑《青華祕文》或系張伯端死後，由弟子根據平日的講授輯錄而成。」〔註29〕，所以本論文便將《玉清金笥青華秘文金寶內錬丹訣》一書視為張伯端的作品。

2、著作之註本與內容結構

（1）《悟真篇》

據張士弘《紫陽真人悟真篇筌蹄》的說法，「此《悟真篇》前後註釋可見三十餘家」〔註30〕，今《正統道藏》中收錄《悟真篇》注釋版本有五種，《藏外道書》則收錄有五種注本。其詳細情形如下：

（a）宋翁葆光註、陳達靈傳、元戴起宗疏《紫陽真人悟真篇注疏》八卷〔註31〕

（b）宋薛道光、陸墅、元陳致虛《紫陽真人悟真篇三注》五卷〔註32〕

（c）宋翁葆光撰《紫陽真人悟真直指詳說三乘秘要》一卷〔註33〕

宋翁葆光撰《紫陽真人悟真篇拾遺》〔註34〕

宋翁葆光註《悟真篇注釋》三卷〔註35〕

（d）宋夏元鼎撰《紫陽真人悟真篇講義》七卷〔註36〕

（以上載於：《正統道藏·洞真部·玉訣類》）

（e）宋張伯端《悟真篇》五卷〔註37〕

（載於：《正統道藏·洞真部·方法類》）

（f）明陸西星《悟真篇（詩小序）》一卷〔註38〕

（g）明彭好古解《悟真篇》一卷〔註39〕

〔註29〕四川人民，1996年，頁762。

〔註30〕《道藏》（三家本），第二冊，頁972。

〔註31〕《道藏》（三家本），第二冊，頁910～968。

〔註32〕《道藏》（三家本），第二冊，頁968～1019。

〔註33〕《道藏》（三家本），第二冊，頁1019～1030。

〔註34〕《道藏》（三家本），第二冊，頁1030～1033。

〔註35〕《道藏》（三家本），第三冊，頁1～32。

〔註36〕《道藏》（三家本），第三冊，頁32～62。

〔註37〕載於：《修真十書》，《道藏》（三家本），第四冊，頁711～750。

〔註38〕載於：《方壺外史》，《藏外道書》五冊，頁318～337。

〔註39〕載於：《道言內外秘訣全書》，《藏外道書》六冊，頁319～353。

（h）清劉一明《悟真直指》四卷〔註40〕

（i）清陶素耜《悟真篇約註》三卷〔註41〕

（j）清傅金銓《頂批三注悟真篇》三卷〔註42〕

在這十種注本中，以《修真十書》本《悟真篇》的成書時間最早。換言之，其是現存最早的《悟真篇》注本。據元戴起宗《悟真篇注疏後記》記載，《修真十書》本《悟真篇》是由葉士表（字文叔）撰於南宋紹興三十一年（1161），其曰：「葉文叔《註》在紹興三十一年辛巳」〔註43〕，而翁葆光《註》則於南宋乾道九年（1173）問世，其云：「無名子（翁葆光）恐其失真人之旨，迷誤後人，於乾道癸巳，冒犯天譴，謹依師旨，註解篇義，毫分縷析，惟恐人迷，可謂仁慈之普，盡泄天機者矣。」〔註44〕

再從內容結構來說，從張伯端《悟真篇・序》的陳述，《悟真篇》的內容結構是：七言律詩十六首、七言絕句六十四首、五言律詩一首、西江月詞十二首以及歌頌樂府及雜言三十二首。其云：「僕既遇真筌，安敢隱默，罄所得成律詩九九八十一首，號曰《悟真篇》。內七言四韻一十六首，以表二八之數。絕句六十四首，按《周易》諸卦。五言一首，以象太乙。續添《西江月》一十二首，以周歲律。其如鼎器尊卑，藥物斤兩，火候進退，主客先後，存亡有無，吉凶悔吝，悉備其中矣。於本源真覺之性，有所未盡，又作為歌頌樂府及雜言等，附之卷末。庶幾達本明性之道，盡於此矣。」〔註45〕；易言之，《悟真篇》內容結構可分正編（詩八十一首、詞十二首共九十三首）與附錄（歌頌詩曲雜言三十二首）兩部份。正編部份講述「養命固形之術」，即內丹「命功」修煉方法；附錄部份則吸收禪宗義理，講述「達本明性之道」，即內丹修煉術之「性功」功法。〔註46〕

〔註40〕載於：《道書十二種》，《藏外道書》八冊，頁 327～402。

〔註41〕載於：《真仙上乘》，《藏外道書》十冊，頁 66～124。

〔註42〕載於：《濟一子頂批道書四種》，《藏外道書》十一冊，頁 790～859。

〔註43〕《紫陽真人悟真直指詳說三乘秘要》，《道藏》（三家本），第二冊，頁 1025。

〔註44〕《紫陽真人悟真直指詳說三乘秘要》，《道藏》（三家本），第二冊，頁 1026。

〔註45〕《修真十書・悟真篇》，《道藏》（三家本），第四冊，頁 712。

〔註46〕《紫陽真人悟真篇注疏》翁葆光序云：「乃作《悟真篇》提誨後學，先以神仙命道誘其修鍊，以金丹之術首詠是篇，終以真如空性遺其幻妄，故以《禪宗歌詠》畢其卷末。所謂金丹之要者，以二八真陰真陽之物立於爐鼎，誘先天一氣歸斯爐鼎之中，變成一粒，大如黍米，號曰太一真氣。是以首列七言四韻一十六首，表其真陰真陽之數也；次詠五言四韻一首，以表太乙之奇，即金丹一粒也。既得一粒，餌歸丹田，然後運火，依約六十四卦而行之，故續

上述《悟真篇》的注本，以《正統道藏》中收錄的五種為例，其正文之內容結構是：

（a）宋翁葆光註、陳達靈傳、元戴起宗疏《紫陽真人悟真篇注疏》八卷（簡稱《注疏》本）：

七言四韻一十六首、五言四韻一首、絕句六十四首、《西江月》十二首、〈讀《周易參同契》〉、〈贈白龍洞劉道人歌〉、〈石橋歌〉、絕句五首及《西江月》一首。

（b）宋薛道光、陸墅、元陳致虛《紫陽真人悟真篇三注》五卷（簡稱《三注》本）：

七言律詩八首、七言律詩八首、七言絕句三十二首、七言絕句三十二首、五言一首及《西江月》十二首。

（c）宋翁葆光註《悟真篇注釋》三卷（簡稱《注釋》本）：

七言四韻十五首、五言一首、絕句六十四首、又續添五首、《西江月》一十三首及〈讀《周易參同契》〉。

（d）宋夏元鼎撰《紫陽真人悟真篇講義》七卷（簡稱《講義》本）：

七言四韻詩一十六首、絕句詩六十四首、五言四韻一首及《西江月》十二首。

（e）宋張伯端《悟真篇》五卷（載於：《修真十書》，簡稱《修真》本）：

七言四韻一十六首、絕句六十四首、又絕句五首、五言一首、《西江月》十二首、《西江月》又一首、〈讀《周易參同契》〉及〈禪宗歌頌〉。

上述五種注本的共同處是：皆有七言律詩一十六首、絕句詩六十四首、五言一首及《西江月》十二首。不過，其排列順序及文字內容皆有所出入。如以「十六首七律」為例，《注疏》本第四首「陽裏陰精質不剛」句，《三注》本為第九首，《注釋》本為第十四首，《講義》本為第十二首，《修真》本則為第九首。而文字內容方面，《注疏》本與《三注》本為「陽裏陰精質不剛」；《注

以絕句六十四首，以按《周易》六十四卦也。夫火之功有十月，并沐浴共十有二月，故又續《西江月》一十二首，以應周天之歲律也。十月功備胎圓，而形化為純陽之氣，故總吟成律詩八十一首，象其純陽九九之數也。形化氣矣，然後抱元九載，鍊氣成神，以神合道，故得形神俱妙，升入無形，與道合真而不測，是以神性形命俱歸於究竟空寂之本源也，故以禪宗性道歌頌詩詞三十六（二）首畢其卷末。」（《道藏》（三家本），第二冊，頁 912）。

釋》本則為「引把孤陰為有陽」;《講義》本與《修真》本則是「莫把孤陰為有陽」。現將「十六首七律」的次序,列表於下:

《注疏》本	《三注》本	《注釋》本	《講義》本	《修真》本
1	1	1	1	1
2	2	2	2	2
3	12	12	13	12
4	9	14	12	9
5	15	15	15	15
6	3	3	10	3
7	4	4	3	4
8	6	✕	6	6
9	5	5	4	5
10	11	6	5	11
11	10	7	7	10
12	8	8	8	8
13	13	9	9	13
14	7	10	11	7
15	16	11	14	16
16	14	13	16	14

　　上述「十六首七律」的次序中,可以發現《三注》本與《修真》本是一樣的。《注釋》本中則缺漏了第十六首。在第一、二首中,可以看出五種註本的次序是相同的。第八、十五首中,只有《注疏》本異於其他。

（2）《金丹四百字》

　　《金丹四百字》,該作同樣以歌訣形式寫成,正文以五字為一句,四句為一韻,可分為二十首五言絕句,共四百個字。其文字凝煉精簡,可以看作張伯端內丹學思想的概括性總結。正文前有「序言」,綜述內丹修煉之要義,對內丹學之術語與基本原理方法作了概要性的闡明,與正文相輔相成,有助於加深對正文的理解。清悟元子（別號素樸散人）劉一明《金丹四百字解·序》

言：「《金丹四百字》，乃宋紫陽真人成道以後，遺與馬處厚之文。其文初無定名，後人因其無名，即以《金丹四百字》名之。是文，其言約而不繁，其義顯而且明，與《悟真篇》相為表裏。《悟真篇》細分藥物火候，《四百字》總撮始終大義。兩者一而二，二而一也。」〔註47〕

《正統道藏》中收錄《金丹四百字》注釋版本有二種，《藏外道書》則收錄有六種注本。其詳細情形如下：

（a）南宋黃自如註《金丹四百字》一卷〔註48〕

　　　（載於：《正統道藏‧太玄部》）

（b）《金丹四百字》一卷〔註49〕

　　　（載於：《正統道藏‧洞真部‧方法類》）

（c）明陸西星《紫陽真人金丹四百字測疏》一卷〔註50〕

（d）明彭好古註《金丹四百字》一卷〔註51〕

（e）明陸西星《金丹四百字測疏》一卷〔註52〕

（f）清劉一明《金丹四百字解》一卷〔註53〕

（g）《金丹四百字內外註解》一卷〔註54〕

（h）清閔一得註《金丹四百字注釋》一卷〔註55〕

以《正統道藏》中收錄的二種注釋本為例，其內容結構是：

（a）南宋黃自如註《金丹四百字》一卷（簡稱黃自如本）：

　　　前有作者自序，正文部分則以五字為一句，四句為一韻，可分為二十首五言絕句，共四百個字，每首後皆有註解。末附有黃自如於淳祐改元歲次辛丑（1241）的後序。

（b）《金丹四百字》一卷（簡稱：《修真十書》本）：

　　　前有作者自序，正文部分則以五字為一句，四句為一韻，可分為二十首五言絕句，共四百個字，每首後皆有註解。末附黃自如「口占

〔註47〕《藏外道書》第八冊，成都：巴蜀書社，1994年12月，頁562。

〔註48〕《道藏》（三家本），第二十四冊，頁161～164。

〔註49〕載於：《修真十書‧雜著指玄篇》，《道藏》（三家本），第四冊，頁620～624。

〔註50〕載於：《方壺外史》，《藏外道書》五冊，頁345～349。

〔註51〕載於：《道言內外秘訣全書》，《藏外道書》六冊，頁159～167。

〔註52〕載於：《道統大成》，《藏外道書》六冊，頁704～710。

〔註53〕載於：《道書十二種》，《藏外道書》八冊，頁562～579。

〔註54〕載於：《金丹正理大全》，《藏外道書》九冊，頁272～276。

〔註55〕載於：《古書隱樓藏書》，《藏外道書》十冊，頁314～326。

律詩五首」的自述以及七言律詩五首（前四首談命功，後一首為性功）。

黃自如本與《修真十書》本，在前序與正文部分是相同的。但，兩者的差異處是：《修真十書》本缺黃自如後序，且未署撰、註者之名。黃自如本則沒有文末所附其「口占律詩五首」的自述以及七言律詩五首。

（3）《玉清金笥青華秘文金寶內鍊丹訣》

《玉清金笥青華秘文金寶內鍊丹訣》，簡稱《金寶內煉丹訣》或《青華秘文》。由張伯端撰，門人王邦叔輯錄，是張伯端晚年的作品。〔註56〕因《悟真篇》「首尾未明，機關尚隱」，所以在卷首「表奏」中，自稱欲「齋沐精思」，「毫髮無隱」，將受自青華真人《玉清金笥長生度世金寶內煉丹訣》著為圖論，「直泄至真之奧旨」。並稱其丹訣「簡而易行，詳而不雜，身裏分陰陽之主，壺中立四象之樞」。〔註57〕任繼愈主編《道藏提要》則稱其書：「有圖有論說，有詩有口訣，敘內丹理論、功法，較《悟真篇》明晰暢達，乃一部重要之丹書。」〔註58〕，又云：「此乃始於有為，及乎無為，即先以命取性，次以性安命，性命雙修者，此之謂也。……故其丹法雖曰先命後性，而所重實在於性。紫陽先命後性之旨，於此始明。」〔註59〕

今《正統道藏》中收錄《玉清金笥青華秘文金寶內鍊丹訣》注釋版本有一種，《藏外道書》則收錄有三種注本。其詳細情形如下：

（a）紫陽真人張平叔撰《玉清金笥青華秘文金寶內鍊丹訣》三卷〔註60〕
　　（載於：《正統道藏‧洞真部‧方法類》）
（b）《玉清金笥青華秘文金寶內鍊丹法》一卷〔註61〕
（c）《玉清金笥青華秘文》一卷〔註62〕

〔註56〕《玉清金笥青華秘文金寶內煉丹訣‧卷上‧表奏》云：「年邁三旬，獨於大道有緣焉。……臣遘者，表奏天廷，欲將青華真人《玉清金笥長生度世金寶內鍊丹秘旨》，畫圖立論，傳諸緣士。」(《道藏》(三家本)，第四冊，頁362)。
〔註57〕以上見於：《道藏》(三家本)，第四冊，頁362。
〔註58〕北京：中國社會科學，1991年7月，頁171。
〔註59〕北京：中國社會科學，1991年7月，頁172。
〔註60〕《道藏》(三家本)，第四冊，頁362～378。
〔註61〕載於：《道言內外秘訣全書》，《藏外道書》六冊，頁136～158。
〔註62〕載於：《真仙上乘》，《藏外道書》九冊，頁300～314。

（d）紫陽真人張平叔撰《玉清金笥青華秘文》一卷〔註63〕

以《正統道藏》中收錄的一種注釋本為例，其內容結構是：

《正統道藏・洞真部・方法類》之《青華秘文》分上、中、下三卷。

卷上：〈表奏〉、〈金丹圖論序〉、〈心為君〉、〈口訣〉、〈口訣中口訣〉、〈神為主論〉、〈氣為用說〉、〈精從氣說〉、〈意為媒說〉、〈坎離說〉、〈下手工夫〉、〈精神論〉、〈幻丹說〉、〈捉丹法〉、〈神水華池說〉、〈百竅說〉。

卷中：〈採取圖論〉、〈詩曰〉、〈詩曰〉、〈交會圖論〉、〈採取交會口訣〉、〈口訣中口訣〉、〈青娥在我〉、〈詩曰〉、〈真泄天機圖〉、〈真泄天機圖論〉、〈口訣〉、〈（蟾光圖）論〉、〈爐鼎圖論〉、〈神室圖論〉。

卷下：〈火候圖論〉、〈陰陽圖論〉、〈噫〉、〈噫〉、〈陽純圖論〉、〈總論金丹之要〉、〈次第秘訣〉、〈火候秘訣〉、〈第一轉〉、〈第二轉〉、〈第三轉〉、〈沐浴〉、〈第四轉〉、〈第五轉〉、〈第六轉抽添〉、〈第七轉〉、〈第八轉沐浴〉、〈第九轉〉、〈第十轉亥〉。

《藏外道書》第六冊所收《青華秘文》的內容結構與《正統道藏》本相同，唯一的差別是《藏外道書》本〈表奏〉前有《玉清金笥青華秘文金寶內鍊丹法》〈題辭〉一文，其中交代了王邦叔師侍紫陽真人張平叔以及張伯端度化王邦叔的情形。〔註64〕

第二節　《悟真篇》解讀《周易參同契》的方式

《四庫全書總目提要・子部・道家類・悟真篇註疏三卷、附直指詳說一卷》云：「是書專明金丹之要，與魏伯陽《參同契》，道家竝推為正宗。其中所云：『要知產藥川源處，只在西南是本鄉』者，即《參同契》『三日出為巽，震生庚西方』之旨。其云：『藥重一斤須二八』者，即《參同契》『上弦兌數八，下弦艮亦八』之旨。其云：『三五一都三個字，古今明者實然稀』者，即《參同契》『三五與一天地至精，可以口訣，難以書傳』之旨。其云：『木生於火本藏鋒，要須制伏覓金公』者，即《參同契》『河上姹女，得火則飛，將欲制之，黃芽為根』之旨。其餘亦皆彼此闡發。」〔註65〕

〔註63〕載於：《真仙上乘》，《藏外道書》九冊，頁369～372。
〔註64〕《藏外道書》第六冊，頁136。
〔註65〕《四庫全書總目提要・叁》，河北人民，2000年3月，頁3767～3768。

　　可以看出，《四庫全書總目提要》將《悟真篇》與《周易參同契》相提並論〔註66〕，而且認為兩者有四處明顯的承繼關係，「其餘亦皆彼此闡發」。而在《悟真篇》中曾提及「洎夫漢魏伯陽，引《易》道交媾之體，作《參同契》，以明大丹之作用。」〔註67〕，並於篇末附有〈讀《周易參同契》〉一文，因而，可知張伯端生前確實相當重視《周易參同契》。值得一提的是，其在〈讀《周易參同契》〉一文中，提出解讀《周易參同契》的新思路——「得意忘象、得象忘言」！其云：

> 本立言以明象，既得象以忘言。猶設象以指意，悟其意則象捐。達
> 者惟簡惟易，迷者愈惑愈繁。故知修真上士，讀《參同契》者，不
> 在乎泥象執文。〔註68〕

　　這種新的解讀方法，是張伯端對《周易參同契》建設性與創造性的詮釋。在思路上可以看出其借用王弼《周易略例·明象》中，由「明象」而至「立象以盡意」再至「得意而忘象」、「得象而忘言」。〔註69〕此種方法論，是王弼針對漢代象數易學執著於卦爻、象而不能得其意的情形——「存象忘意」〔註70〕，因而提出「掃象數」的說法。「言」指卦、爻辭，代表語言；「象」

〔註66〕元朝戴起宗於《紫陽真人悟真篇注疏·序》云：「《悟真篇》分性命為二宗，訓人各進；分內外為二藥，訓人同進。實為千古丹經之祖，垂世立教，可與《周易參同契》並傳不朽。」（《道藏》（三家本），第二冊，頁910）以及陳致虛《上陽子金丹大要·卷一》曰：「且無知者，妄造丹書，假借先聖為名，……切不可信，要當以《參同契》、《悟真篇》為主。」（《道藏》（三家本），第二十四冊，頁4）可見在道教內丹學的傳統上，《悟真篇》與《周易參同契》擁有相同的地位，因而時常被拿來相提並論。

〔註67〕《修真十書·悟真篇·序》，《道藏》（三家本），第四冊，頁711，以下只註篇名與頁數。

〔註68〕《修真十書·悟真篇·讀《周易參同契》》，頁745。

〔註69〕樓宇烈，《王弼集校釋·周易略例·明象》云：「夫象者，出意者也。言者，明象者也。盡意莫若象，盡象莫若言。言生於象，故可尋言以觀象；象生於意，故可尋象以觀意。意以象盡，象以言著。故言者所以明象，得象而忘言；象者，所以存意，得意而忘象。猶蹄者所以在兔，得兔而忘蹄；筌者所以在魚，得魚而忘筌也。然則，言者，象之蹄也；象者，意之筌也。是故，存言者，非得象者也；存象者，非得意者也。象生於意而存象焉，則所存者乃非其象也；言生於象而存言焉，則所存者乃非其言也。然則，忘象者，乃得意者也；忘言者，乃得象者也。得意在忘象，得象在忘言。故立象以盡意，而象可忘也；重畫以盡情，而畫可忘也。」（台北：華正，1992年12月，頁609）。

〔註70〕樓宇烈，《王弼集校釋·周易略例·明象》云：「案文責卦，有馬无乾，則偽說滋漫，難可紀矣。互體不足，遂及卦變；變又不足，推致五行。一失其原，

指卦象，代表圖象；「意」指卦意，代表義理和本意。認為「言」與「象」皆為表「意」的工具，意既得，則言與象皆可忘。其中雖然有「盡意莫若象，盡象莫若言」的說法，其只是在說明「言」與「象」不過是表意和得意的最佳工具，但最重要還是在於「得意在忘象，得象在忘言」。因為，「言」與「象」畢竟僅是工具，不能誤認為是最終所尋求的目的——「意」。王弼此種解《易》的方法，也就是說，關於「言」、「象」、「意」三者之間的關係的討論是前有所承。「盡意莫若象，盡象莫若言」，是承繼自《周易・繫辭上》中之「設象喻理」與「立象盡意」的說法。〔註71〕而「得意在忘象，得象在忘言」，則是蛻變自《莊子・雜篇・外物》中之「得意忘言」。〔註72〕

類比於王弼的方法論，不沾染各種雜術，擺脫往昔形式化的束縛，提出一種新的解讀方法，是張伯端對《周易參同契》建設性與創造性的詮釋。而《悟真篇》正是以此方法來闡述丹道思想。其云：

> 魚兔若還入手，自然忘卻筌蹄。渡河筏子上天梯，到彼悉皆遺棄。
> 未悟須憑言說，悟來言語成非。雖然四句屬無為，此等仍須脫離。
> 〔註73〕

> 否泰纔交萬物盈，屯蒙二卦受生成。簡中得意休求象，若究羣爻謾役情。〔註74〕卦中設象本儀形，得象忘言意自明。後世迷徒惟泥象，卻行卦炁望飛昇。〔註75〕

筌、蹄、筏、梯四者，皆為達到目的（捕魚、捉兔、渡河、登高）之工具。張伯端以此為喻，認為內丹修煉所使用的卦象、卦爻辭，亦只是扮演著譬喻的角色。所以當修煉者得其火候功法之「意」時，便應當將「意」的載體

巧愈彌甚。從復或值，而義无所取。蓋存象忘意之由也。」（同上，頁609）。
〔註71〕《周易・繫辭上》云：「聖人有以見天下之賾，而擬諸其形容，象其物宜，是故謂之象。」（李學勤主編，《十三經注疏・周易正義》，北京大學，1999年12月，頁274～275）以及「子曰：『書不盡言，言不盡意。』然則聖人之意，其不可見乎？子曰：『聖人立象以盡意，設卦以盡情偽，繫辭焉以盡其言，變而通之以盡利，鼓之舞之以盡神。』」（同上，頁291）
〔註72〕王先謙，《莊子集解・卷七・雜篇・外物第二十六》曰：「筌者所以在魚，得魚而忘筌；蹄者所以在兔，得兔而忘蹄；言者所以在意，得意而忘言。吾安得夫忘言之人而與之言哉？」（北京：中華，1987年10月，頁244）
〔註73〕《修真十書・悟真篇・禪宗歌頌・西江月・其九》，頁748。
〔註74〕《修真十書・悟真篇》，頁732。
〔註75〕《修真十書・悟真篇》，頁732。

——「言」與「象」，皆掃除捨棄。因而，便有「未悟須憑言說，悟來言語成非」、「得意休求象」以及「得象忘言意自明」的說法。因此，《紫陽真人悟真篇注疏・卷五》之「卦中設法」章，翁葆光註曰：「卦象者，火之筌蹄也。魏伯陽真人，因讀《易》，而悟金丹作用與易道一洞。故作《參同契》，演大易卦象，以明丹旨。……此皆比喻，設象如此。學者觀此卦象，可以悟運火之作用。苟明火用，卦象皆可忘，言而無用也。……得魚忘筌，得兔忘蹄。今反泥筌蹄而為魚兔，去道愈遠矣。鍾離公曰：『大道安能以語通，伯陽假《易》作《參同》，後人不識神仙喻，妄執筌蹄便下工。』此其證也。」〔註76〕

第三節　《悟真篇》承繼《周易參同契》之處

此外，上述《四庫全書總目提要》僅條目式地指出《悟真篇》與《周易參同契》有四處明顯的承繼關係，但卻沒有詳細陳述其具體的關係內容。因而，此處筆者將仔細比較、詳細說明《悟真篇》與《周易參同契》的具體承繼關係之內容。

一、丹藥產生的處所與時間

其一云：「要知產藥川源處，只在西南是本鄉」者，即《參同契》「三日出為巽（爽），震生庚西方」之旨。

此處引用《周易參同契》：「復卦建始萌，長子繼父體，因母立兆基。消息應鍾律，升降據斗樞。三日出為爽，震庚受西方。」〔註77〕

復卦，震下坤上。由五陰爻一陽爻組成，象徵一陽萌生，所以稱「建始萌」。「長子」，復卦下卦為八卦中的震卦，震為乾卦的長子。「父體」，乾卦卦體。「母」，震卦由坤卦最下一爻初六變為一陽爻初九而生成，因此坤為母。「立兆基」，坤卦三陰爻初六變為陽爻初九，代表一陽萌生，所以稱為立兆基。如果三爻全部變成陽爻，就成了乾父之體，因而稱震為「長子繼父體」。內丹修煉法天象地，所以「消息」，消指陰生，息指陽生。消息，隱喻陰陽變化，指內丹修煉中的進陽火、退陰符。「應鍾律」，指內丹修煉中的火候（陽火與陰符），應該符合十二律（陽六律：黃鐘、太簇、姑洗、蕤賓、夷則、無射；

〔註76〕《道藏》（三家本），第二冊，頁941～942。
〔註77〕《周易參同契分章通真義・卷上》，《道藏》（三家本），第二十冊，頁135，以下僅註頁數。

陰六律：大呂、夾鐘、仲呂、林鐘、南呂、應鐘）〔註78〕。「斗樞」，指北斗七星中的天樞星，以天樞代表北斗七星（天樞、天璇、天璣、天權、玉衡、開陽、瑤光）。〔註79〕「升降據斗樞」，指內丹修煉中火候之進退，四季中以北斗七星為依據。「三日出為爽，震庚受西方」，如果以月象來比喻，初三日月亮始露微光（爽，光明）。「震庚」，八卦納甲法，震卦納庚。庚，天干第七位，與辛同代表西方。此處是說：初三日西方庚位之上，月亮始露微光，震卦納庚，代表進而得一陽，如初升之月象。用於內丹修煉，表示體內元陽初現。

因此，《周易參同契》此段主要闡述「一陽來復」是修煉內丹的下手用功主要之時機。因為，此時在內丹修煉上代表「藥生」之象。仇兆鰲《古本參同契集註》「三日出為爽，震庚受西方」陸西星註曰：「此指示藥生之候，而以月夕徵之，欲人洞曉陰陽，深達造化也。夫人身中先天真乙之氣，是為火藥之宗。還丹之本，名為陽火，又曰真鉛，寄於西南之位，產於偃月之爐。……故三日出為爽，震庚受西方，象藥之始生也。」〔註80〕、陶素耜《周易參同契脈望》「三日出為爽，震庚受西方」註云：「借夕月，統論藥生之象。……起緒於晦朔之間，而生明於三日之候。且夫三日出庚，月哉生明，一符陽光，昏見西方庚位，象震卦之納庚。鉛生癸內，陽產鉛中，藥材新嫩，正一陽初動，宜進火煉藥之時也。」〔註81〕

《悟真篇》：「要知產藥川源處，只在西南是本鄉。」（《修真十書·悟真篇》，頁 716）

此處亦在說明「藥生」之象（產藥的時機與處所）。「川源」，指川流的本源。「西南」，有兩種說法，一說，指後天卦位中坤居西南。另一說，納甲法認為，新月初生（三日）為震卦之象，象徵一陽初生。而此前一月晦日（三十日），為坤卦之象。因此，此處是說：內丹修煉之內藥的產生之時機，以月象譬喻在前一月三十日至當月初三日之間。處所在西南坤位，坤為腹，即腹部丹田。

〔註78〕詳細的內容見於：《淮南子·卷三·天文訓》，台北：文史哲，1992 年 10 月，頁 111～116。

〔註79〕《鶡冠子·環流第五》曰：「斗柄東指，天下皆春；斗柄南指，天下皆夏；斗柄西指，天下皆秋；斗柄北指，天下皆冬。」（張純一，《諸子菁華錄十八種》，台北：宏業，1986 年 5 月，頁 602）

〔註80〕台北：自由，1994 年 1 月，頁 413。

〔註81〕台北：自由，2000 年 10 月，頁 149。

夏宗禹云：「《易》曰：『西南得朋，東北喪朋。』蓋西南坤位也，即日月魂魄相需之方也。每月晦之三十日，當昧爽時，月出於己，日出於甲，甲乙相合，故曰西南得朋。是夜月華無跡，故曰東北喪朋。今平叔乃曰：『產藥川源只在西南之地』。豈非以月出於坤，震符始受，☰ ☷是坤一變而為震。月之陽魂初生，故能懸象著明。所謂三日庚生兌戶開，黑銀盌出白銀來。又曰：山頭月出，藥苗新，即其川源所產也。」〔註82〕、又朱元育《悟真篇闡幽》云：「真金出自水底，故取象於川源。大藥產在坤土，故取象於西南。……月晦於北方坤癸之地，後此為兌丁之上弦，而魂生一陽已在震庚方上，靜極而動，光現於西南，藥苗新長，得朋之象也。既知身中產藥之地，即知身中採藥之候矣。故曰要知產藥川源處，只在西南是本鄉。」〔註83〕

二、採藥、封爐與煉藥

其二云：「藥重一斤須二八」者，即《參同契》「上弦兌數八，下弦艮亦八」之旨。

此處引用《悟真篇》：「鉛遇癸生須急採，金逢望遠不堪嘗。送歸土釜牢封閉，次入流珠廝配當。藥重一斤須二八，調停火候托陰陽。」〔註84〕

五行中腎為水，真鉛為先天壬水（先天腎水），癸水為後天之水（後天腎水）。壬水（輕而清）藏於癸水（重而濁）之中，非癸水生而壬水不現（真鉛不見）。《黃帝內經·素問》曾云：女子年屆二七（十四歲），男子年屆二八（十六歲），天癸至。〔註85〕天癸即癸水（後天精氣），因而謂「鉛遇癸生」。「金逢望後不堪嘗」，金，指真鉛精氣。望，即農曆十五日。真鉛精氣的生長以月象為象徵，由新月而至十五日代表精氣圓滿。之後由圓轉缺，表示精氣漸次衰弱。

此處是說：真鉛伴隨癸水之生而生，此時當及時採取。否則，將全部轉為癸水（後天腎水）而下行。以月象為象徵，真鉛精氣於人體內消長有一定的週期，以十五日為中界，此時為藥生之時，不及時採取過後即不堪用。

〔註82〕《紫陽真人悟真篇講義·卷二》，《道藏》（三家本），第三冊，頁38。

〔註83〕台北：自由，1998年1月，頁67～69。

〔註84〕《修真十書·悟真篇》，頁716～717。

〔註85〕《黃帝內經·素問·上古天真論篇第一》云：「女子七歲腎氣盛，齒更髮長。二七而天癸至，任脈通，太沖脈盛，月事以時下，故有子。……丈夫八歲腎氣實，髮長齒更；二八，腎氣盛，天癸至，精氣溢瀉，陰陽和，故能有子。」（北京：宗教文化，1998年4月，頁4）。

　　翁葆光註曰：「蓋金丹，以癸日子時下工，不得逾時過刻，是以急採也。」
〔註 86〕、陸墅（子野）註曰：「癸者，藥也。迎其藥之將生，則急取之方可
用。苟遲則藥已生質，若質一生，則為後天之物，所謂見之不可用也。此時水
源至清，有氣無質。……金逢望遠者，喻採藥失時，藥氣過矣。」〔註 87〕、
上陽子陳致虛註曰：「真陽初動，乃曰癸生。……癸動後而生鉛，鉛之初生，
名曰先天真一之氣。此氣號曰：金華。言鉛、言癸而不言水者，取其氣也。鉛
生于癸後，陽產於鉛中。」〔註 88〕、董德寧《悟真篇正義》云：「癸生者，
吾身一陽之產也。……蓋謂作丹之法，俟癸水既生之際，一陽初動之時，急
宜進火烹煉。採真鉛於東北，取真汞於西南，須及其時也。倘子時陽生而不
採，望中月滿而不取，是金之與液，俱失其時候矣。故有須急採，不堪嘗之戒
也。《復命篇》曰：『時節正時須急採，莫教芽蘗隘黃宮。』、《翠虛篇》曰：
『月夜望中能採取，天魂地魄結靈丹。』皆此之義也。」〔註 89〕以及朱元育
《悟真篇闡幽》云：「大藥既產，是名真鉛。鉛者，杳杳冥冥，一味水鄉鉛
也。水有壬癸之分，壬陽水清，癸陰水濁。蓋時之子，妙在心傳。真意初動為
陽，再轉即陰，陰一生而真種失矣。當乘陰之未生而採之。故曰：鉛遇癸生
須急採。」〔註 90〕

　　內丹修煉之「煉精化炁」中有四個步驟，即：「採」（採藥）、「封」（封藥，
又稱封爐）、「煉」（煉藥）、「止」（止藥）。

　　上述是屬於第一個步驟——「採藥」階段。「送歸土釜牢封固」，土釜，
即丹田。釜為烹物之盛器，以此喻居於腹中之丹田，丹田為藥物（精氣）煉化
的場所。封固，即第二步驟——「封藥」（封爐）。此階段，將第一步驟中所收
採的藥物，安存於土釜（丹田）中，藥物既歸丹田後，恐其走失，必須以意念
守護它、以目光內視它，最後若存若忘，合乎自然。此為「封藥」的要訣。

　　「次入流珠廝配當」，流珠，為汞（真汞，亦稱元神）。《周易參同契》：
「汞日為流珠」〔註 91〕，因為汞又稱水銀，其性如水之流，其體若珠之圓，
其形閃爍有光象日，所以汞又稱流珠。廝配，相互配合。此喻前述之真鉛與

〔註 86〕《紫陽真人悟真篇註疏·卷三》，《道藏》（三家本），第二冊，頁 929。
〔註 87〕《紫陽真人悟真篇三注·卷二》，同上，頁 982。
〔註 88〕《紫陽真人悟真篇三注·卷二》，頁 982。
〔註 89〕台北：自由，2002 年 1 月，頁 12。
〔註 90〕台北：自由，1998 年 1 月，頁 69。
〔註 91〕《周易參同契分章通真義·卷上》，頁 140。

流珠（真汞）結合在一起。

陸墅（子野）註曰：「採得癸生之藥，入於丹田，則當牢固封閉，毋令滲漏以走靈藥。次運自己之陰汞，配合為一，結成聖胎，封閉之法。」〔註92〕、夏宗禹云：「癸生之鉛，是水中金，一味吾得之矣。當送歸土釜之中宮，以流珠配之以火候，鍊之封閉牢，實不使有飛走之患。」〔註93〕、仇兆鰲《悟真篇集註》云：「翼註：土釜，腹內黃庭也。先天一氣，如露易耗，如電易飛，故須封閉牢固，毋令走泄。」〔註94〕以及朱元育《悟真篇闡幽》云：「大藥既採，即以真意送之上升天谷（上丹田即泥丸）〔註95〕，引入黃庭，牢閉六門，固濟而提防之。又當以神光刻刻迴抱，不可須臾間斷。蓋真鉛升鼎，只當得一物，惟急入太陽流珠以配之。則神炁相守，心息相依，鉛汞相投，身心二物纏打成一片矣。故曰：『送歸土釜牢封固，次入流珠廝配當』。此言大藥入鼎溫養之功也。」〔註96〕

「藥重一斤須二八」，一斤須二八，按舊制一斤為十六兩，兩個八兩，指半斤對半斤，比喻相等之義。具體的意義是指：癸水方生而未用事與壬水未散之時，所謂金（壬水）半斤，水（癸水）半斤之時，代表先天與後天之交會。此時須及時採取，這就是火候的功夫。換言之，壬水八兩、癸水八兩，共成一斤，腎生之水先天與後天均調，比喻真鉛與真汞調停相等的火候之功。

「調停火候托陰陽」，陰陽，指坎卦陰中之陽爻，離卦陽中之陰爻。此處是說：要調停火候，必須以坎卦中之一陽換取離卦中之一陰，取坎填離，使離卦變為純陽（乾卦），坎卦變為純陰（坤卦）——後天轉為先天。換言之，火候拿捏的準則，以如何掌握取坎填離的原則——「陰陽」為譬喻。

仇兆鰲《悟真篇集註》云：「補註：陰陽指陽火、陰符。……翼註：陽為火，陰亦為火，陰陽調，即是火。」〔註97〕、朱元育《悟真篇闡幽》云：「大藥不計斤，而云重一斤者，取其至足也。金丹之圓，比合兩弦真炁以成之。

〔註92〕《紫陽真人悟真篇三注・卷二》，頁982。
〔註93〕《紫陽真人悟真篇講義・卷二》，頁38。
〔註94〕台北：自由，1999年4月，頁83。
〔註95〕陸西星《玄膚論・神室論》曰：「人有三谷，乃元神之室，靈性之所存也。其空如谷，又名谷神。……人身之中，上曰天谷，泥丸是也；中曰應谷，絳宮是也；下曰靈谷，關元是也。此三谷者，神皆居之，謂之三田。」（《藏外道書》，成都：巴蜀書社，第五冊，1994年12月，頁364）。
〔註96〕台北：自由，1998年1月，頁70。
〔註97〕台北：自由，1999年4月，頁81，84。

其間金水各半，不及則嫩，太過則老，不先不後之間，可失其平乎？採時謂之藥，藥中有火焉。真火本無候，而云調停者，取其至均也。……鍊時謂之火，火中有藥焉。」〔註98〕以及劉一明《悟真直指》曰：「壬水藏於癸水之中，非癸水生，而壬水不現，真鉛不見。鉛遇癸生者，正陰陽二氣交接，癸方生而猶未用事，壬水未散，真知未昧，急須採取。……然欲二八數足，全憑調停火候，明老嫩，知止足，辨吉凶，識急緩，時當進陽即進陽，時當運陰即運陰。……調停火候，正以剛柔不停而調之。藥重一斤，剛柔俱歸中正，二八相當，陰中有陽，陽中有陰，陰陽混成，剛柔悉化。」〔註99〕

> 《周易參同契》：「火記不虛作，演《易》以明之。偃月法鼎爐，白
> 虎為熬樞，汞日為流珠，青龍與之俱。舉東以合西，魂魄自相拘。
> 上弦兌數八，下弦艮亦八。兩弦合其精，乾坤體乃成。二八應一斤，
> 易道正不傾。」〔註100〕

此章同樣在陳述內丹藥物產生時須及時採取，並且要注意均平、衡勻。而藥物的均勻，牽涉到火候的功夫，因此，本章亦說明內丹火候運用情形。

「火記不虛作，演《易》以明之」，火記，指古代記載內丹火候之書，仿《周易》而作，書名曰《火記》。因為有六百篇，所以又稱《火記》六百篇。演，推演。此處是說：《火記》這部講內丹火候之書，是以《周易》卦爻為象徵來陳述火候的運用。

「偃月法鼎爐，白虎為熬樞」，偃月，仰月，泛指上弦與下弦的月象。法，效法、象徵。鼎爐，煉丹的器具。內丹修煉時指上、中、下三丹田。白虎，虎屬陰，為西方肺金之象。生於坎，坎為水，即真鉛，是內丹修煉的基本藥物。熬，煎熬。樞，樞機、樞紐。因此，白虎為熬樞，指真鉛為煉丹的主要藥物。

「汞日為流珠，青龍與之俱」，汞日，指日象。汞，水銀。此處形容日光四射，無處不到，好像水銀瀉地，無孔不入一樣。流珠，因為汞又稱水銀，其性如水之流，其體若珠之圓，其形閃爍有光象日，所以汞又稱流珠。青龍，龍屬陽，為東方肝木之象。生於離，離為火，即真汞，亦是內丹修煉的基本藥物。

「舉東以合西，魂魄自相拘」，魂魄，指真汞與真鉛，亦指青龍和白虎。

〔註98〕台北：自由，1998年1月，頁71。

〔註99〕《道書十二種・悟真直指》，《藏外道書》第八冊，成都：巴蜀書社，1994年12月，頁341～342。

〔註100〕《周易參同契分章通真義・卷上》，頁140。

上述的主旨是：白虎代表真鉛，青龍代表真汞，用真意促使結合，就能成為丹頭〔註101〕。又五行中，青龍為東方木，白虎為西方金，金能剋木，兩者不能相融，唯有通過真意的作用，才能結合。真鉛為水，真汞為火，白虎為金，青龍為木，真意為土。金木歸併，龍虎自伏；水火和合，鉛汞自結。而自伏與自結，必賴中央戊己土，因此《悟真篇》曾云：「四象五行全藉土」〔註102〕、陶素耜《周易參同契脈望》註云：「丹法至簡至易，但舉東方青龍之魂，以合西方白虎之魄。則東西既無間隔，自然魂魄相拘，鼎內龍虎之氣，兩相鈐制而成金液，而鉛汞同爐，大丹立就矣。」〔註103〕

「上弦兌數八，下弦艮亦八」，上弦，初八日為上弦，當兌卦，是上弦月象。數八，從初一至初八共八天。下弦，二十三日為下弦，當艮卦，是下弦月象。從十五至二十三日亦是八天。

「兩弦合其精，乾坤體乃成」，指上下兩弦陽精陰精分別相合。上弦月之陽精合下弦月之陽精而為滿月（望），應乾卦純陽之體。上弦月之陰精合下弦月之陰精就看不見月（晦），應坤卦純陰之體。「二八應一斤，易道正不傾」，舊制一斤為十六兩，八兩為半斤，二八即兩個半斤。不傾，要求平衡的意思。

此處具體的意義是：上弦的月象是陽伸陰屈，陽長陰消，這時真汞萌生，必須及時採取。汞為火，分為先天丙火與後天丁火，兩火必定同時出現，但只有先天丙火才是真汞。兩火共一斤，取其丙火真汞八兩，送入丹田。下弦的月象是陰伸陽屈，陰長陽消，此時真鉛萌生，亦須及時採取。鉛為水，分為先天腎水為壬水與後天腎水為癸水，兩水亦必定同時出現，但只有先天壬水才是真鉛。兩水共一斤，取其壬水真鉛八兩，送入丹田與真汞交會。真鉛八兩配真汞八兩，合起來正好是一斤，兩者劑量均衡，正符合易學中陰陽必須平衡的要求。

〔註101〕任繼愈主編，《宗教大辭典·丹頭》云：「煉丹家用爐火燒煉鼎中的鉛汞及其他藥石，初步煉成的丹藥，成黍粒狀的丹餌，作『點化』用者，即是煉丹的引子，稱丹頭。內丹家以鉛汞比喻陰精陽氣，認為煉丹之初，陰陽相感，水火同根，內生真一之體，種於丹田之中，溫養保扶，則丹頭日漸長成。張伯端《悟真篇》：『偃月爐中玉蕊生，朱砂鼎內水銀平，只因火力調和後，種得黃芽漸長成。』董德寧注：『此黃芽者，非指黃芽之鉛，乃是丹頭之喻。』」（上海辭書，1998年8月，頁160）。

〔註102〕《修真十書·悟真篇》，頁719。

〔註103〕台北：自由，2000年10月，頁166。

仇兆鰲《古本參同契集註》中陸西星註曰：「既知藥物，當識觔（斤）兩。丹家溫養，有取於二八兩弦者，用藥貴乎勻平也。蓋上弦直兌，自朔計之，其數得八；下弦直艮，以望計之，其數亦八。此時金水各半，陰陽適均，藥物平平，可以合丹。故兩弦合精，乃成乾坤之體；二八一觔，方得陰陽之正。故曰易道正不傾。」〔註104〕與朱元育《參同契闡幽》註云：「此節言兩弦之炁，合而成丹也。自震庚一點僵月，進至一陽，便屬上弦之兌，其卦氣納丁，此時水中胎金，魄中魂半，所謂上弦金半斤。……下弦之艮，其卦氣納丙，此時金中胎水，魂中魄半，所謂下弦水半斤。……夫兩弦既合，鉛止半斤，汞惟八兩，正應金丹一斤之數。」〔註105〕

三、元神、元精與真意

其三云：「三五一都三個字，古今明者實然稀」者，即《參同契》

「三五與一天地至精，可以口訣，難以書傳」之旨。

此處引用《悟真篇》：「三五一都三個字，古今明者實然稀。東三南二同成五，北一西方四共之。戊己自居生數五，三家相見結嬰兒。嬰兒是一含真炁，十月胎圓入聖基。」〔註106〕

「三五一」，三，三家，指元神、元精、真意。五，指相合成家，據《河圖》生數相合成五而來。一，指丹母。已成曰金丹，未成曰丹母。〔註107〕「東三南二同成五，北一西方四共之。戊己自居生數五」，據《河圖》東三為木，南二為火，木生火合為五數，成為一家，在人相應是肝魂與心神而合為元神；北一為水，西四為金，金生水合為五數，成為一家，在人相應是肺魄與腎精而合為元精。從一至九，一、二、三、四、五為生數，前四數居《河圖》內圍，而五獨居中央，六、七、八、九為成數，居《河圖》外圍。五數自成一家，在人相應是脾意，內丹修煉時稱真意。〔註108〕「三家相見結嬰兒」，指元神與元

〔註104〕台北：自由，1994年1月，頁437。

〔註105〕台北：自由，2000年2月，頁103～105。

〔註106〕《修真十書·悟真篇》，頁720。

〔註107〕胡孚琛主編，《中華道教大辭典·第九類內丹學·丹母》云：「丹母，水中之金，或陰中之陽。指半熟丹質。宋張伯端《悟真篇》：『黑中有白為丹母，雄裡懷雌是聖胎。』宋陸墅注：『黑中有白，是水中之金，即坎中之陽氣，人能採此真陽之氣，結而成丹，所謂，雄裡懷雌也。』」（北京：中國社會科學，1995年8月，頁1205）。

〔註108〕清胡渭，《易圖明辨·卷一·河圖洛書》云：「天一生水在北，地二生火在南，

精由真意作媒介，而相互結合。嬰兒，即丹母或金丹的代稱。「嬰兒是一含真炁，十月胎圓入聖基」，一，指三家合一所凝結的丹母或金丹。十月胎圓，比喻煉丹成就，內丹修煉的方法將煉炁化神稱「十月關」，譬喻如十月懷胎。入聖基，奠定成聖成仙的基礎。

　　本首詩的意義是講：內丹修煉時如何調和、聚集自身的精、氣、神以及真意在修煉中的作用。五臟中有心神、肝魂、脾意、肺魄、腎精，通過五臟的五行特徵，以及五行在《河圖》中生數相合成五的相生特點，因而形成元神、元精、真意三家。再由三家相合，凝結成一（丹母），再經溫養之功（十月懷胎），生長成金丹。

　　翁葆光註曰：「三五一，不離龍虎也。龍屬木，木數三，居東。木能生火，故龍之弦氣屬火。火數二，居南。二物同源，故三與二合成一五也。虎屬金，金屬四，居西。金能生水，故虎之弦氣屬水。水數一，居北。二物同宮，故四與一合成二五也。二物之五，交於戊己之中宮。中宮屬土，土生數五，是為三五也。三五合而成丹，丹者，一也。故曰：三五一也。此三簡字，自古迄今，能合三五一而成丹、能了達嬰兒者，實稀有也。一即金丹也。嬰兒者，即丹也。丹是一。」〔註109〕、戴起宗疏曰：「一、二、三、四、五，生數。生則有兆而未成形，非世間有質之五行，天地虛無之氣，此為先天。六、七、八、九、十，成數。成則有形，非先天無質之五行，此為後天。……金丹因先天五行成丹，故只取五行生數。」〔註110〕、夏宗禹云：「五行造化之妙，必歸於五。蓋以五為土數，土為丹祖。以東三之木，南二之火，歸於陽位，同成於五；北一之水，西四之金，處於陰位，亦成於五；至戊己，

天三生木在東，地四生金在西，天五生土在中。然而陽無耦，陰而無妃（配），未相成也。于是地六成水於北，與天一并（一六在北）；天七成火於南，與地二并（二七在南）；地八成木於東，與天三并（三八在東）；天九成金於西，與地四并（四九在西）；地十成土於中，與天五并（五十在中）。」（台北：廣文，1994 年 3 月，頁 15）與黃宗羲，《易學象數論·卷一·圖書》：「揚雄曰：三八為木，為東方；四九為金，為西方；二七為火，為南方；一六為水，為北方。又曰：一與六共宗，二與七共明，三與八成友，四與九同道，五與十相守。乾坤鑿度曰：天本一，而立一為數原，地配生六，成天地之數，合而成水性。天三地八木，天七地二火，天五地十土，天九地四金。虞翻易注曰：一六合水，二七合火，三八合木，四九合金，五十合土。」（台北：廣文，1998 年 9 月，頁 16）。

〔註109〕《紫陽真人悟真篇注疏·卷三》，頁 930～931。
〔註110〕同上，頁 931。

自以五數而生土。今平叔不言四象合和、五行攢簇，而獨言三家相見者，何也？蓋金木無令間隔，得土居中而為媒婆，是三家也。水火運化為既濟，得土居中而為勾般（陳），亦三家也。所謂遇土卻成三姓，若無戊己不成丹也。」〔註111〕、朱元育《悟真篇闡幽》云：「此章言金丹造化，不出《河圖》也。……以《河圖》參之，東三之木在人為魂，南二之火在人為神，木火為侶，兩者合成一家，陽內藏陰，其中虛靈，具有心象，故曰：東三南二同成五。西四之金在人為魄，北一之水在人為精，金水共處，兩者合成一家，陰內藏陽，其中滿實，具有身象，故曰：北一西方四共之。中宮之土，兼攝木火金水，總持精、神、魂、魄，自成一家，獨而無偶，真意之象。身心會合而歸中黃，三家相見之象，於是真種生，聖胎結矣。即《參同契》所謂『三物一家，都歸戊己也』，故曰：戊己自居生數五，三家相見結嬰兒。夫後天之心，即先天元精也；後天之身，即先天元炁也；後天之意，即先天元神也。」〔註112〕與仇兆鰲《悟真篇集註》云：「三五一之說，出自《參同契》，而實本於《河圖》。」〔註113〕

　　董德寧《悟真篇正義》認為此章，即《周易參同契》之「木火為侶」、「金水合處」與「戊己號稱五」之旨。〔註114〕《周易參同契》曰：「三五與一，天地至精，可以口訣，難以書傳」〔註115〕

　　此處亦在說明：內丹修煉時如何將元神與元精，通過真意的作用聚合以成為一（金丹）。其中同樣借用《河圖》的生數來描寫此攢聚的過程。三五，三指五行中的木火、金水、土三組。木生數為三、火生數為二，合成一個五；水生數是一、金生數是四，也成一個五；中央真土，自成一個五，如此稱為三五（或水生數為一，火的生數是二，合而成三，五指土數五）。一是指上述三個五（木火、金水、土三組）合而成一（或水、火、土三者混合為一）。俞琰

〔註111〕《紫陽真人悟真篇講義・卷四》，頁41。

〔註112〕台北：自由，1998年1月，頁44～47。

〔註113〕台北：自由，1999年4月，頁111。

〔註114〕董德寧《悟真篇正義》云：「夫三五一之義，其東三之木，與南二之火，合而成五，《參同契》所謂『木火為侶』是也。其北一之水，與西四之金，合而為五，《參同契》所謂『金水合處』是也。其戊己為土，而土之生數，自居其五，《參同契》所謂『戊己號稱五』是也。……《參同契》曰『三五與一，天地至精，可以口訣，難以書傳』此之謂也。」（台北：自由，2002年1月，頁17～18）。

〔註115〕《周易參同契分章通真義・卷中》，頁150。

注曰：「三者，水一火二合而成三也。五者，土也。三五為一者，水、火、土相與混融，化為一氣也。」〔註116〕、上陽子陳致虛注云：「東南同五，木三火二，西北同五，水一金四，中央戊己，是曰三五。」〔註117〕、仇兆鰲《古本參同契集註》註曰：「三個五，合為一，所謂三家相見結嬰兒也。」〔註118〕、陶素耜《周易參同契脈望》註云：「木火為侶，金水合處，戊己數五謂之三五。合二五為一者，金丹也。」〔註119〕以及朱元育《參同契闡幽》註云：「東三南二，合成一五。北一西四，合成一五。中央戊己真土，自成一五，是謂三五。混南北，併東西，攢簇于中土之內，是之謂一。」〔註120〕

四、五行生剋以鉛制汞

其四云：「木生於火本藏鋒，要須制伏覓金公」者，即《參同契》

「河上姹女，得火則飛，將欲制之，黃芽為根」之旨。

此處引用《悟真篇》：「木生于火本藏鋒，不會鑽研莫強攻。禍發只因斯害己，要須制伏覓金翁。」〔註121〕

「木生于火本藏鋒」，按五行生剋之理，木生火。《陰符經》云：「火生於木，禍發必剋。奸生於國，時動必潰。知之修鍊，謂之聖人。」李筌註曰：「火生於木，火發而木焚；奸生於國，奸成而國滅。木中藏火，火始於无形；國中藏奸，奸始於无象。非至聖，不能修身鍊行，使奸火之不發。」〔註122〕，火生於木，火生後木反而自焚，因而木雖生火，但卻隱藏有自焚之患。因此，藏鋒（烽）指潛藏著禍患。「不會鑽研莫強攻」，鑽研，鑽木摩擦使生火之意，此處指內丹修煉中火候的使用。內丹用火必須明白口訣，何時用武火，何時用文火，何時為沐浴，應遵守一定的法則。所以在未明口訣法則之前，切莫私自鑽研火候，以免無論有藥與無藥，皆用武火強攻，反而自傷其身。此之謂「不會鑽研莫強攻」之意。

「禍發總因斯害己，要須制伏覓金公」，禍發，指用火不當，自害其身之

〔註116〕《周易參同契發揮・卷七》，《道藏》（三家本），第二十冊，頁241。
〔註117〕《周易參同契分章注》，《藏外道書》，第九冊，1994年12月，頁257。
〔註118〕台北：自由，1994年1月，頁329。
〔註119〕台北：自由，2000年10月，頁209。
〔註120〕台北：自由，2000年2月，頁256。
〔註121〕《修真十書・悟真篇》，頁728。
〔註122〕《黃帝陰符經集注》，《道藏》（三家本），第二冊，頁718。

事已經產生。斯，指上述不知口訣的妄用火候，即盲修瞎煉。制伏，指以鉛制汞。鉛為元精，汞為元神（據《河圖》東三為木，南二為火，木生火合為五數，成為一家，在人相應是肝魂與心神而合為元神；北一為水，西四為金，金生水合為五數，成為一家，在人相應是肺魄與腎精而合為元精）。五行中金既剋木，水亦剋火，所以內丹修煉時運用火候，讓元精制伏元神，以易於下沉之元精牽制易動上飛之元神，如此浮沉俱息，元精不沉，元神不散。因此才說「要須制伏覓金公」，鈆，古體「鉛」字，左金又公，即「鉛」之異體字。

戴起宗疏曰：「火生於木，鑽之大過，必焚其木為火燼，木譬一身也。」〔註123〕、上陽子陳致虛註曰：「木喻此身，此身日夜長大，而精氣復至乎我之身矣。至于年壯，我之精氣且盛，而愛慾之禍至矣。不可得而制伏，若欲制伏，必得先天真鉛方可。然不得真師指示真鉛端的、次第，切莫強為也。」〔註124〕、夏宗禹云：「木能生火，火藏於木而不自露；人身有火，火藏於身而不自知。惟善鑽研者，可以奪天地之造化，故鑽燧以攻火，則火不在吹噓，而在鑽研之工；焚身以起火，火不在外假，而在修養之道。《陰符經》云：『火生於木，禍發必剋』。是木以火而自焚，人以火而自害，惟聖人制伏此火。從其本始而制之，則覓金公以剋木。況金能生水，而水又能剋火，如此則木火不足為吾之禍，而反為吾之福矣。豈非善鑽研之道乎。」〔註125〕、劉一明《悟真直指》曰：「倘不會鑽研實理，而即冒然下手，……非徒無益，而又害之。如火生於木，禍發必克，木反為火所焚，自傷其生。……蓋大丹以金公為主人公，若舍金公而欲煉己，徒取其禍。故張三丰云：『煉己時須用真鉛』真鉛金公。」〔註126〕、董德寧《悟真篇正義》云：「《陰符經》曰：『火生於木，禍發必剋』。蓋火雖生於木，而火發木必焚矣。故曰：火生於木本藏鋒也。若修丹不明運火之法，而強為以攻治之，猶鑽研其木太過，則必火發禍生以致害也。金公者，鈆字之分也。謂要擒制其木火，須覓金水以剋伏之也。」〔註127〕以及朱元育《悟真篇闡幽》云：「只因鑽木發火，烽焰一發，即能燒卻本身矣。所謂禍發必剋而害己也。此豈可以私智鑽研，強為攻治乎？必欲制伏，非水中

〔註123〕《紫陽真人悟真篇注疏・卷六》，頁 950。

〔註124〕《紫陽真人悟真篇三注・卷三》，頁 997。

〔註125〕《紫陽真人悟真篇講義・卷四》，頁 47。

〔註126〕《道書十二種・悟真直指》，《藏外道書》第八冊，成都：巴蜀書社，1994 年 12 月，頁 359。

〔註127〕台北：自由，2002 年 1 月，頁 28。

之金不可。蓋木性輕浮，金性鎮重，木汞木流走不定，一見金鉛，自然受制。……
金既制木，水即制火，豈復有禍發必剋之患乎？」〔註128〕

　　《周易參同契》：「河上姹女，靈而最神。得火則飛，不見埃塵。鬼
　　隱龍匿，莫知所存。將欲制之，黃芽為根。」〔註129〕

　　本章亦在說明真鉛制伏真汞的內丹學原理。「河上姹女，靈而最神」，河
上，指後天八卦中南方離位（午位）。姹女，美女，指離卦得坤卦之中爻而
為中女。因此，河上姹女意指離為中女居於南方午位三河車之地。離位（午
位）在人體中為頭頂正中之百會穴，即內丹修煉中之上丹田（泥丸宮）。內
丹修煉時「運周天火候，緣督（脈）後升至泥丸止，循任（脈）前降自泥丸
始」〔註130〕。換言之，泥丸是「真元之炁自尾閭經夾脊、玉枕，到泥丸宮
上升之路，及自泥丸經黃庭，到下田下降之路」（又稱「河車路」）〔註131〕。
易言之，泥丸宮是內丹修煉時河車上升、下降之轉折點。河車，指「腎間動
炁。內丹家認為，元陰元氣交融後，腎中產生一種真炁（真元之炁），能在
經絡中上下循環，起交通運轉作用，如車在河中，載物返還，故曰『河車』。」
〔註132〕《鍾呂傳道集・論河車》云：「蓋人身之中，陽少陰多，言水之處甚
眾。車則取意於搬運，河乃主象於多陰，故此河車，不行於地而行於水。……
河車者，起於北方正水之中，腎藏真氣，真氣之所生之正氣，乃曰河車。」
〔註133〕、《西山群仙會真記》曰：「而曰河車者，取意於人身之內，萬陰之
中，有一點元陽上升，薰蒸其胞絡，上生元氣，……故車行于河，如炁在血
絡之中，炁中暗藏真水，如車載物。」〔註134〕

　　三河車，則為牛車、鹿車、羊車。即內丹修煉時用火之三階段。王沐《悟
真篇丹法要旨》云：「丹法在講運火採藥時，用火候有三個階段，即羊車、鹿
車、牛車。由尾閭關至夾脊關，細步慎行，如羊駕車之輕柔；由夾脊關至玉枕
關，巨步急奔，如鹿駕車之迅捷；由玉枕關至泥丸，因玉枕關極細極微，必需

〔註128〕台北：自由，1998年1月，頁142～143。

〔註129〕《周易參同契分章通真義・卷中》，頁151。

〔註130〕胡孚琛主編，《中華道教大辭典・第九類內丹學・泥丸》，北京：中國社會科
　　　　　學，1995年8月，頁1177。

〔註131〕胡孚琛主編，《中華道教大辭典・第九類內丹學・泥丸》，頁1176。

〔註132〕陳永正主編，《中國方術大辭典・內丹・河車》，廣東：中山大學，1991年7
　　　　　月，頁503。

〔註133〕《道藏》（三家本），第四冊，頁671。

〔註134〕《道藏》（三家本），第四冊，頁426。

用大力猛衝，如牛駕車之奮猛。此種比喻，必須有藥時纔用，所謂『載金三車，直上昆侖』。」〔註135〕，靈而最神，謂真汞（元神）其性靈動，變化莫測。

「得火則飛，不見埃塵。鬼隱龍匿，莫知所存。將欲制之，黃芽為根」，火，加熱，內丹修煉中指以意念控制火候。埃塵，指蹤影。鬼隱龍匿，比喻無影無蹤。真汞體性靈動，如丹砂（硫化汞）加熱即分離出汞，而汞加熱容易蒸發（飛走），代表內丹修煉內藥變化過程中，真汞的產生不易掌握。所以必須以黃芽（真鉛）來制伏它。

俞琰注曰：「真汞產於離，離為女，居午。以分野言之，午為三河，故稱河上姹女。究其所從來，蓋由虛心凝神而得之，實自心中出，是以謂之靈汞，又謂之神汞。其性猛烈，見火則飛走無蹤，猶如『鬼隱龍匿，莫知所存』，非用『黃芽為根』何以制之？黃芽，即真鉛也。汞得真鉛，擒制交結，然後不能飛走，此所以用之為金丹之根也。」〔註136〕、仇兆鰲《古本參同契集註》中陸西星註曰：「姹女靈汞也。此汞屬於離宮，午之分野為三河，故云河上。自離火一動，則飛走無蹤，如鬼隱龍匿，而莫知其鄉矣。汞謂之靈，又謂之神者，靈則感而遂通，神則無方無體。惟其最靈最神，故難以攝伏，必得坎中黃芽，方能制之。」〔註137〕、董德寧《周易參同契正義》註曰：「姹女者，乃砂中之汞也。以汞屬木出於離，而離為中女居於午，其午之分野乃三河，故曰『河上姹女』也。汞之體善於流走，汞之性善於變化，故曰『靈而最神』也。……若欲制而伏之，當用鉛中之銀，謂之黃芽，以擒其姹女靈汞，使不飛走，乃為制御之根本。」〔註138〕以及朱元育《參同契闡幽》註云：「此節言

〔註135〕《悟真篇淺解·附錄一》，頁295。三河車之說除上述之外，又有：小周天、玉液河車、大周天與小河車、大河車、紫河車兩種說法。胡孚琛主編，《中華道教大辭典·第九類內丹學·三車》曰：「李涵虛《三車秘旨》：『三車者，三件河車也。第一件運氣，即小周天子午運火也。第二件運精，即玉液河車，運水溫養也。第三件精氣兼運，即大周天運先天金汞，七返還丹，九還大丹也。』……《天皇至道太清玉冊》卷八：『三河車：採藥進火，添汞抽鉛，曰小河車。大藥漸成，上補下煉，曰大河車。還丹煉形，合道入仙，曰紫河車。』……三車之說，起於釋門用語。《妙法蓮華經》卷三《譬喻品》：『長者告諸子言：羊車、鹿車、牛車，今在門外，可以遊戲。汝等於此火宅，宜速出來。』用以比喻菩薩、緣覺、聲聞等大、中、小三乘。」（北京：中國社會科學社，1995年8月，頁1137）。
〔註136〕《周易參同契發揮·卷七》，《道藏》（三家本），第二十冊，頁243。
〔註137〕台北：自由，1994年1月，頁348。
〔註138〕台北：自由，2002年1月，頁101。

以鉛制汞，乃金丹之作用。……張平叔所謂『要須制伏覓金公』是也。故曰『將欲制之，黃芽為根。』」〔註 139〕

五、《四庫全書總目提要》未錄之《悟真篇》承繼《周易參同契》之處

除了上述《四庫全書總目提要》所提的四處之具體承繼關係的內容外，《悟真篇》與《周易參同契》的繼承關係又有如下的內容〔註 140〕：

1、《悟真篇》「南北宗源翻卦象」〔註 141〕者，即《周易參同契》「循據璿璣，升降上下。周流六爻，難可察覩。故无常位，為易宗祖。」〔註 142〕以及《悟真篇》「晨昏火候合天樞」〔註 143〕者，即《周易參同契》「朔旦屯直事，至暮蒙當受。」〔註 144〕之旨。

2、《悟真篇》「黃芽生處坎離交」〔註 145〕、「黃芽白雪不難尋」〔註 146〕以及「只因火力調和後，種得黃芽漸長成。」〔註 147〕者，即《周易參同契》「將欲制之，黃芽為根」〔註 148〕、「玄含黃芽，五金之主。」〔註 149〕

3、《悟真篇》「不識玄中顛倒顛，爭知火裏好栽蓮。牽將白虎歸家養，產箇明珠似月圓。」〔註 150〕與「金公本是東家子，送向西鄰寄體生，認得喚來歸舍養，配將姹女作親情。」〔註 151〕者，即《周易參同契》「金來歸性初，乃

〔註 139〕台北：自由，2000 年 2 月，頁 268，270。

〔註 140〕此處十三項之《悟真篇》與《周易參同契》的承繼關係的內容，主要根據《修真十書・悟真篇》中「註解」之說法，再經筆者與彭曉《周易參同契分章通真義》一書相互查考後所得的結果。因為篇幅的關係，筆者無法如上述一樣一一詳論，因此，引文的詳細內容釋意，《悟真篇》請參閱王沐《悟真篇淺解》（北京：中華，1997 年 10 月）的註解，至於《周易參同契》請參閱：劉國樑注譯、黃沛榮校閱之《新譯周易參同契》（台北：三民，1999 年 11 月）一書。

〔註 141〕《修真十書・悟真篇》，頁 715。

〔註 142〕《周易參同契分章通真義・卷中》，頁 146。

〔註 143〕《周易參同契分章通真義・卷中》，頁 146。

〔註 144〕《周易參同契分章通真義・卷上》，頁 133。

〔註 145〕《修真十書・悟真篇》，頁 716。

〔註 146〕《修真十書・悟真篇》，頁 719。

〔註 147〕《修真十書・悟真篇》，頁 723。

〔註 148〕《周易參同契分章通真義・卷中》，頁 151。

〔註 149〕《周易參同契分章通真義・卷上》，頁 138。

〔註 150〕《修真十書・悟真篇》，頁 719～720。

〔註 151〕《修真十書・悟真篇》，頁 728～729。

得稱還丹。」〔註152〕

4、《悟真篇》「休泥丹竈費工夫，鍊藥須尋偃月鑪。」〔註153〕與「偃月鑪中玉藥生，朱砂鼎內水銀平。」〔註154〕者，即《周易參同契》「始於東北，箕斗之鄉。」〔註155〕、「偃月法鼎爐」。〔註156〕

5、《悟真篇》「竹破須將竹補宜，覆雛當用子為之。」〔註157〕與「藥逢氣類方成象」〔註158〕者，即《周易參同契》「欲作服食仙，宜以同類者。植禾當以黍，覆雞用其子。以類輔自然，物成易陶冶。魚目豈為珠，蓬蒿不成檟。類同者相從，事乖不成寶。是以燕雀不生鳳，狐兔不乳馬，水流不炎上，火動不潤下。」〔註159〕與「同類易施工兮，非種難為巧。」〔註160〕

6、《悟真篇》「離坎若還無戊己，雖含四象不成丹。」〔註161〕者，即《周易參同契》「坎戊月精，離己日光。」〔註162〕

7、《悟真篇》「震龍汞自出離鄉，兌虎鉛生在坎方，二物總因兒產母。」〔註163〕者，即《周易參同契》「金為水母，母隱子胎，水者金子，子藏母胞。」〔註164〕

8、《悟真篇》「縱識朱砂與黑鉛，不知火候也如閑。」〔註165〕與「契論經歌講至真，不將火候著於文。要知口訣通玄處，須共神仙子細論。」〔註166〕者，即《周易參同契》「《火記》六百篇，所趣等不殊。文字鄭重說，世人不熟思。尋度其源流，幽明本共居。竊為賢者談，曷敢輕為書。若遂結舌瘖，絕道獲罪誅。寫情著竹帛，又符泄天符。」〔註167〕

〔註152〕《周易參同契分章通真義·卷中》，頁143。
〔註153〕《修真十書·悟真篇》，頁723。
〔註154〕《修真十書·悟真篇》，頁723。
〔註155〕《周易參同契分章通真義·卷中》，頁145。
〔註156〕《周易參同契分章通真義·卷上》，頁140。
〔註157〕《修真十書·悟真篇》，頁724。
〔註158〕《修真十書·悟真篇》，頁736。
〔註159〕《周易參同契分章通真義·卷上》，頁141。
〔註160〕《周易參同契分章通真義·卷下》，頁155。
〔註161〕《修真十書·悟真篇》，頁725。
〔註162〕《周易參同契分章通真義·卷上》，頁134。
〔註163〕《修真十書·悟真篇》，頁726。
〔註164〕《周易參同契分章通真義·卷上》，頁138。
〔註165〕《修真十書·悟真篇》，頁729。
〔註166〕《修真十書·悟真篇》，頁729。
〔註167〕《周易參同契分章通真義·卷上》，頁142。

9、《悟真篇》「玄珠有象逐陽生，陽極陰消漸剝形。十月霜飛丹始熟，恁時神鬼也須驚。」〔註168〕與「冬至一陽來復，三旬增一陽爻。月中復卦朔晨超，望罷乾終姤兆。日又別為寒暑，陽生復起中宵。午時姤象一陰朝，鍊藥須知昏曉。」〔註169〕者，即《周易參同契》「朔旦為復，陽氣始通。」〔註170〕、「夬陰以退，陽升而前。」〔註171〕、「乾健盛明，廣被四鄰。」〔註172〕以及「姤始紀序，履霜最先。」〔註173〕

10、《悟真篇》「前弦之後後弦前，藥味平平氣象全。」〔註174〕者，即《周易參同契》「以金為隄防，水入乃優游。金計有十五，水數亦如之。臨爐定銖兩，五分水有餘。二者以為真，金重如本初。其三遂不入，火二與之俱。三物相合受，變化狀若神。下有太陽氣，伏蒸須臾間。先液而後凝，號曰黃輿焉。」〔註175〕

11、《悟真篇》「長男乍飲西方水，少女初開北地花，若使青娥相見後，一時關鎖住黃家。」〔註176〕與「若要真鉛留汞，親中不離家臣。木金間隔會無因，須假黃婆媒娉。木性愛金順義，金情戀木慈仁。相吞相啖卻相親，始覺男兒有孕。」〔註177〕者，即《周易參同契》「三物一家，都歸戊己。」〔註178〕

12、《悟真篇》「兔雞之月及其時，刑德臨門藥象之。到此金砂須沐浴，若還加火必傾危。」〔註179〕者，即《周易參同契》「刑主伏殺，德主生起。二月榆落，魁臨於卯，八月麥生，天綱據酉。」〔註180〕

13、《悟真篇》「七返朱砂返本，九還金液還真。休將寅子數坤申，但看五行成準。」〔註181〕者，即《周易參同契》「天地之雌雄兮，徘徊子與午。寅

〔註168〕《修真十書‧悟真篇》，頁730。
〔註169〕《修真十書‧悟真篇》，頁742～743。
〔註170〕《周易參同契分章通真義‧卷中》，頁146。
〔註171〕《周易參同契分章通真義‧卷中》，頁146。
〔註172〕《周易參同契分章通真義‧卷中》，頁146。
〔註173〕《周易參同契分章通真義‧卷中》，頁147。
〔註174〕《修真十書‧悟真篇》，頁730。
〔註175〕《周易參同契分章通真義‧卷上》，頁142。
〔註176〕《修真十書‧悟真篇》，頁731。
〔註177〕《修真十書‧悟真篇》，頁741。
〔註178〕《周易參同契分章通真義‧卷中》，頁152。
〔註179〕《修真十書‧悟真篇》，頁731。
〔註180〕《周易參同契分章通真義‧卷中》，頁152。
〔註181〕《修真十書‧悟真篇》，頁740。

申陰陽祖兮，出入復終始。」〔註182〕

小結

《悟真篇》篇末附有〈讀《周易參同契》〉一文，其提出解讀《周易參同契》的新思路──「得意忘象、得象忘言」！類比於王弼的方法論，不沾染各種雜術，擺脫往昔形式化的束縛，提出一種新的解讀方法，是張伯端對《周易參同契》建設性與創造性的詮釋。而《悟真篇》正是以此方法來闡述丹道思想。

《四庫全書總目提要》僅條目式地指出《悟真篇》與《周易參同契》有四處明顯的承繼關係，但卻沒有詳細陳述其具體的關係內容。因而，本論文便仔細比較、詳細說明《悟真篇》的「內丹」思想與《周易參同契》的具體承繼關係之思想內容共四點：1 丹藥產生的處所與時間、2 採藥、封爐與煉藥、3 元神、元精與真意、4 五行生剋以鉛制汞。並羅列了十三條《四庫全書總目提要》未錄之《悟真篇》與《周易參同契》的關係處之資料。

由上述《四庫全書總目提要》所提的四處承繼關係（再加筆者的詳述），以及外加所列的十三項關係之內容，可以看出《周易參同契》對《悟真篇》內丹思想發生影響。易言之，《悟真篇》真正繼承《周易參同契》的丹道思想，而為《參同契》後，內丹經典的代表性著作！

此章的功用，主要是為了強化與證明《悟真篇》與《周易參同契》的承繼關係。因而，便以《四庫提要》所提出的四個關聯處來加以分析、比較與探討。如此本論文的進行順序，便可順理成章的由探討《周易參同契》轉而變成對張伯端《悟真篇》的討論。所以此章，對於「《周易參同契》與《悟真篇》的關係」具有文獻與思想的承繼及轉折作用。

〔註182〕《周易參同契分章通真義‧卷下》，頁 154。

第六章 《悟真篇》的內丹思想與 鍾呂金丹派的關係

　　此章置於本論文第四順位（扣除第一、二章）的原因，在於由丹道思想的「歷史脈絡」角度來看，「鍾呂金丹派」正好位於《周易參同契》（外丹）過渡到《悟真篇》（內丹）的中間過渡階段。因此，本論文介紹「《悟真篇》內丹思想與鍾呂金丹派的關係」這個論題，原因是想藉此說明道教「丹道理論」由「外丹」傳統初步轉換為「內丹」的這個中介過渡過程，如此將可彌補丹道理論由「外丹」突然轉向「內丹」的中間歷史空白階段。所以，此章具有丹道理論之歷史性功能以及由外丹轉向內丹的中介承繼功用。

　　盧國龍先生在《道教哲學・第三章・第三節兩宋內丹道及《悟真篇》之丹道淵源》中，提出：「談及《悟真篇》丹道淵源，我們首先會遇到的，是其如何通過劉海蟾得傳鍾呂金丹道的問題，這在目前關於《悟真篇》的研究中，幾乎成為一種慣例。……所謂張伯端經劉海蟾得傳鍾呂金丹道云云，根本就是一個假問題。而本文之所以要對這個假問題進行辨偽，目的只在於彰顯出另一個真問題，即《悟真篇》的真實文化背景。……概括而言，《悟真篇》是對《參同契》及其流系之丹道理論的總結。……《參同契》及其流系的丹道理論，即是《悟真篇》丹道的真實文化背景，是其丹道之淵源。」〔註1〕換言之，盧先生認為張伯端的內丹思想與鍾呂金丹派的內丹理論是沒有承繼的關係存在。其原因是因為：通過劉海蟾得傳鍾呂金丹道是個假問題，於是張伯端與

〔註1〕北京：華夏，1997 年 10 月，頁 533～535。

鍾呂金丹派的關係也是個假問題。

　　筆者認為此種論述是值得商榷的！縱使「通過劉海蟾得傳鍾呂金丹道是個假問題」的說法能成立，充其量僅能代表劉海蟾與張伯端沒有實際的承傳關係，並不能同時代表張伯端與鍾呂金丹道也同樣沒有承傳的關係存在。如果僅是以考證的方式來證明其承繼關係，筆者認為其研究還是停留在外圍，是屬於外圍的研究，並沒有真正進入理論核心來進行分析比較。

　　而經由筆者對「鍾呂金丹派」的內丹思想所代表的著作（《秘傳正陽真人靈寶畢法》、《破迷正道歌》、《鍾呂傳道集》、《西山群仙會真記》與《道樞》）進行爬梳後，發現其與張伯端的內丹思想在：「對道教傳統修煉方術的態度」和「內丹修煉理論」（陰陽與純陽、丹道與天道──時間攢簇理論）兩個方面，皆存在著內在的承繼關係。

第一節　「鍾呂金丹派」簡介與著作

　　「鍾呂金丹派」是「學術界對唐末五代時期出現的一支主張內丹修煉的道派的稱呼，因以鍾離權、呂洞賓為代表而得名。」〔註2〕，而所謂「金丹派」原指「秦漢以來重外丹黃白術的道派。黃白術即煉金術，以人工製造藥金和藥銀為主。外丹術即煉丹術，由煉金術發展而來，以煉製聲稱服後不死成仙的丹藥為主。二者合稱金丹術，精於金丹術的道士組成金丹派。唐末五代時內丹學興起，以人身的精、氣、神為大藥煉丹，亦稱金丹派。」〔註3〕

　　至於「鍾呂金丹派」的代表著作，則以《正統道藏》所收，題名鍾離權的著作：《破迷正道歌》〔註4〕與題名鍾離權著、呂洞賓傳的著作：《秘傳正陽真人靈寶畢法》〔註5〕以及題名鍾離權述、呂洞賓集、施肩吾傳的著作：《鍾呂傳道集》〔註6〕為主，並以施肩吾《西山群仙會真記》〔註7〕與曾慥《道樞》〔註8〕為

〔註2〕　王志遠主編，《道教百問・歷史篇・「鍾呂金丹派」對後世道教的影響如何？》（北京：今日中國，1997年9月，頁84）

〔註3〕　胡孚琛主編，《中華道教大辭典・第二類道教門派、人物・一、道教門派・金丹派》（北京：中國社會科學出版社，1995年8月，頁47）

〔註4〕　《道藏》（三家本），第四冊，頁916～918。

〔註5〕　《道藏》（三家本），第二十八冊，頁349～364。

〔註6〕　《道藏》（三家本），第四冊，頁656～682。

〔註7〕　《道藏》（三家本），第四冊，頁422～441。

〔註8〕　《道藏》（三家本），第二十冊，頁610～848。

輔。《西山群仙會真記》與《道樞》之所以會列為「鍾呂金丹派」的代表著作，原因是：「按是書與施肩吾編著之《鍾呂傳道集》內容大體一致。北宋末曾慥所輯《道樞》亦摘錄是書，題曰《會真篇》。」〔註9〕，而《道樞》中「同為內丹，則輯有魏伯陽、崔希範、陳摶、鍾離權、呂洞賓、施肩吾、劉海蟾、張伯端等大小幾十家。」〔註10〕，也就是說，施肩吾《西山群仙會真記》因為與《鍾呂傳道集》的內容相似，且施肩吾對「鍾呂金丹派」的著作，扮演著編輯與整理的角色。而曾慥《道樞》中則輯錄了關於「鍾呂金丹派」的理論（《百問篇》、《指玄篇》、《修真指玄篇》、《肘後三成篇》、《九真玉書篇》、《眾妙篇》、《會真篇》、《傳道上‧中‧下篇》、及《靈寶篇》等），因此，兩者亦可列為「鍾呂金丹派」的著作。

關於《鍾呂傳道集》是否可以代表「鍾呂金丹派」的著作這個問題？換言之，即：《鍾呂傳道集》是否為鍾離權、呂洞賓的著作？筆者在此根據任繼愈先生主編的《道藏提要‧修真十書》中對此書的評論，原則上認定是書為「鍾呂金丹派」的著作，其云：「《鍾呂傳道集》三卷，唐鍾離權述、呂巖集、施肩吾傳。乃鍾離權傳授呂洞賓丹法之問答紀錄。……是書乃唐宋間最為系統之內丹撰述，鍾呂金丹派教義之宗源。」〔註11〕；又吳楓、宋一夫主編《中華道學通典‧第二部道家人物學說‧二著作》中亦認同此種說法，其曰：「此書為唐宋間最為系統之內丹理論撰述，鍾呂金丹派教義之宗源，其與《西山群仙會真記》互為表裏，是研究道教內丹理論不可或缺的重要資料之一。」〔註12〕

第二節　與「鍾呂金丹派」的關係

張伯端的內丹思想繼承「鍾呂金丹派」的內丹思想，從外圍的對道教傳統修煉方術的態度以及內在核心的內丹修煉理論，皆存在著承繼與相似的關係。

一、對道教傳統修煉方術的態度

張伯端在《悟真篇‧自序》中指出其長期以來閱讀大量的丹經道書，所

〔註9〕任繼愈主編，《道藏提要》，北京：中國社會科學，1991年7月，頁177。
〔註10〕任繼愈主編，《道藏提要》，頁757。
〔註11〕北京：中國社會科學，1991年7月，頁193。
〔註12〕海南，1994年4月，頁1210。

以對古往今來各家各派的利弊得失，深有所察。其云：「僕幼親善道，涉獵三教經書，以至刑法、書筭、醫卜、戰陣、天文、地理、吉凶、死生之術，靡不留心詳究。惟金丹一法，閱盡羣經及諸家歌詩、論、契，皆云：日魂月魄，庚虎甲龍，水銀朱砂，白金黑錫，坎男離女，能成金液還丹，終不言真鉛真汞是何物色。不說火候法度，溫養指歸。加以後世迷徒，恣其臆說，將先聖典教，妄行箋注，乖訛萬狀。不唯紊亂仙經，抑亦惑誤後學。」〔註13〕

可以看出張伯端認為在所讀的內丹著作中，有一個通弊——就是所使用的術語語意模糊（模凌兩可，不精確），卻又千篇一律地重複使用相同的譬喻（日魂月魄，庚虎甲龍，水銀朱砂，白金黑錫，坎男離女），來陳述「真鉛真汞」。換言之，所謂「金液還丹」中的「真鉛真汞」的意義並沒有被確切的說明。因而便會有「取鉛汞為二氣，指藏府為五行，分心腎為坎離，以肝肺為龍虎，用神氣為子母，執津液為鉛汞。不識浮沉，寧分主客？何異認他財為己物，呼別姓為親兒？又豈知金木相剋之幽微，陰陽互用之奧妙？是皆日月失道，鉛汞異鑪，欲望結成還丹，不亦遠乎？」〔註14〕的情形發生。

而張伯端便將上述的情形（古今各家各派的丹法）所發生的原因分為兩種類型：一為「易遇而難成者」，另一是「難遇而易成者」，其云：

> 且今人以道門尚於修命，而不知修命之法，理出兩端：有易遇而難成者，有難遇而易成者。如鍊五芽之氣，服七耀之光，注想按摩，納清吐濁；念經持呪，嚷水叱符；叩齒集神，休妻絕粒；存神閉息，運眉間之思；補腦還精，習房中之術，以至服鍊金石草木之類，皆易遇而難成者。……夫鍊金液還丹者，則難遇易成。〔註15〕

對於「易遇而難成者」（存想、按摩、吐納、叩齒、辟穀、存神、服食、唸經、持咒、符水、房中術……），張伯端認為「已上諸法，於修身之道，率多滅裂，故施力雖多而求效莫驗。若勤心苦志，日夕修持，止可以辟病，免其非橫。一旦不行，則前功漸棄。此乃遷延歲月，事必難成。欲望一得永得，還嬰返老，變化飛昇，不亦難乎？」〔註16〕

〔註13〕《修真十書・悟真篇・序》，《道藏》（三家本），第四冊，頁712，以下只註篇名與頁數。
〔註14〕《修真十書・悟真篇・序》，頁712。
〔註15〕《修真十書・悟真篇・序》，頁711。
〔註16〕《修真十書・悟真篇・序》，頁711。

　　可以看出張伯端對「易遇而難成者」的批判是「施力雖多而求效莫驗」、「遷延歲月，事必難成」，而這些「易遇而難成者」其實就是道教傳統的修煉方術。〔註17〕因而在《悟真篇》中便有排斥一切旁門小術的現象，其云：

　　勞形按引皆非道，鍊氣湌霞總是狂。〔註18〕

　　不識真鉛正祖宗，萬般作用枉施功。休妻謾遣陰陽隔，絕粒徒教腸胃空。草木金銀皆滓質，雲霞日月屬朦朧。更饒吐納并存想，總與金丹事不同。〔註19〕

　　玄牝之門世罕知，休將口鼻妄施為。饒君吐納經千載，爭得金烏搦兔兒。〔註20〕

　　不識陽精及主賓，知他那箇是疎親。房中空閉尾閭穴，惚殺閻浮多少人。〔註21〕

　　投胎奪舍及移居，舊住名為四果徒。若解降龍并伏虎，真金起屋幾時枯。〔註22〕

　　鑑形閉氣思神法，初學艱難後坦途。倏忽雖能遊萬國，奈何棄舊卻移居。〔註23〕

　　學道人，去思己，休問旁門小法制。只知目下嚇得人，不覺自身暗憔悴。

〔註17〕據田誠陽《中華道家修煉學・上・中華道家修煉學概述》中的記載，「中華道家早期修煉方術」的內容「主要有心齋、坐忘、緣督、導引、吐納、聽息、踵息、守靜、存想、守一、辟穀、服食、房中、行炁、胎息、外丹、內丹等等」（北京：宗教文化，1999年7月，頁5）。又據鍾肇鵬主編《道教小辭典・道術》中的記載，所謂「方術」的定義是：「中國古代方士所行之術。指天文、曆算、占驗、星相、醫藥（包括巫醫）、卜筮、堪輿、遁甲、神仙、房中、冶鍊黃白等。《後漢書・方術列傳》載有華佗、費長房、左慈、解奴辜、甘始、王真等方士『探抽冥賾，參驗人區』，『定禍福，決嫌疑，幽贊於神明，遂知來物』各種未來之迹兆。其煉丹採藥、服食養生、祭祀鬼神、祈禳禁呪等為道教所承襲，成為重要的修煉濟度方法。」（上海辭書，2001年12月，頁196）。

〔註18〕《修真十書・悟真篇》，頁718。

〔註19〕《修真十書・悟真篇》，頁721。

〔註20〕《修真十書・悟真篇》，頁733。

〔註21〕《修真十書・悟真篇》，頁735。

〔註22〕《修真十書・悟真篇》，頁738。

〔註23〕《修真十書・悟真篇》，頁738。

勸後學，須猛絜，莫從拋家住他地。妙道不離自家身，豈在千山并
萬水。〔註24〕

　　排斥一切旁門小術的原因，易言之，批判這些道教傳統修煉方術的根據
在於他們是「總與金丹事不同」，且皆非「真鉛正祖宗」（真鉛汞）。換言之，
張伯端是以「金丹」大道作為判教的依據，「學仙須是學天仙，惟有金丹最
的端」〔註25〕、「萬卷仙經話總同，金丹只此是根宗」。〔註26〕而所謂「金丹」
大道的修煉對象是「自家身」（精、氣、神），「妙道不離自家身，豈在千山
並萬水」。如此，在《悟真篇》中自然對「外丹」也是持否定的態度，「人人
盡有長生藥，自是愚迷枉擺拋。……丹熟自然金滿屋，何須尋草學燒茅？」
〔註27〕、「休鍊三黃及四神，若尋眾藥更非真。……時人要識真鉛汞，不是
凡砂及水銀。」〔註28〕、「休泥丹竈費工夫，鍊藥須尋偃月爐。自有天然真
火用，不須柴炭及吹噓？」〔註29〕、「未鍊還丹莫入山，山中內外盡非鉛。
此般至寶家家有，自是愚人識不全。」〔註30〕及「身在世，也有方，祇為時
人沒度量。競向山中尋草木，伏鉛制汞點丹陽。」〔註31〕

　　對於金液還丹中的「真鉛真汞」、「火候法度」、「溫養指歸」無法明確的
指出其意旨，卻又千篇一律地重複使用相同的譬喻來陳述，這是張伯端《悟
真篇》之前丹道經典的通弊。因此張伯端便以「金丹」大道為依歸，而排斥與
否定道教傳統修煉方術（包括外丹）。〔註32〕而在「鍾呂金丹派」中亦對這些

〔註24〕　《紫陽真人悟真篇注疏·卷八·石橋歌》，《道藏》（三家本），第二冊，頁964。
〔註25〕　《修真十書·悟真篇》，頁714。
〔註26〕　《修真十書·悟真篇》，頁721。
〔註27〕　《修真十書·悟真篇》，頁716。
〔註28〕　《修真十書·悟真篇》，頁717～718。
〔註29〕　《修真十書·悟真篇》，頁723。
〔註30〕　《修真十書·悟真篇》，頁724。
〔註31〕　《紫陽真人悟真篇注疏·卷八·贈白龍洞劉道人歌》，《道藏》（三家本），第
　　　　　二冊，頁963。
〔註32〕　在《悟真篇》之前，已有《真人高象先金丹歌》提出對內丹流弊的針砭以其
　　　　　對傳統道教方術的批判，其曰：「返精內視為圜空，臍下強名太一宮。先想神
　　　　　爐崎乎內，次存真火炎其中。常當半夜子時起，採日月華投鼎裏。妄將津液
　　　　　號金精，漱下丹田作神水。自云沖妙符希夷，脫胎十月生嬰兒。勞神疲思良
　　　　　可歎，往往容色先人衰。有烹金石為九還，砂中抽汞取丹鉛。團作一斤安土
　　　　　釜，炎炎尼火相烹煎。其中方色各歸一，依稀亦有黃芽出。似是而非迷殺人，
　　　　　往往餌之成痼疾。忽斷鹽忽斷穀，或陽兮孤栖，或陰兮寡宿。或向隅而坐忘
　　　　　遺照，或遁跡兮深山窮谷。或餌便溺為九還，或鍊桑灰為大丹。或陰採兮復

傳統修煉方術抱持著否定的態度，在《鍾呂傳道集・論大道》中，將其視為「敗壞大道」的「傍門小法」。其中羅列了三十種傍門小法，並認為這些傍門小法僅可「攻病」、「養性」乃是「養命之下法」與「集神之小術」。而在《破迷正道歌》中，則認為這些傳統修煉方術，盡是一盲引眾盲、邪說誤人的邪門小功法，因而稱其是與「天仙道不同」的「三千六百傍門法」。

> 《鍾呂傳道集・論大道》:「鍾曰:以傍門小法，易為見功，而俗流多得。互相傳授，至死不悟，遂成風俗，而敗壞大道。有齋戒者、有休粮者、有採氣者、有漱咽者、有離妻者、有斷味者、有禪定者、有不語者、有存想者、有採陰者、有服氣者、有持淨者、有息心者、有絕累者、有開頂者、有縮龜者、有絕迹者、有看讀者、有燒鍊者、有定息者、有導引者、有吐納者、有採補者、有布施者、有供養者、有救濟者、有入山者、有識性者、有不動者、有授持者，傍門小法不可備陳。至如採日月之華、奪天地之氣，心思意想、望結丹砂，屈體勞形、欲求超脫，多入少出，攻病可也。認為真胎息，絕念忘言，養性可也。指作太一含真氣，金鎗不倒，黃河逆流，養命之下法;形如槁木，心若死灰，集神之小術。奈何古今奉道之士，苦苦留心，往往掛意。以咽津為藥，如何得造化?聚氣為丹，如何得停留?指肝為龍，而肺為虎，如何得交合?認坎為鉛，而離為汞，如何得抽添?四時澆灌，望長黃芽。一意不散，欲求大藥。差年錯月，廢日亂時。不識五行根蒂，安知三才造化?」〔註33〕

> 《破迷正道歌》曰:「堪嗟無限學仙者，總是天仙道不同，俱被野狐涎魅定，鬼言妖語怎生聽，雲遊四海參玄妙，盡是邪門小法功，愚迷執強難教化，依然一盲引眾盲。有如湌松并服餌，如何脫免死生根;有如忘形習定息，如何百脈盡歸宗;有如呼吸想丹田，到底胎仙學未成;有如息氣為先天，至老無成也是空;有如口鼻為玄牝，恰似滿網去包風;有如思心為方寸，怎得歸元見祖宗;更有積精為

陽採，泝精氣兮衝泥丸。何事千岐并萬路，埋沒真詮無覓處。」(《道藏》(三家本)，上海書店，第二十四冊，頁152) 根據《道藏輯要》的記載，《真人高象先金丹歌》成書於北宋祥符七年(西元1014年)，而《悟真篇》則成書於北宋熙寧八年(西元1075年)。(以上說法見於:任繼愈主編，《道藏提要》，北京:中國社會科學，1991年7月，頁104，826)。

〔註33〕《道藏》(三家本)，第四冊，頁658。

鉛汞，轉與金丹事不同；有執氣神為子母，亦隔天仙萬里程；有如
開頂為鍊養，枉施功力謾勞神；更有縮龜并鍊乳，正是邪門小法功；
更有行炁為火候，九載三年悟（誤）了人；鼻頭閉息服元炁，引得
邪風肚裏鳴。假若識心并見性，到頭終久做陰靈。知他多少閑門戶，
勞漉空動骷髏形。止念降心為清淨，下梢終久是頓空；畫夜專行子
午法，天地豈有惡時辰？孤修閉息行存想，執定舌根做赤龍；更有
周天行卦象；更有種頂作黃庭；更有指腎為造化，執定尾閭為命根；
更有還元服水火；更有採補吸淫精；更有仰天吸日月，便道地魄是
天魂；更有咽津為造化，斷除五味是修真，畫夜一湌為日用，身體
尪羸似鬼形；曲身僂仰叩玉戶，抱元守一運雙睛，竦肩縮項思脊骨，
搬運流珠想太陰；更有書符并念咒，破券分環學隱形；按摩吁呵六
字訣，瞻星禮斗受辛勤；入清吐濁為丹本，陽關緊勒火飛騰；炎炎
遍身通透熱，呼作天真大道根；看讀念讚持科籙，設壇拜醮望飛騰；
三千六百傍門法，不識隨形晝夜人，有緣遭遇明師指，頃刻之間造
化生。」〔註34〕

「鍾呂金丹派」除了與張伯端《悟真篇》一樣排斥和否定道教傳統修煉
方術外，亦對「外丹」抱持著批判的態度，只是其不像《悟真篇》般全盤否
定，「鍾呂金丹派」是以「同情的理解」之態度來看待「外丹」。首先「鍾呂
金丹派」對於淵源於外丹派的一系列名詞術語都予以重新解釋（如將「金液
瓊漿」稱為目之淚、「神水」為心中之血、「華池」為腎中之水、「黃芽」為
腦之涎與脾之液、「青龍」為肝、「白虎」為肺、「朱雀」為心、「玄武」為腎、
「勾陳」為脾、「金翁」為肺、「姹女」為心……）。換言之，其是站在內丹
學的角度對外丹術語作了轉譯的工作。〔註35〕其次，雖然「鍾呂金丹派」不
否定外丹的功用，「外藥非不可用也。奉道之人，晚年覺悟，根源不甚堅固。
腎者氣之根，根不深則葉不茂矣。心者，液之源，源不清則流不長矣。必也

〔註34〕《道藏》（三家本），第四冊，頁 917。
〔註35〕詳細內容見於：曾慥，《道樞‧卷五‧百問篇》，《道藏》（三家本），第二十冊，
頁 633～634。而關於上述「外丹術語」的原始意義，請參閱：趙匡華，《中國
煉丹術‧中國煉丹術中之藥物》，香港：中華書局，1989 年 12 月，頁 103～
123；孟乃昌，《長生迷思之外──古代煉丹與化學‧煉丹藥物的隱名》，台北：
萬卷樓，2001 年 2 月，頁 97～102。另外，關於中國煉丹術中藥物的隱名之
內容，請參閱：黃兆漢編，《道藏丹藥異名索引》一書（台北：學生，1989 年
10 月）。

假其五金八石，積日累月，鍊成三品。每品三等乃曰九品。龍虎大丹，助接其真氣，鍊形住世，輕舉如飛。」〔註36〕，但其充其量只能「絕病延年」、「留形住世」、「升舉自如」、「浩劫不死」。不過，因為有「藥材難求」、「丹方難得」等因素，所以外丹燒鍊、服食其實是事倍功半，而且最終無法達到究竟的「超凡入聖」之境界。「外丹之理，出自廣成子。以內事為法，則縱有成就，九年方畢。又況藥材難求，丹方難得，到底止能昇騰，不見超凡入聖而返十洲者矣。」、「金鼎之象，包藏鉛汞，無異於肺液。硫磺為藥，合和靈砂，可比於黃婆。三年小成，服之可絕百病。六年中成，服之自可延年。九年大成，服之而升舉自如。壯士展臂，可千里萬里。雖不能返於蓬萊，亦於人世浩劫不死也。」〔註37〕

　　從歷史地角度來看這一內丹經典通弊的現象，其產生的原因應該是內丹經典（派別）經過長期與廣泛的流傳所造成的流變。而這一流變形成了兩個頗耐人尋味的現象。其一，就是各種傳統修煉方術彼此結合（或一項或多項）〔註38〕在鍾離權《秘傳正陽真人靈寶畢法》（簡稱《靈寶畢法》）中有「小乘

〔註36〕《鍾呂傳道集・論丹藥》，《道藏》（三家本），第四冊，頁667。
〔註37〕《鍾呂傳道集・論丹藥》，《道藏》（三家本），第四冊，頁667。
〔註38〕《雲笈七籤・卷五十八・諸家氣法部・胎息口訣并序》：「凡欲胎息，先須於靜室中，勿令人入，正身端坐，以左腳搭右腳上，解緩衣帶，徐徐按捺肢節，兩手握固於兩腿上，即吐納三五過，令無結滯，滌慮清閒，虛心實腹；左右徐徐搖身，令臟葉舒展，訖，還徐徐放著實；即鳴天鼓三十六過，漱滿華池；然後存頭戴朱雀，腳履玄武，左肩有青龍，右肩有白虎；然後想眉間一寸為明堂，卻入二寸為洞房，卻入三寸為丹田宮（亦名泥丸宮），宮中有神人，長二寸，戴青冠，披硃褐，執絳簡；次存中丹田（中丹田，心也，亦名絳宮），中有神人，亦披硃褐；次存下丹田（在臍下二寸半紫微宮，亦名氣海也），中有神人，亦披朱褐（桑榆子曰：《金剛經》云：如來說諸相具足，即非諸相具足，彼所以立相生名者，以為戒潔之階也。夫神豈止於上？豈住於下？豈留中間？舒澤彌乎大千犎之，亦復無物。若隨迹觀相，隨相強名，常河之沙，詎足以算數。夫神也，變化不測，寧豈如九品郎，執笏兢兢不出局門哉）；次存五臟，從心起，遍存五臟六腑。存五臟中各出本方氣，及三丹田中素雲合為一氣，於頭後出，煥煥分光九色上騰，可長三丈餘，想身在其中。此時即口鼻俱閉，心存氣海中，胎氣出入喘息，只在臍中。……若如此修行，即與經所言動息善時之義合矣。久久行之，口鼻俱無喘息，如嬰兒在胎，以臍通氣，故謂之胎息矣。」（北京：華夏，1996年8月，頁348～349），可以看出上述的修煉法是：「胎息法」結合六朝以來上清派頗為盛行的「存思法」。又《雲笈七籤・卷六十・諸家氣法部・幻真先生內元氣訣法・行氣訣》：「法曰：下丹田近後二穴，通脊脈，上達泥丸。泥丸，腦宮津名也。每三連咽，即速存下丹田所，得內元炁，以意送之，令入二穴。因想見兩條白炁，夾脊雙引，

安樂延年法四門」（匹配陰陽第一、聚散水火第二、交媾龍虎第三、燒煉丹藥第四），其中「聚散水火」的功法，是針對艮、乾二卦的時位（丑寅、戌亥與立春、立冬）人體「火少水多」的現象，來特別加以「養聚陽氣」。在此鍾離權提出兩個方法：一是「朝屯之法」（又稱「艮卦養元氣」、「散火」），另一是「暮蒙之法」（又稱「乾卦聚元氣」、「聚火」）。而在「艮卦養元氣」法中，便有各種傳統修煉方術彼此結合的現象（靜坐、導引、咽津、按摩、吐納等）。其云：

> 是以日出，當用艮卦之時，以養元氣，勿以利名動其心，勿以好惡介其意，當披衣靜坐，以養其氣，絕念忘情，微作導引，手腳遞互伸縮三五下，使四體之氣齊生，內保元氣上升，以朝於心府，或咽津一兩口，搓摩頭面三二十次，呵出終夜壅聚惡濁之氣，久而色澤充美，肌膚光潤（艮卦養元氣）。……早朝咽津摩面，手足遞互伸縮，名曰散火，又名曰小煉形也。〔註39〕

又《鍾呂傳道集》之〈論鉛汞〉與〈論內觀〉中，其內丹功法亦分別與「房中術」及「存思術」相結合。〔註40〕

直入泥丸，熏蒸諸宮，森然遍下毛髮、面部、頭項、兩臂及巨手指，一時而下入胸，至中丹田。中丹田，心宮神也。灌五臟，卻歷入下丹田，至三星，遍經胠膝、脛、踝，下達湧泉。湧泉，足心是也。所謂分一氣而理，鼓之以雷霆，潤之以風雨之狀也。只如天有泉源，非雷霆騰鼓，無以潤萬物。若不回蕩濁惡之氣，則令人有不安。既有津液，非漱咽之，不堪溉灌五臟，發其光彩，終不能還精補腦；非交合，則不能溯而上之。咽服內氣，非吐納則不能引而用之。是知回蕩之道，運用之理，所以法天則地。想身中濁惡結滯，邪氣瘀血，被正榮氣蕩滌，皆從手足指端出去，謂之散氣。氣散則展手指，不須握固。如此一度，則是一通。通則無疾，則復調之，以如使手。使手復難，鼓咽如前。閉炁鼓咽至三十六息，謂之小成。若未絕粒，但至此常須少食，務令腹中曠然虛淨，無問坐臥，但腹空則咽之，一日通夕至十度，自然三百六十咽矣。若久服炁，息頓三百六十咽，亦謂之小成，一千二百咽，謂之大成，謂之大胎息。但閉炁數至一千二百息，亦是大成。（同上，頁363），上述的修煉法是：「服氣法」結合「存思法」、「咽津法」、「吐納法」與「辟穀術」。

〔註39〕《秘傳正陽真人靈寶畢法·聚散水火第二》，《道藏》（三家本），第二十八冊，頁352。另外關於「乾卦聚元氣」的內容，見於：同上，頁352。而關於「小乘安樂延年法四門」的詳細內容，請參閱：《秘傳正陽真人靈寶畢法》，頁350～354。

〔註40〕詳細內容見於：《鍾呂傳道集·論鉛汞》，頁669以及《鍾呂傳道集·論內觀》，頁678。

其二，這些方術與內丹修煉相結合而為內丹所融攝。易言之，「內丹」觀念成為一個基點，而將各種傳統修煉方術吸收並整合為一個更為簡要的修煉技術。在《鍾呂傳道集・論證驗》中便將各種傳統修煉方術融合成一個次第分明、前後連貫（依「法」、「時」）的內丹修煉的實踐過程。其云：

> 鍾曰：「苦志行持，終不見功者，非道負人。蓋奉道之人，不從明師，而所受非法。依法行持，終不見功者，非道負人。蓋奉道之人不知時候，而以不成。若已遇明師而得法，行大法以依時，何患驗證而不有也。」呂曰：「所謂法者，有數乎？所謂時者，有數乎？」鍾曰：「法有十二科：匹配陰陽第一、聚散水火第二、交媾龍虎第三、燒鍊丹藥第四、肘後飛金精第五、玉液還丹第六、玉液鍊形第七、金液還丹第八、金液鍊形第九、朝元鍊炁第十、內觀交換第十一、超脫分形第十二。其時，則年中法天地陰陽升降之宜，月中法日月往來之數。日中有四正、八卦、十干、十二支、一百刻、六十分。依法區分，自一日之後，證驗次序，以至脫質升仙，無差毫末。」〔註41〕

「行大法以依時」，是這套簡要的修煉技術的原理與原則。換言之，「鍾呂金丹派」的內丹修煉技術是以「法」與「時」這兩個概念來概括與操作。「道不遠於人而人自遠於道矣。所以遠於道者，養命不知法；所以不知法者，下功不識時；所以不識時者，不達天地之機也。」〔註42〕；而「法」的具體內容（行持之法），其實就是《靈寶畢法》中之「三乘之法」。其曰：

> （呂曰）念以生死事大而時光迅速，雖知妙理，未得行持，終不成功，與不知無異，敢告指教以交會之時，行持之法，如何下手，如何用功？
> 鍾曰：僕有《靈寶畢法》凡十卷一十二科。中有六儀：一曰金誥、二曰玉書、三曰真原、四曰比喻、五曰真訣、六曰道要。包羅大道，引喻三清。指天地陰陽之升降為範模，將日月精華之往來為法則，實五仙之指趣，乃三成之規式，當擇日授於足下。〔註43〕

「三乘之法」（「小乘安樂延年法四門」【匹配陰陽第一、聚散水火第二、交媾龍虎第三、燒鍊丹藥第四】、「中乘長生不死法三門」【肘後飛金晶第五、玉液還丹第六、金液還丹第七】、「大乘超凡入聖法三門」【朝元第八、內觀第

〔註41〕《道藏》（三家本），第四冊，頁681。
〔註42〕《鍾呂傳道集・論大道》，頁659。
〔註43〕《鍾呂傳道集・論證驗》，頁682。

九、超脫第十】）〔註44〕，是鍾離權與呂洞賓在論「仙有五等」（鬼仙、人仙、地仙、神仙、天仙）的對答中，呂洞賓感「鬼仙固不可求矣，天仙亦未敢望矣。所謂人仙、地仙、神仙之法，可得聞乎？」時，鍾離權傳予呂洞賓包含「小成」（乘）、「中成」（乘）、「大成」（乘）的內丹修煉法，其內容是對如何達至「人仙」、「地仙」、「神仙」的境界所提出比較詳細的理論、方法與程序。「人仙不出小成法，凡地仙不出中成法，凡神仙不出大成法。此是三成之數，其實一也。用法求道，道固不難；以道求仙，仙亦甚易。」〔註45〕；換言之，「三乘之法」一言以蔽之，即：「用法求道、以道求仙」。易言之，「三乘之法」的具體操作程序是：「因術識法，因法知道」。〔註46〕「術」在此指為了達到某種目的（養生、長壽與長生），而進行的一套具體的操作程序與方法（相當於「技術」，即：「自我的技術」）。〔註47〕「法」是指由術的操作中概括出來的原理與原則（相當於「理論」）。「道」在此指謂著一種生命的境界（成仙之境），它的獲得是經由「術」至「法」的具體實踐過程（行－知－悟）。

此外，在「三乘之法」中，可以看出一個現象：不論是小乘、中乘與大

〔註44〕 詳細內容，請參閱：《秘傳正陽真人靈寶畢法》，《道藏》（三家本），第二十八冊，頁 350～364。

〔註45〕 《鍾呂傳道集·論真仙》，頁 657～658。

〔註46〕 《西山群仙會真記·卷五·鍊法入道》曰：「用法入道，道故不難；以道求仙，仙亦甚易。求仙不難，所以難者，所學之道不正；學道不難，所以難者，所學之法不真。……夫道者，無所不包，無所不通。何止為伎藝之能，治疾病之功而已。因術識法，因法知道。」（《道藏》（三家本），第四冊，頁 438）。

〔註47〕 （法）米歇爾·福柯（Michel Foucault）指出所謂的「自我的技術」是：「使得個體對自己的身體、靈魂、思想、行為實施一定量的運作得以可能的技術。個體憑藉這一技術在自己那裡獲得一種改造、修正，達到某種完善、幸福、純淨、超自然的狀態。」（楊大春，《身體經驗與自我關懷——米歇爾·福柯的生存哲學研究》，《浙江大學學報》（人文社會科學報），第 30 卷第 4 期，2000 年 8 月，頁 121）。換言之，「自我的技術是一系列容許個人通過規範自己的身體、思想和行為來作用於自身的一系列技術。福柯認為這些技術被提供給我們，而我們可以依循這些過程取得一定程度的完善、幸福、純潔和智慧。」（（澳）J.丹納赫，T.斯奇拉托，J.韋伯著，劉瑾譯，《理解福柯·自我的技術》，天津：百花文藝，2002 年 6 月，頁 147）。而關於「自我的技術」的詳細論述，請見於：（美）斯蒂文·貝斯特、道格拉斯·凱爾納著，張志斌譯，《後現代理論——批判性的質疑·倫理學與自我技術》，北京：中央編譯，1999 年 2 月，頁 76～88；汪民安，《福柯的界線·自我的技術與快感》，北京：中國社會科學，2002 年 7 月，頁 302～320。筆者認為，不論是道教傳統修煉方術或是經由與內丹修煉相結合而為內丹所融攝的簡要修煉技術，皆可以被近似地等同於福柯所說的「自我的技術」。

乘，其「交會之時」，皆是建立在「象數」的基礎上。「其時，則年中法天地陰陽升降之宜，月中法日月往來之數。日中有四正、八卦、十干、十二支、一百刻、六十分。」換言之，「鍾呂金丹派」的內丹修煉之操作技術——「時」概念（以「象數」的方式來呈現、表達），是「三乘之法」成功的另一個關鍵（下手、用功處）。「道不遠於人而人自遠於道矣。所以遠於道者，養命不知法；所以不知法者，下功不識時；所以不識時者，不達天地之機也。」〔註48〕、「胎息以鍊氣，鍊氣以成神。然而鍊氣，必審年中之月，月中之日，日中之時。端居靜室，忘機絕迹。……交合各有時，行持各有法。依時行法，即法求道，指日成功，易如反掌。」〔註49〕

　　年、月、日、時，合稱「四時」，鍾呂認為在天地陰陽升降和日月精華往來之後，便產生了「四時」。而所謂「識時」，就是要認識到不僅天地有「四時」（年、月、日、時），在人身中亦有「四時」。天地、日月、萬物的運行必須遵循「四時」之數，最貴最靈的人在修煉時亦是如此。「人為萬物之貴，一炁之靈。大則取象乎天地，無乖升降之宜。明則取法乎日月，不亂經營之度。定之以時，應之以數，於道也夫何遠哉？」〔註50〕；而與天地、日月、萬物的「四時」相較下，人身中的「年、月、日、時」更是難得，「積日為月，積月為歲，歲月蹉跎，年光迅速。貪名求利而妄心未除，愛子憐孫而恩情又起。縱得回心向道，爭奈年老氣衰。如春雪秋花，止有時間之景；夕陽曉月，應無久遠之光。奉道之士，難得者身中之時矣。」〔註51〕

　　「知法」與「識時」是「鍾呂金丹派」內丹修煉技術的原理與原則。「知法」之「法」（行持之法）是「三乘之法」，而「識時」之「時」即是「天地之機」。而所謂「天地之機」就是陰陽升降之理與日月交會之度。「指天地陰陽之升降為範模，將日月精華之往來為法則。」〔註52〕、「天地之機，在於陰陽之升降。一升一降，太極相生。相生相成，周而復始。不失於道，而得長久。

〔註48〕《鍾呂傳道集・論大道》，頁 659。
〔註49〕《鍾呂傳道集・論朝元》，頁 677。另外，《西山群仙會真記・卷一・識時》曰：「鍊炁超凡，以時為先。……修真之士，不見功者，以旺時不收，損時不補，散時不聚，合時不取，無時不求，還時不鍊，不知交會之時，又無採取之法，蹉時亂日，不見尺寸之功，安得比天地長久，日月堅固哉？」（《道藏》（三家本），第四冊，頁 425）。
〔註50〕《西山群仙會真記・卷一・識時》，頁 424。
〔註51〕《鍾呂傳道集・論日月》，頁 661。
〔註52〕《鍾呂傳道集・論證驗》，頁 682。

修持之士，若以取法於天地，自可長生而不死。」〔註53〕；而「達天地之機」，就是在明瞭陰陽升降之理與日月交會之度後，繼而效法陰陽升降之理以及取法日月交會之度以作為內丹修煉的準則。「始也法效天機，明陰陽升降之理，使真水、真火合而為一。鍊成大藥，永鎮丹田，浩劫不死，而壽齊天地。如厭居塵世，用功不已，當取日月之交會，以陽鍊陰，使陰不生；以氣養神，使神不散。五氣朝元，三花聚頂，謝絕俗流，以歸三島。」〔註54〕

　　綜合上述，我們發現「知法」、「識時」與「達機」（達天地之機）三者，正是「鍾呂金丹派」將各種傳統修煉方術吸收並整合、融攝在內丹的基點下，所形成的一個更為簡要的修煉技術的三個把握原則（操作方式）。此外，「鍾呂金丹派」更進一步將道教所有內修方術以聞道、悟道以及修煉者體內陰氣與陽氣的消長情形（陽氣的含量多寡）作為判準〔註55〕，將其分成五個等第——「仙有五等」（鬼仙、人仙、地仙、神仙、天仙）。〔註56〕此種做法類似於隋唐佛教天台宗智顗的判教理論（五時八教說）〔註57〕，因此，我們可以說（類比地說）「鍾呂金丹派」這一分判可視為「道教式的判教理論」。

二、內丹修煉理論

　　「鍾呂金丹派」之「仙有五等」中是以「天仙」作為內丹修煉的最終境界與依歸，而在張伯端的內丹思想中亦是以「天仙」作為其「金丹」大道的最高境界。「學仙須是學天仙，惟有金丹最的端。」〔註58〕張伯端的內丹思想除

〔註53〕《鍾呂傳道集‧論日月》，頁661。
〔註54〕《鍾呂傳道集‧論日月》，頁661。
〔註55〕《鍾呂傳道集‧論真仙》：「仙非一也。純陰而無陽者，鬼也；純陽而無陰者，仙也；陰陽相雜者，人也。惟人可以為鬼，可以為仙。少年不修，恣情縱意，病死而為鬼也。知之修鍊，超凡入聖，而脫質為仙也。仙有五等，法有三成。修持在人，而功成隨分者也。」（《道藏》（三家本），第四冊，頁657）。
〔註56〕《鍾呂傳道集‧論真仙》：「法有三成者，小成、中成、大成之不同也。仙有五等者，鬼仙、人仙、地仙、神仙、天仙之不等，皆是仙也。鬼仙不離於鬼，人仙不離於人，地仙不離於地，神仙不離於神，天仙不離於天。」（同上）。而關於「鍾呂金丹派」之「仙有五等」的詳細內容，見於：《鍾呂傳道集‧論真仙》，頁657～658。
〔註57〕詳細內容，見於：王邦雄等編著，《中國哲學史‧第十九章天台、華嚴及禪宗的哲學‧第一節智顗的天台宗哲學》（台北：空大，1998年1月，頁457～463）以及勞思光，《新編中國哲學史（二）‧第三章中國佛教哲學‧天台宗之判教理論》（台北：三民，1993年8月，頁296～298）。
〔註58〕《修真十書‧悟真篇》，頁714。

了在對道教傳統修煉方術的態度上與「鍾呂金丹派」相似外，在「內丹修煉理論」上亦存在著承繼的關係。在這一關係中，包括「陰陽與純陽」與「丹道與天道——時間攢簇理論」兩個方面。

1、陰陽與純陽

張伯端在闡述其內丹修煉理論前，提出「人身難得，光陰易遷」的說法，指出「死亡」是人生不可逃避的事實。換言之，他是要世人正視「死亡」這一問題，並思考人類如何來面對這個問題，進而是否有改變這一既定事實的可能性存在。對此，張伯端提出其對治死亡問題的方法——修煉金丹大道。其云：

> 嗟夫，人身難得，光陰易遷，罔測短脩，安逃業報。不自及早省悟，惟只甘分待終，若臨岐一念有差，墮三塗惡趣，則動經塵劫，無有出期。當此之時，雖悔何及。〔註59〕

> 不求大道出迷塗，縱負賢才豈丈夫？百歲光陰石火爍，一生身世水泡浮。只貪利祿求榮顯，不覺形容暗悴枯。試問堆金等山嶽，無常買得不來無？〔註60〕

> 人生雖有百年期，壽夭窮通莫預知。昨日街頭猶走馬，今朝棺內已眠屍。妻財遺下非君有，罪業將行能自欺。大藥不求爭得遇？遇之不鍊是愚癡。〔註61〕

由「人生短暫」引出「死亡問題」，將「死亡」列為人生的中心與關鍵問題，由此自然導引出修道、超脫的問題。上述是張伯端勸人修煉金丹大道時所使用的思考邏輯。在此之前，「鍾呂金丹派」在面對如何「勸人修煉金丹大道」的問題時，亦使用相同的思考模式來進行論說，《鍾呂傳道集·論真仙》曰：「平生愚昧，自損靈光，一世兇頑，暗除壽數。所以來生而身有等殊，壽有長短。既生復滅，既滅復生。轉轉不悟而世世墮落，則失身於異類，透靈於別殼。至真之根性不復於人，傍道輪迴，永無解脫。或遇真仙至人，與消其罪報，除皮脫殼，再得人身。方在癡痴愚昧之中，積行百劫，昇在福地，猶不免飢寒殘患。迤邐昇遷，漸得完全形貌，尚居奴婢卑賤之中。苟或復作前孽，如立板走丸，再入傍道輪迴。」〔註62〕及《純陽真人渾成集·七言絕句》云：「休誇年少騁風

〔註59〕《修真十書·悟真篇·序》，頁711。
〔註60〕《修真十書·悟真篇》，頁713。
〔註61〕《修真十書·悟真篇》，頁713。
〔註62〕《道藏》（三家本），第四冊，頁656。

流，強走輪迴販骨頭，不信試臨明鏡看，面皮底下是骷髏。」〔註63〕

　　既然「人身難得」、「生命短暫」，而對治的方法是「修煉金丹大道」，那麼「修道」便具有必然性與迫切性。但「道」要如何修呢？易言之，「道」是恍惚、杳冥，無形無象而難以捉摸，修煉者要如何來把握？對此問題，「鍾呂金丹派」巧妙地以審察「天地陰陽」之造化來把握這玄冥之道，「大道之中，而生天地，天地有高下之儀，天地之中，而有陰陽，陰陽有始終之數。一上一下，仰觀俯察可以賾其機，一始一終，度數籌筭可以得其理。以此推之，大道可知矣。……欲識大道，當取法於天地，而審於陰陽之宜也。」〔註64〕更精細與準確地說，玄冥之道與天地造化皆以「陰陽二氣」為中介來化生萬物。換言之，「陰陽二氣」的循環是道在天地造化中彰顯與變化的媒介和展現。《秘傳正陽真人靈寶畢法・卷下・內觀第九》云：「大道本乎無體，寓於氣也。」〔註65〕以及《西山群仙會真記・卷五・鍊法入道》曰：「道本一陰一陽而已。陰陽相交、相合，故天地有春夏秋冬之四季，日月有弦望晦朔之四候。惟人也於一日之間，丑末寅初，陽合陰也；辰末巳初，陽交陽也；未末甲初，陰合陽也；戌末亥初，陰交陰也。悟陰陽交合，何道之遠哉？」〔註66〕

　　從「陰陽二氣」的媒介說，可以引出「天人同構」這一現象來，「道生萬物，天地乃物中之大者，人為物中之靈者。別求於道，人同天地。以心比天，以腎比地，肝為陽位，肺為陰位。心腎相去八寸四分，其天地覆載之間比也。氣比陽而液比陰。子午之時，比夏至、冬至之節；卯酉之時，比春分、秋分之節。以一日比一年，以一日用八卦，時比八節。子時腎中氣生，卯時氣到肝，肝為陽，其氣旺，陽升以入陽位，其春分之比也；午時氣到心，積氣生液，夏至陽升到天而陰生之比也；午時心中液生，酉時液到肺，肺為陰，其液盛，陰降以入陰位，其秋分之比也；子時液到腎，積液生氣，冬至陰降到地而陽生之比也。周而復始，日月循環，無損無虧，自可延年。」〔註67〕；由天人同構這一說法，意謂人身亦是一個小天地（天地代表大宇宙，人身則代表小宇宙）。而無論大宇宙與小宇宙皆是以「陰陽二氣」為共同的屬性與溝通的橋樑。

〔註63〕《道藏》（三家本），第二十三冊，頁688。
〔註64〕《秘傳正陽真人靈寶畢法・卷上・聚散水火第二》，《道藏》（三家本），第二十八冊，頁351～352。
〔註65〕《道藏》（三家本），第二十八冊，頁362。
〔註66〕《道藏》（三家本），第四冊，頁438。
〔註67〕《秘傳正陽真人靈寶畢法・卷上・匹配陰陽第一》，同上，頁351。

易言之，因為人與天地萬物都是由「陰陽二氣」所化生，而人的物性結構與天地自然的結構有相類似之處（天人同構），彼此可透過共同的規律和屬性（陰陽二氣）而得以聯繫，進而互動互應。

此處產生一個問題：既然「天人同構」並以「陰陽二氣」為共同的規律和屬性，那麼如果天地以「陰陽二氣」的循環、交合為其永恆存在的原理〔註68〕，那麼是否表示人亦可依此「陰陽二氣」的循環而得以永恆長存？我們依據常理得知，人是無法長生永恆的。但基於同構與類比的原則，人照理應該是與天地一樣永恆長存，為何會出現與這套理論有所差距的現象呢？其關鍵處在於「周而復始，日月循環，無損無虧，自可延年」這句話！也就是說，在自然的人體生存系統中，陰陽二氣會隨著時間的遞嬗而有所耗損。《道樞‧卷三九‧傳道上篇》：「人之心也腎也，其相去八寸有四分，陰陽升降與天地同，氣液相生與日月同。然天地也，日月也，年之後有年焉，月之後有月焉。人也不究交合之時，損不知補，益不知收，陰交而不知養陽，陽交而不知鍊陰。月無損益，日無行持，而吾之年之月則有限焉。」〔註69〕；人之所以不能同天地一樣長存，原因在「不究交合之時」因而「損不知補，益不知收」，所以有虧損的現象產生。此外，人有七情六慾，亦是造成陰陽二氣耗損的原因，《道樞‧四二‧靈寶篇》：「然其胎全氣足之後，六欲七情以損元陽，而失真氣，顧有自然相生之氣液，不能同天地之升降焉。」〔註70〕

對此，「鍾呂金丹派」意識到這個問題，於是提出通過內丹修煉而使人身的心氣與腎氣相交合（陰陽升降循環），如此生命即可避免耗損的現象發生。《鍾呂傳道集‧論鉛汞》曰：「奉道之人，腎氣交心氣，氣中藏真一之水，負載正陽之氣，以氣交氣水為胞胎，狀同黍米，溫養無虧。始也即陰留陽，次以用陽鍊陰。氣變為精，精變為汞，汞變為珠，珠變為砂，砂變為金丹。金丹既就，真氣自生，鍊氣成神，而得超脫。」〔註71〕；而所謂「內丹」，就是陰陽

〔註68〕《道樞‧卷四二‧靈寶篇》：「天得乾道而積氣以覆於下，地得坤道託質以載於上，相去八萬四千里，氣質不能相交，故天以乾索於坤，三索既終而還於地中，其陽負陰而上升。地以坤索於乾，三索既終而還於天中，其陰抱陽而下降。一生一降，運行於道，天地所以長久者也。」（《道藏》（三家本），第二十冊，頁839）。

〔註69〕《道藏》（三家本），第二十冊，頁826。

〔註70〕《道藏》（三家本），第二十冊，頁840。

〔註71〕《道藏》（三家本），第四冊，頁668。

二氣相交後的產物,「故知腎中真一之水,心中正陽之液,二者交焉,在人生人,在身生神,其名曰內丹。」〔註72〕

由上述,可以看出「鍾呂金丹派」將修煉「金丹大道」具體化為修煉身中「陰陽二氣」。換言之,其思考的方式是:由於「陰陽」為「道」所化生,所以可由「陰陽」逆推而就於「道」。在此,似乎有這樣的意涵:陰陽未分化之前,陰陽潛藏於道之中;陰陽既分化之後,道在陰陽之中(即:統體一太極,物物一太極)。因而內丹修煉就應該著眼於身中的「陰陽二氣」,因為如此方是契入真道的途徑。對此,張伯端的內丹修煉理論亦是如此。《玉清金笥青華秘文金寶內煉丹訣・口訣》曰:「一陰一陽之謂道」〔註73〕,並認為宇宙萬物的生成,是遵循:「道」→「一氣」(元氣)→「陰陽」→「萬物」,這個模式來化生。其云:

> 道自虛無生一炁,便從一炁產陰陽。陰陽再合生三體,三體重生萬物昌。〔註74〕夫混沌未顯之前,虛無寂寞,無名可宗,強名曰道。道降而生一氣,非動非靜,非濁非清,邈不可測,聖人強言謂之混元真一之氣。一氣既判,化為陰陽。陰陽者,天地也,男女者也。天地絪縕,萬物化醇,男女媾精,萬物化生。故自有天地以來,未有一物不因陰陽相交而得其形者。〔註75〕

既然天地萬物的生成都離不開「陰陽二氣」的交合,因此在自然界的生成之道中「陰」、「陽」二者便成為萬物構成的基本要素。換言之,在萬事萬物中都呈現出陰陽這兩個方面。《悟真篇》曰:

> 草木陰陽亦兩齊,若還缺一不芳菲。初開綠葉陽先唱,次發紅花陰後隨。常道只斯為日用,真源返覆有誰知?報言學道諸君子,不識陰陽莫強嗤。〔註76〕

因此,張伯端認為在內丹修煉時,「陰陽」二者便不能偏廢,「莫把孤陰為有陽,獨修一物轉羸尫。」〔註77〕、「陰陽否隔即成愆,怎得天長地遠。」

〔註72〕《道樞・四二・靈寶篇》,《道藏》(三家本),第二十冊,頁842。
〔註73〕《道藏》(三家本),第四冊,頁371。
〔註74〕《修真十書・悟真篇》,頁725。
〔註75〕《紫陽真人悟真直指詳說三乘秘要・悟真直指詳說》,《道藏》(三家本),上海書店,第二冊,頁1019。
〔註76〕《修真十書・悟真篇》,頁719。
〔註77〕《修真十書・悟真篇》,頁718。

〔註78〕及「陽中有陰，陰中有陽，二氣交感，凝結不散，遂成玄珠○，如黍米。」
〔註79〕並提出「陰陽」為修道樞紐的說法，「萬卷丹經要旨，畫圖立象，本使
人得象忘言。後之學者，皆泥象尋真，各求詭論。豈知夫至道不繁，樞紐陰陽
而已矣。」〔註80〕

　　此外，值得注意的是：「常道即斯為日用，真源反此有誰知？」這一句
話！在此，張伯端認為「自然常道」「順行」陰陽以為日用，而「真源之道」
卻「逆反」陰陽生成之道，「順于後天者，一生二，二生三，三生萬物，……
常人為之，志反逆焉而產於內，則長生久視之道存矣，豈非歸根復命乎？」
〔註81〕、「大丹妙用法乾坤，乾坤運兮五行分。五行順兮，常道有生有死；五
行逆兮，丹體常靈常存。」〔註82〕。易言之，「顛倒陰陽」這一逆向思考，是
人從陰陽化生萬物的常道中超越（脫）的關鍵。〔註83〕在《悟真篇》中，張
伯端反覆地論述這個「逆反」（顛倒陰陽）原則的重要性，「勸君窮取生身處，
返本還元是藥王。」〔註84〕、「不識玄中顛倒顛，爭知火裏好栽蓮。」〔註85〕
及「萬物芸芸各返根，返根復命即長存。知常返本人難會，妄作招凶眾所聞。」
〔註86〕；而「顛倒陰陽」的原則是：「天是地，地是天，反覆陰陽合自然。
識得五行顛倒處，指日升霞歸洞天。」〔註87〕、「須將死戶為生戶，莫按生門
號死門。若會殺機明返覆，始知害裏卻生恩。」〔註88〕及「禍福由來互倚伏，
還如影響相隨逐。若能轉此生殺機，返掌之間災變福。」〔註89〕。此處借用
《陰符經》中「天發殺機，移星易宿；地發殺機，龍蛇起陸；人發殺機，天地

〔註78〕《修真十書·悟真篇·西江月·其七》，頁742。
〔註79〕《玉清金笥青華秘文金寶內煉丹訣·青娥在我》，《道藏》（三家本），第四冊，
　　　　頁369。
〔註80〕《玉清金笥青華秘文金寶內煉丹訣·爐鼎圖論》，頁372。
〔註81〕《玉清金笥青華秘文金寶內煉丹訣·神室圖論》，頁373。
〔註82〕《修真十書·悟真篇·讀《周易參同契》》，頁744。
〔註83〕《紫陽真人悟真篇注疏·卷一》：「陰陽兩齊化生不已，若還缺一則萬物不生。
　　　　故真一子曰：孤陰不自產，寡陽不自成，是以天地氤氳，萬物化醇，男女媾
　　　　精，萬物化生。常道即茲以為日用，真源反覆，有陰陽顛倒互用之機。人能
　　　　錬之，可以超生死。」（《道藏》（三家本），第二冊，頁918）。
〔註84〕《修真十書·悟真篇》，頁718。
〔註85〕《修真十書·悟真篇》，頁719。
〔註86〕《修真十書·悟真篇》，頁735。
〔註87〕《紫陽真人悟真篇注疏·卷八·石橋歌》，《道藏》（三家本），第二冊，頁964。
〔註88〕《修真十書·悟真篇》，頁737。
〔註89〕《修真十書·悟真篇》，頁737。

反覆。天人合發，萬變定基。」以及「生者死之根，死者生之根。恩生於害，害生於恩。」〔註90〕的說法，闡發反復消長之理：物窮則變，時極則反。生門死戶禍福相互倚伏，生機中寓殺機，殺機中含生機。而人如果能逆轉此生殺之機，便能如《陰符經》所說的「宇宙在乎手，萬化生乎身」。〔註91〕

由此顯而易見地，張伯端的內丹修煉理論強調「逆轉造化」、「顛倒陰陽」。然而其確切的意涵為何？換言之，內丹修煉理論之「顛倒陰陽」的具體操作方法是什麼？對此，《悟真篇》的回答是：所謂「顛倒陰陽」主要是指合煉內丹的藥物時（煉精化氣階段），首先應遵循「逆反」（顛倒）的原則，其云：

> 日居離位翻為女，坎配蟾宮卻是男。不會箇中顛倒意，休將管見事高談。〔註92〕

此處運用《周易》中「離」卦本為乾體，因再索得坤之中爻，稱為中女，其性屬陰。又火生於地二，亦是陰數。所以乾破成離，反為中女。而「坎」卦本為坤體，因再索得乾之中爻，稱為中男，其性屬陽。又水生於天一，亦是陽數。所以坤破成坎，反為中男。「顛倒」是指坎、離二卦，陰中有陽，陽中有陰，代表先天轉為後天的法象。易言之，內丹修煉必須逆行造化，取坎卦中之一陽爻，填離卦中之一陰爻，將中爻互換位置，則一成乾體，另一成坤體，恢復未破之前的先天法象。而內丹修煉取其意，水為元精，在自然的狀況下本應下行，此時使其上昇；火則為元神，其性易上飛，在此迫使其下降。因此，所謂「顛倒」，即是指「取坎填離」、「逆轉水火」。〔註93〕對此，戴起宗疏曰：「顛倒者，不以陰為陽，是為陰中取陽；不以陽為陰，是以陽中取陰。陰為陰，陽為陽，順行者，世之常道也；陰取陽，陽取陰，逆行者，仙之盜機也。五行顛倒，陰陽互用，世罕知之，故曰：五行逆兮，丹體常靈常存。」〔註94〕

其次，《悟真篇》以坎離二卦為象徵，認為離卦外陽內陰，是為真陰；坎卦外陰內陽，是為真陽。取坎卦之真陽點離卦之真陰，使其成為乾卦純陽之體。而類比於內丹藥物的取得，則應於「陽中之陰」和「陰中之陽」處尋覓，

〔註90〕《黃帝陰符經》，《道藏》（三家本），第一冊，頁821。

〔註91〕《黃帝陰符經》，《道藏》（三家本），第一冊，頁821。

〔註92〕《修真十書·悟真篇》，頁726。

〔註93〕「取將坎位中心實，點化離宮腹裏陰。從此變成乾健體，潛藏飛躍盡由心。」（《修真十書·悟真篇》，頁726）及「此法真中妙更真，都緣我獨異于人：自知顛倒由離坎，誰識浮沉定主賓？」（同上，頁714）。

〔註94〕《紫陽真人悟真篇註疏·卷四》，《道藏》（三家本），第二冊，頁934。

因為陽中之陰稱為「真陰」，陰中之陽稱為「真陽」。唯有真陰與真陽的交媾，才能產生真藥物而結成金丹（聖胎）。「取將坎位中心實，點化離宮腹裏陰。從此變成乾健體，潛藏飛躍盡由心。」〔註95〕，翁葆光註曰：「離卦外陽內陰，坎卦外陰內陽，以內陽點內陰即成乾也，譬如金丹是至陽之氣，號為陽丹，結在北海之中，即來點己陰汞，即為純乾化陽之軀。然後運火抽添進退，俱由在我心運用也。」〔註96〕

　　值得注意的是，此處張伯端提出「純陽」的概念。在其內丹修煉理論中，認為「顛倒陰陽」（逆反）的最終目的是要剝盡群陰而達至「純陽」的狀態。「羣陰剝盡丹成熟，跳出凡籠壽萬年。」〔註97〕、「玄珠有象逐陽生，陽極陰消漸剝形。」〔註98〕及「人一身皆屬陰，惟有一點陽耳。我以一點之陽，自遠之近，轉之又轉，戰退羣陰，則陽道日長，陰道日消。故《易》曰：『龍戰于野，其血玄黃』。至于陰盡陽純，而丹始能升於泥丸，決然奮厲，真人於斯而始見矣。金丹之道如此已。更有言不盡底：丹之初成也，交合之際，未免藉陰陽二炁以成之，後則漸以陽火鍊成純陽之體，故自強不息，乾道也，丹成矣。」〔註99〕

　　在「鍾呂金丹派」中亦存在「純陽」的概念。首先，其以修煉者體內陰氣與陽氣的含量多寡為判準，認為純陽狀態為仙、純陰狀態為鬼以及陰陽相雜狀態則為人。《鍾呂傳道集·論真仙》：「仙非一也。純陰而無陽者，鬼也；純陽而無陰者，仙也；陰陽相雜者，人也。惟人可以為鬼，可以為仙。」〔註100〕；其次，提出人體身軀一切有形有象皆屬陰，唯有受氣之初的一點

〔註95〕　《修真十書·悟真篇》，頁 726。
〔註96〕　《紫陽真人悟真篇註疏·卷五》，頁 943。
〔註97〕　《修真十書·悟真篇》，頁 720。
〔註98〕　《修真十書·悟真篇》，頁 730。
〔註99〕　《玉清金笥青華秘文金寶內煉丹訣·總論金丹之要》，頁 736。
〔註100〕　《道藏》（三家本），第四冊，頁 657。另外「鍾呂金丹派」又以修煉者體內陰氣與陽氣的消長情形（陽氣的含量多寡），將其區分成五個等第──「仙有五等」（鬼仙、人仙、地仙、神仙、天仙），其中「鬼仙」為純陰，「神仙」為純陽。「修持之人，始也不悟大道，而欲於速成。形如槁木，心若死灰，神識內守，一志不散。定中以出陰神，乃清靈之鬼，非純陽之仙。以其一志陰靈不散，故曰鬼仙。」（《鍾呂傳道集·論真仙》，《道藏》（三家本），第四冊，頁 657）、「神仙者，以地仙厭居塵世，用功不已，關節相連，抽鉛添汞而金精鍊頂。玉液還丹，鍊形成氣而五氣朝元，三陽聚頂。功滿忘形，胎仙自化。陰盡陽純，身外有身。脫質升仙，超凡入聖。謝絕塵俗以返三山，乃

真氣為陽（元陽）。「奉道之士，修陽不修陰，鍊己而不煉物。以己身受氣之初，乃父母真氣兩停，而即精血為胎胞，寄質在母純陰之宮。陰中生陰，因形造形。胎完氣足，而堂堂六尺之軀皆屬陰也，所有一點元陽而已。……形象，陰也，陰則有體。」〔註101〕；其三，建立「陽神」概念，認為其是內丹修煉超脫之依據。「《真訣》曰：超者，是超出凡軀而入聖品，脫者，是脫去俗胎而為仙子。是其神入氣，胎氣全，真訣須是前功節節見驗正當，方居清淨之室，以入希夷之境，內觀認陽神。」〔註102〕

此處產生一個頗耐人尋味的問題，即：既然「鍾呂金丹派」與張伯端皆認為在內丹修煉時「陰陽」二者不能偏廢，同時又提出「消陰成純陽」的觀點，此兩種說法是否存在牴觸、矛盾的情形？對於這個問題，《紫陽真人悟真篇注疏・卷一》中戴起宗疏曰：

> 人與萬物未嘗無陽，今以人身皆為陰者，何也？以其後天地生，有質生質，既有質則為陰陽五行所拘而為陰矣。……今以為純陽者何也？以其氣得之先天地生，無質生質，能化有形為無形，故能變化後天之氣亦為先天之氣而為純陽，故曰陽也。〔註103〕

此處以「先天」和「後天」的角度，來回答這個看似矛盾但卻具有其內在合理性的問題。在「後天」階段（順行自然造化），因為其是有形有質，所以為五行生剋所拘限，以這個角度來說則為「陰」。而從逆轉造化（「先天」）的角度來看，先天之氣無形無質，且能變化後天之氣，故稱為「陽」。換言之，更精準清晰的答案，即如劉一明《道書十二種・修真辨難》所言，內丹學中「消陰成純陽」的說法是站在「先天」的「真陰真陽」與「後天」的「假陰假陽」這兩個層次上來立說的。「先天」的「真陰真陽」可稱作「純陽」，而「後天」的「假陰假陽」則叫做「群陰」。因此，內丹學中「消陰成純陽」的確切說法是：消除與轉換「後天的假陰假陽」（群陰），而成為「先天的真陰真陽」

日神仙。」（同上，頁658）。

〔註101〕《鍾呂傳道集・論鍊形》，頁674。金丹派南宗薛道光《丹髓歌》云：「真嬰兒，真赤子，九轉鍊成十月胎，純陽無陰命不死。」（《修真十書雜著指玄篇》，《道藏》（三家本），第四冊，頁629）。石泰《丹髓歌・後序》曰：「鍾離所謂四大一身皆屬陰也，如是則不可就身而求，特可尋身中一點陽精可也。」（同上，頁630）。

〔註102〕《秘傳正陽真人靈寶畢法・卷下・超脫第十》，《道藏》（三家本），第二十八冊，頁363。

〔註103〕《道藏》（三家本），第二冊，頁919。

（純陽）。〔註104〕如此，內丹修煉理論中「陰陽二者不能偏廢」與「消陰成純陽」的觀點便不會有無法自圓其說（矛盾）的情形產生。

2、丹道與天道──時間攢簇理論

「鍾呂金丹派」的內丹理論，認為「丹道」與天地造化之理（天道）之間存在著密切的關連性。也就是說，欲明丹道之理，必先窮究天地造化之理。因為丹道藐而難明，而天道卻顯而易見。在丹道與天道的關係上，除了上述「天人同構」（天地代表大宇宙，人身則代表小宇宙）以及大宇宙與小宇宙皆以「陰陽二氣」為共同的屬性與溝通的橋樑外，另外亦存在一種「時間攢簇理論」。在《道樞・卷二六・九真玉書篇》中，純陽子呂洞賓云：

> 人者萬物之靈，可不順天地乎？順天道者，常存其身之元陽，真一太和純粹之氣，則坐致長生矣。然必晝夜修煉焉。內功者，一日也。天運者，一歲也。升降陰陽，運行四序十二時，其晝則法春夏，其夜則法秋冬，晝夜終始，天地交泰矣。亥子丑之時者，應天之冬者也。陰升于天心，陽降于水府，溫養于腎，變煉于骨，亦如山石受天地陰陽升降之氣，化成金銀丹砂銅鐵者也。寅卯辰之時者，應天之春者也。陰降于華蓋，陽升于鼎鼐之上，溫養于肝，生成于筋脈，亦如天地草木受陽和之氣，以生華葉苗蔓者也。巳午未之時者，應天之夏者也。陰降于水府，陽極於火宮，溫養於心，變成於血脈，真陽燒煉而為白乳者也。申酉戌之時者，應天之秋者也。陽極而降地，陰復而升天，溫養於肺，變換於皮膚者也。晝夜以應乎四時，陰陽以守乎一體，此入聖之道也。〔註105〕

此處以十二時辰（亥子丑、寅卯辰、巳午未、申酉戌）中，人體小宇宙之陰陽二氣的升降循環，相應於天地大宇宙四時遞嬗的陰陽升降之氣。正是因為天地大宇宙與人身小宇宙，皆以「陰陽二氣」為共同的規律和溝通的準則。

〔註104〕《道書十二種・修真辨難》云：「問曰：『性命必賴陰陽而後凝結，則是有陰不可無陽，有陽不可無陰，何以又有羣陰剝盡丹成熟之說，到底用陰乎，不用陰乎？』答曰：『所用者，真陰真陽；不用者，假陰假陽。真陰真陽為先天，假陰假陽為後天，先天成道，後天敗道。』問曰：『何為真陰真陽，何為假陰假陽？』答曰：『陽中之陰為真陰，陰中之陽為真陽，此所用之陰陽，古經所謂陰陽得類者是也；亢陽無陰為假陽，孤陰無陽為假陰，此不用之陰陽，古經所謂孤陰寡陽者是也。』」（《藏外道書》第八冊，成都：巴蜀書社，1994年12月，頁472）。

〔註105〕《道藏》（三家本），第二十冊，頁739。

因此，「鍾呂金丹派」認為人體一日十二時的修煉可奪天地一年之造化。

此種以人體短時間的修煉可以奪取類比於天地大時間的修煉之功的學說，稱為「時間攢簇理論」。何謂「攢簇」？攢簇是丹家證破天道生生不息的奧妙後，以天道發明丹道而創立的一種解讀法則。〔註106〕攢簇的字面意義是聚集、攏集。〔註107〕引申有濃縮、壓縮之意。丹道之所以有攢簇之法，其原因是因為雖然人體與天地一樣都有「陰陽二氣」的升降循環，但畢竟人體只是「小宇宙」，僅是具體而微的小天地。「人體小宇宙」與「天地大宇宙」之間雖然有相似性與共通性，但是更為重要的是「人體小宇宙」還有自身的生理代謝（運行）法則（其氣血的運行，精氣神的盛衰，皆有其自身的運動週期）。在《西山群仙會真記‧卷一‧識時》云：

> 豈知真炁大運隨天，春在肝，夏在心，秋在肺，冬在腎。元炁小運隨日，子在腎，卯在肝，午在心，酉在肺。天地之春夏秋冬，日月之弦望晦朔，人之子午卯酉，正相合也。〔註108〕

可以看出人體內「炁」的運行，可區分為兩種週期，即「真炁大運」與「元炁小運」。「真炁大運」是指在一年四季中，天地陰陽之氣（真炁）於人體中臟腑位置之變化情形。「元炁小運」則指一日十二時辰中，元炁在五臟內的循環狀態。因此，真炁大運與元炁小運各自運動週期的時間是不同的。人體內「炁」的運行雖受天地陰陽之氣的運行規律所制約，但同時也有其獨立性（自身的生理代謝法則）。如此修煉丹道就不能簡單地比附天道，而必須明瞭「時間攢簇」之理。換言之，天地造化之理是可以掌握的！利用「時間同構」原則，「天地之春夏秋冬，日月之弦望晦朔，人之子午卯酉，四時同焉。」〔註109〕；也就是說，內丹修煉雖然效法天地造化，但只要掌握其中的道理，則可取得與天地造化同等的功效利益，卻不必使用與之等同的時間。所以只要掌握了時間攢簇之法，就能將天地大宇宙的大時間轉換成人體小宇宙的小時間。如此便可於一日之中，奪天地一年的造化之機（類比與轉化法的運用）。〔註110〕

〔註106〕 張廣保，〈論《周易參同契》的丹道與天道〉，《宗教哲學》，第二卷第二期，1996 年 4 月，頁 103。

〔註107〕 中國道教協會，《道教大辭典‧攢簇五行》，北京：華夏，1995 年 1 月，頁 1004。

〔註108〕 《道藏》（三家本），第四冊，頁 425。

〔註109〕 《道樞‧卷一九‧修真指玄篇》，《道藏》（三家本），第二十冊，頁 703。

〔註110〕 《道樞‧卷三七‧入藥鏡上篇》云：「吾取象日月時焉，然取年行不如月行矣！取月行不如日行矣！取日行不如時行矣！時可以奪日之功，日可以奪月

　　張伯端的「內丹修煉理論」，除了在「陰陽與純陽」方面與「鍾呂金丹派」
有著承繼的關係，另外在「時間攢簇理論」方面，亦存在明顯的承繼關係。
《悟真篇》曰：

　　　日月三旬一遇逢，以時易日法神功。守城野戰知凶吉，增得靈砂滿

　　　鼎紅。〔註111〕

　　對此，翁葆光註曰：「大陽太陰一月一次相交，聖人知而則之，移一月
為一日，移一日為一時。」〔註112〕又翁淵明（葆光）註曰：「太陰大陽一月
一合，聖人則之，縮一月之候在於一日，移一日之候分於一時。」〔註113〕戴
起宗疏曰：「以時易日者，時中自有子午，其陰陽始終，皆與天地日月同度。」
〔註114〕薛道光註曰：「大陽太陰一月一合，聖人則之，縮一日為一時，以月
易日，以日易時。」〔註115〕陸墅（子野）註曰：「太陰大陽一月一度合璧，
修煉之法，以時易日。」〔註116〕夏宗禹云：「體天法象，以時易日，而奪天
地之造化。……然而攢年簇月，攢月簇日，攢日簇時。」〔註117〕

　　由上述的注解，可以看出在張伯端的「內丹理論」中所謂「時間攢簇理論」，
即是認為在「年、月、日、時」四種時間系統中，存在著相同的結構與運行週
期（時間同構原則，年總括月日時，月總括日時，日總括時）。因此，在內丹修
煉時，便可將一年之造化攢（濃縮）入一月之中，一月之造化攢（濃縮）入一
日之中，一日之造化攢（濃縮）入一時之中。換言之，短時間（時、日、月）
的修煉，可以得到如同長時間（日、月、年）修煉時的功效。圖示如下：

　　　之功，月可以奪年之功。」（《道藏》（三家本），第二十冊，頁810）
〔註111〕《修真十書·悟真篇》，頁732。
〔註112〕《紫陽真人悟真篇注疏·卷四》，《道藏》（三家本），第二冊，頁932。
〔註113〕《悟真篇注釋·卷中》，《道藏》（三家本），第三冊，頁17。
〔註114〕《紫陽真人悟真篇注疏·卷四》，頁932。
〔註115〕《紫陽真人悟真篇三注·卷四》，《道藏》（三家本），第二冊，頁1001。
〔註116〕《紫陽真人悟真篇三注·卷四》，《道藏》（三家本），第二冊，頁1002。
〔註117〕《紫陽真人悟真篇講義·卷四》，《道藏》（三家本），第三冊，頁50。

因此，根據「時間攢簇理論」，張伯端得出「赫赤（赫）金丹一日成」（片餉成丹）的結論。「赫赤金丹一日成，古仙垂語實堪聽。若言九載三年者，盡是推延欵日程。」〔註118〕以及「都來片餉工夫，永保無窮逸樂。」〔註119〕而此種「片餉成丹」的說法，極類似於禪宗惠能的「頓悟成佛」說，「若識自性，一悟即至佛地。」（《六祖壇經・般若品第二》）

小結

經由上述的論述，可以證明張伯端的內丹思想繼承了「鍾呂金丹派」的內丹理論。因此，不能因為南宋李簡易《玉谿子丹經指要・混元仙派之圖》的記載，似乎劉海蟾與張伯端有師徒關係的說法有牽強之處〔註120〕，以及元趙道一編撰之《歷世真仙體道通鑒・卷四十九・張用成》中明確的指出張伯端遇劉海蟾授金液還丹火候之訣的說法〔註121〕，缺乏具體的證據來證明兩者確有師徒關係。因而，便可以認為張伯端的內丹思想與「鍾呂金丹派」沒有任何的關係存在。或許劉海蟾與張伯端有師徒的關係的說法缺乏有力的證據（縱使「通過劉海蟾得傳鍾呂金丹道是個假問題」的說法能成立，充其量僅能代表劉海蟾與張伯端沒有實際的承傳關係，並不能同時代表張伯端與鍾呂金丹道也同樣沒有承傳的關係存在），但這只是由外圍的討論所產生的情形。如果我們從內在理論核心來加以比較，張伯端的內丹思想確實是與「鍾呂金丹派」有承繼的關係存在。〔註122〕

〔註118〕 《修真十書・悟真篇》，頁736。

〔註119〕 《修真十書・悟真篇・序》，頁712。

〔註120〕 《道藏》（三家本），第四冊，頁404～405。

〔註121〕 「張伯端天台人也，少無所不學，浪迹雲水，晚傳混元之道而未備，孜孜訪問，徧歷四方。宋神宗熙寧二年，陸龍圖公詵鎮益都，乃依以遊蜀。遂遇劉海蟾，授金液還丹火候之訣。乃改名用成，字平叔，號紫陽。修煉功成，作《悟真篇》行於世。」（《道藏》（三家本），第五冊，頁382）。

〔註122〕 《海瓊傳道集・序》云：「昔者鍾離雲房以此傳之呂洞賓，呂傳之劉海蟾，劉傳之張平叔，張傳之石泰，石傳之道光和尚，道光傳之陳泥丸，陳傳之白玉蟾。」（《道藏》（三家本），第三十三冊，頁147）。

第七章　張伯端的丹道易學思想

　　本論文第五章與第六章，論述了張伯端的「內丹」思想，繼承了《周易參同契》與鍾呂金丹派的丹道思想。本章將著重探討張伯端的「內丹」思想的具體內容。

第一節　「性命雙修」的「內丹」思想

　　張伯端的「內丹」思想集中表現在其著作：《悟真篇》（包括《紫陽真人悟真篇拾遺》或稱《禪宗歌頌詩曲雜言》、《悟真性宗直指》）、《金丹四百字》及《玉清金笥青華秘文金寶內煉丹訣》（簡稱《金寶內煉丹訣》或《青華秘文》）之中。

　　「性命」（命功與性功）修煉，為張伯端「內丹」思想的根本內容。從《悟真篇》內容結構的排列順序以及《紫陽真人悟真篇拾遺》的說法來看，《悟真篇》的內丹性命理論是強調「性命雙修」〔註1〕，而在次序上則是屬於「先命後性」（先命功、後性功）的性質。〔註2〕此外，張伯端又以此「性命」問題

〔註1〕元戴起宗《紫陽真人悟真篇注疏·序》云：「《悟真篇》分性命為二宗，訓人各進；分內外為二藥，訓人同進。實為千古丹經之祖，垂世立教，可與《周易參同契》並傳不朽。」（《道藏》（三家本），第二冊，頁910）、朱元育《悟真篇闡幽·上卷序》云：「書中大約分性命兩宗，性宗是無聖無凡，妙覺本源，人人可以與聞；命宗乃是超凡入聖，金丹作用，非真師無由啟發。」（台北：自由，1998年1月，頁35）。

〔註2〕《悟真篇》內容結構的排列順序：正編部份（詩八十一首、詞十二首共九十三首）講述「養命固形之術」，即內丹修煉之「命功」；附錄部份（歌頌詩曲雜言三十二首）則吸收禪宗思想，講述「達本明性之道」，即內丹修煉術之「性

來會通儒釋道三教，其云：

> 故老釋以性命學，開方便門，教人修種，以逃生死。釋氏以空寂為宗，若頓悟圓通，則直超彼岸。如其習漏未盡，則尚徇於有生。老氏以鍊養為真，若得其要樞，則立躋聖位；如其未明本性，則猶滯於幻形。其次《周易》有窮理盡性至命之辭，《魯語》有『毋意、必、固、我』之說，此又仲尼極臻乎性命之奧也。然其言之常略而不至于詳者何也？蓋欲序正人倫，施仁義禮樂之教，故於無為之道，未嘗顯言，但以命術寓諸《易》象，性法混諸微言耳。〔註3〕

張伯端認為儒家因為寄言、象徵與微言的關係所以罕言「性」、「命」之道，佛教則「以性宗立教，故詳言性而略言命」，而道教則是「以命宗立教，故詳言命而略言性」。〔註4〕可以看出，張氏認為儒家罕言性命，而釋、道二教則對於「性命」這個命題皆有所偏廢，於是便提出唯有其「金丹大道」才是究竟的「性命兼修」之道。在《歷世真仙體道通鑒・卷四十九・張用成》中，記載張伯端曾遇一修戒定慧自以為得最上乘禪旨，能入定出神，數百里間頃刻輒到的僧人。於是兩人便相約出神遊揚州觀瓊花，並以折一花為記。結果僧人取不出瓊花，而張伯端卻手中拈出瓊花與僧笑翫。事後伯端弟子不解，即問曰：「彼禪師者與吾師同此神遊，何以有折花之異？紫陽曰：我金丹大道，性命兼修，是故聚則成形，散則成氣，所至之地，真神見形，謂之陽神；彼之所修，欲速見功，不復修命，直修性宗，故所至之地，人見無復形影，謂之陰神。……得金丹之道，性命兼修，是為最上乘法。……其定中出陰神，乃二乘坐禪之法。」〔註5〕

上述類似神話的故事中，值得注意的是：性命兼修之金丹大道可出「陽神」，而偏修性宗，不復修命的法門，則只能出「陰神」。而出陰神為二乘坐禪

功」。《紫陽真人悟真篇拾遺》曰：「《悟真篇》者，先以神仙命脈誘其修鍊，次以諸佛妙用廣其神通，終以真如覺性遣其幻妄，而歸於究竟空寂之本源矣。」（《道藏》（三家本），第二冊，頁1030）。

〔註3〕《修真十書・悟真篇・序》，《道藏》（三家本），第四冊，頁711，以下只註篇名與頁數。本論文所引用《悟真篇》之原文，以《修真十書》本為依據。原因在於《修真十書》本《悟真篇》的成書時間，在諸注本中是最早的（南宋紹興三十一年（1161））。

〔註4〕《歷世真仙體道通鑒・卷四十九・張用成》，《道藏》（三家本），第五冊，頁383。

〔註5〕以上所陳述的內容見於：《道藏》（三家本），第五冊，頁383。

之法，並非究竟的最上乘禪旨。因此，張伯端批評偏修性功的「二乘坐禪」之法，只能出「陰神」，未經「金汞還返」的命功修煉，不能「回陽換骨」而出「陽神」，其云：「惟閉息一法，如能忘機絕慮，即與二乘坐禪頗同。若勤而行之，可以出定出神。奈何精神屬陰，宅舍難固，不免長用遷徙之法，既未得金汞還返之道，又豈能迴陽換骨，白日而昇天哉？」〔註6〕，這說明二乘坐禪不是「性命雙修」之道，亦可以看出張伯端對「性命兼修」之金丹大道的推崇與著重。所以其在《悟真篇》中云：「饒君了悟真如性，未免拋身卻入身。何似更兼修大藥，頓超無漏作真人。」〔註7〕

　　此外，「性命兼修」與「神」（陽神、陰神）的關係是值得玩味的。換言之，張氏的內丹學中之「性命理論」，可以由與「神」的關係而關聯到探討「精氣神理論」！易言之，即以「神」為中介，將「性命」理論轉換為探討「精氣神」理論！

一、命功與性功

1、命功

　　「命功」，又稱修命，即煉精、煉氣（不同於性功之修性，即修煉心、神）。由於張伯端的內丹思想「命功」部分，往昔研究者已有相當可觀的研究成果。如王沐先生《悟真篇淺解》附錄中《悟真篇丹法要旨》與《悟真篇丹法源流·二《悟真篇》的內容》二文、郝勤《龍虎丹道——道教內丹術·南宗丹法（清修）》、鄺蘭夫（芏人）《內丹學南宗張伯端之理論分析》及《張紫陽之性命雙修法理》二文、張振國《悟真篇導讀·人人本有長生藥（代序）·四、內丹修煉的實踐》。〔註8〕現撮要其內容如下：

　　在張伯端的丹法思想中，其內容可分成四個階段，即：1「築基」、2「煉

〔註6〕《修真十書·悟真篇·序》，頁711。

〔註7〕《修真十書·悟真篇》，頁737。

〔註8〕王沐先生《悟真篇丹法要旨》與《悟真篇丹法源流》二文（收錄在：《悟真篇淺解》附錄一、附錄二，北京：中華，1997年10月，頁257～313，317～334）、郝勤《龍虎丹道——道教內丹術·南宗丹法（清修）》（四川人民，1994年7月，頁205～219）、鄺蘭夫（芏人）《內丹學南宗張伯端之理論分析》（載於：《東海哲學研究集刊》，第四輯，1997年7月，頁13～45）；《張紫陽之性命雙修法理》（載於：《少陽派前期的性命雙修之法理研究》，《宗教哲學》，第八卷第一期，2002年1月，頁84～98）、張振國《悟真篇導讀·人人本有長生藥（代序）》（北京：宗教文化，2001年2月，頁13～23）。

精化炁」、3「煉炁化神」、4「煉神還虛」。

在築基之初步奠基階段，是性命雙修的。因為此階段是補足命寶（精、氣、神）涵養本源的功夫，所以必須兩者兼顧。換言之，築基階段中，命功含有性功，因為煉精必須用神，即用神來煉精。

到了第二階段，即煉精化炁階段，主要則偏重命功。此階段著重將「精」、「氣」凝煉而化為「炁」（或稱丹母：內、外藥合凝而成，即精氣結合之藥）的功夫，其運煉的方式為「小周天」功法。

第三階段，即煉炁化神階段，此時性功多於命功。此階段著重將「炁」化歸於「神」內，而成陽神（又稱聖胎或嬰兒）。由於此時是將內、外藥合凝之丹母，進一步煉成大藥，方法是用「大周天」功法化煉，即以元神寂照，所以偏重性功修煉。

第四階段，即煉神還虛階段，則純入性功。此階段著重在「陽神」的溫養，以及「移神」（或移胎）的功法與「出神」的身外有身的成仙境界。

所以張伯端的丹法主性與主命的比重程度，是隨功法進度而變化的。這四個階段中，又可分成「道術」與「仙術」兩個部分。築基階段，為入手修補功夫，亦即煉丹的準備功夫，所以稱為道術；煉精化炁稱為初關（百日關），煉炁化神則為中關（十月關），煉神還虛稱為上關（九年關），因為這三階段是煉丹部分，所以稱為仙術。

張伯端的內丹思想，入手功夫是在《金丹四百字》、《玉清金笥青華秘文金寶內煉丹訣》及《張紫陽八脈經》三書中，《悟真篇》則是由第二階段（煉精化炁）論起的，所以把命功放在前面，最後則純入性功。換言之，《悟真篇》丹法主張，是先命後性，先有為後無為。〔註9〕

由於本論文第五章（張伯端的《悟真篇》承繼《周易參同契》之處）中，筆者已經對《悟真篇》的「命功」內容作出部分的論述（再加上第二章第三節的論述，以及上述往昔研究者對張伯端命功的研究成果），因而，此處筆者對於張伯端的「內丹」思想，所著重探討的是「先命後性」中的「性功」部份！之所以會特別注重「性功」部份除了其與禪宗的修性之法有關外，最主要的原因是歷來的研究者對於張伯端的「內丹」思想的探討，由於受到「先命後性」觀念的影響，所以皆注重其「命功」（築基、煉精化炁、煉炁化神）部份，

〔註9〕上述說法，見於：王沐先生《悟真篇丹法要旨》一文（收錄在：《悟真篇淺解》
附錄一，北京：中華，1997 年 10 月，頁 257～258）。

而對於「性功」部份則著墨不多或語焉不詳。因此，本論文對於張伯端的內丹性命思想，將探討的重心設定在「性功」部份！

2、性功

性功修煉牽涉到「性與神」關係、「煉神」、「煉心」、「修性」等內容。

（1）性與神的關係

「性」與「神」兩者的關係，在《青華秘文》中有如下的陳述：

> 神亦可謂性之基也，……蓋心靜則神全，神全則性現。〔註10〕

> 元神，乃先天之性也。〔註11〕

> 神者，元性也。〔註12〕

> 神者，精氣之主。〔註13〕

> 神者，性之別名也。〔註14〕

可以看出：「神」是「性」的基礎，「神」全是「性」顯現的前提。當神全之後，「性」即是「神」，其扮演著統御精、氣的角色，並且又指人的「先天元神」（先天之性或元性）。此處用了類比的概念，當把神理解為元神，把性理解為元性（先天之性），那麼神與性這兩個概念就沒有什麼區別了！因此，我們可以說：「性」是先天元神，實為先天之性，先天之性，即是「神」。

此處值得注意的是：其突顯「先天」這個概念！《青華秘文・神為主論》云：「夫神者，有元神焉，有慾神焉。元神者，乃先天以來一點靈光也。慾神者，氣稟之性也。元神，乃先天之性也。形而後有氣質之性。善反之，則天地之性存焉。」〔註15〕，又《金丹四百字・序》云：「鍊精者，鍊元精，非淫佚所感之精；鍊氣者，鍊元氣，非口鼻呼吸之氣；鍊神者，鍊元神，非心意念慮之神。」〔註16〕此處將「神」區分為先天（元神）與後天（慾神），並與先天之性和氣質之性相銜接，且認為內丹的修煉是以「先天」、「元」為本。此種傾向（反、回歸）所顯示的意義，代表內丹修煉之回溯本源的內向思惟，並為修

〔註10〕《青華秘文・心為君論》，《道藏》（三家本），第四冊，頁363，以下只注篇名與頁數。

〔註11〕《青華秘文・神為主論》，頁364。

〔註12〕《青華秘文・精神論》，頁365。

〔註13〕《青華秘文・精神論》，頁365。

〔註14〕《青華秘文・總論金丹之要》，頁376。

〔註15〕《道藏》（三家本），第四冊，頁364。

〔註16〕《修真十書・雜著指玄篇》，《道藏》（三家本），第四冊，頁620。

煉找到了內在的根據與依歸（元神與元性）！

復返先天後，神與性這兩個概念既然沒有區別且其又是內丹修煉的內在根據與依歸。因此，可以通過「神」的修煉而過度到性而臻於修「性」。

（2）煉神

張伯端認為當人降生後，「先天本元之性」受到「後天氣質之性」的影響，逐漸蒙蔽了「元神」，致使「慾神」（識神）日漸滋長而主導人的思慮行事。而解決的方法便是「反」（復返）的原則。其云：

> 夫神者，有元神焉，有慾神焉。元神者，乃先天以來一點靈光也。慾神者，氣稟之性也。元神，乃先天之性也。形而後有氣質之性。善反之，則天地之性存焉。自為氣質之性所蔽之後，如雲掩月。……然元性微，而質性彰，……今則徐徐剗除，主於氣質盡，而本元始見。本元見，而後可以用事。無他，百姓日用，乃氣質之性勝本元之性。至本元之性勝氣質之性。……氣質之性本微，自生以來，日長日盛，則日用常行，無非氣質。一旦反之矣，自今已往，先天之氣本微，吾勿忘勿助長，則日長日盛，至乎純熟，日用常行，無非本體矣。此得先天制後天，而為用。〔註17〕

此「復返原則」在《悟真篇》亦曾云：「萬物芸芸各返根，返根復命即長存。知常返本人難會，妄作招凶眾所聞。」〔註18〕，可以看出是《老子·十六章》的翻版，其曰：「夫物芸芸，各復歸其根。歸根曰靜，是謂復命。復命曰常，知常曰明。不知常，妄作凶。」復返原則只是「煉神」的通則，其具體的方法是：「凝神」。《青華秘文·精神論》云：「凝者，以神於精氣之內。……凝神者，神融於精氣也。精氣神合而為一，而陽神產矣。」〔註19〕，又《青華秘文·神室圖論》云：「元精、元氣、元神盡合而為一，故嬰兒產矣。」〔註20〕，凝神則能合精氣，匯合精氣神三者，即能產生「陽神」（嬰兒）。所以《青華秘文·總論金丹之要》又云：「夫金丹之道，貴乎藥物，藥物在乎精氣神。……是大藥不離精氣神。」〔註21〕，為什麼凝神能融於精氣之中，答案是：「神」在精氣神三者中起著主導作用，其云：「神者，精氣之主，丹士交會採取，至于行火，無非

〔註17〕《青華秘文·神為主論》，頁364。
〔註18〕《修真十書》，《道藏》（三家本），第四冊，頁735。
〔註19〕《青華秘文·精神論》，頁366。
〔註20〕《青華秘文·神室圖論》，頁373。
〔註21〕《青華秘文·總論金丹之要》，頁375～376。

以神而用氣精。」〔註22〕及「精氣神三者孰為重？曰：『神為重。金丹之道，始然以神而用精氣也，故曰神為重。』」〔註23〕

（3）煉心

煉神，可以過度到性而臻於修「性」。易言之，煉神即是「修性」。其中介在乎「心」的作用。《青華秘文・精神論》云：「豈知其所謂凝神者，蓋息念而返神於心之道。神歸于心，則性之全體見；全體見而用之，無非神用。」〔註24〕及「蓋心靜則神全，神全則性現。」〔註25〕，「心」在內丹修煉中扮演著總綰的角色，因而在煉「神」與修「性」前必須先煉「心」。其云：

> 心者，神之舍也。心者，眾妙之理，而宰萬物也。性在乎是，命在乎是。若夫學道之士，先須了得這一箇字，其餘皆後段事矣。〔註26〕

> 蓋心者，君之位也，以無為臨之，則其所以動者，元神之性耳；以有為臨之，則其所以動者，欲念之性耳。有為者，日用之心；無為者，金丹之用心也。以有為及乎無為，然後以無為而利正事，金丹之入門也。〔註27〕

心為藏神之所（神以心為載體），其用有二：「日用之心」（人心）與「金丹之用心」（道心）。金丹之用心與「先天本元之性」、「元神」相銜接，而日用之心則與「後天氣質之性」、「慾神」（識神）相關連。此處更用「有為」與「無為」的兩種狀態來形容心的不同層次：「有為」的對象是普通人的「日用之心」（人心），「無為」的對象是修煉者的「金丹之用心」（道心）。更以有為之心入於無為之心，來說明「後天氣質之性」、「慾神」入於「先天本元之性」、「元神」的修煉路徑，以此實現與展現「心」的自我昇華境界。換言之，其最主要的目的是在說明內丹修煉最根本、也是最重要的目標是：「心的轉化」（人心變道心）。

上述《青華秘文》曾言：「神歸於心，則性之全體現」及「蓋心靜則神全，神全則性現」，可以看出「性」顯現的前提是「神」全，而神全即是「神歸於心」。什麼是神歸於心，答案是「心靜」。其云：「心勿馳於外，則神反藏於內。……

〔註22〕《青華秘文・精神論》，頁365。
〔註23〕《青華秘文・總論金丹之要》，頁376。
〔註24〕《青華秘文・精神論》，頁365。
〔註25〕《青華秘文・心為君論》，頁363。
〔註26〕《青華秘文・心為君論》，頁363。
〔註27〕《青華秘文・神為主論》，頁364。

心惟靜則不外馳，心惟靜則和，心惟靜則清，一言以蔽之曰，靜。」〔註28〕，心如何靜？其口訣是：「但於一念妄生之際，思平日心不得靜者，此為梗耳，急捨之，久久純熟。夫妄念莫大於喜怒，怒裏回思則不怒，喜中知抑則不喜，種種皆然。久而自靜，……以此靜心應事接物，誰云誤事，實自靈耳。……蓋事至而應之，事去而心自心也。」〔註29〕，又「心求靜，必先制眼，眼者，神遊之宅也。神遊於眼，而役於心。故抑之於眼，而使歸于心，則心靜而神亦靜矣。目不亂視，神返於心。神返於心，乃靜之本。」〔註30〕，心靜之法在於「制念」與「制眼」，「制念」屬於心的層次，「制眼」則則屬於「身」的層次。內行制念之法而外行制眼之法，則神返於心而不役於心。

心靜之後就能生「定」，其云：「靜而生定」。〔註31〕何謂定？《青華秘文‧心為君論》云：「吾本無他術，為能定心故。夫鬼神之所以測度者，吾心之有念耳。心無念，則神之靈不可得而施也。豈神不知吾心，吾亦自不知其為心，乃定之根本也。」〔註32〕，所謂定即是「自不知其為心」，自不知其為心就是處於「恍惚杳冥」的狀態，其云：「恍兮惚兮中有象，杳兮冥兮中有物，……蓋恍惚杳冥，定之象也。」〔註33〕。而定的功用是在輔助「靜」，其云：「神者，性之別名也。至靜之餘，元氣方產之際，神亦欲出，急庸定以待之。」〔註34〕。可以看出，修心之法中無論是「靜」或「定」，皆與「念」發生關連。念即「意念」，《青華秘文‧意為媒說》云：「意者，豈特為媒而已，金丹之道，自始至終，作用不可離也。意生於心，然心勿馳於意則可，心馳於意末矣。」〔註35〕，心馳於意則神外遊而不返，控制意念則可神返於心而不役於心。

藉著控制意念，並輔以「忘」與「覓」二字訣，便是見「真心」之法。《青華秘文‧採取圖論》云：「金丹之士，先脩陰德，以盡人事，然後持前心論，則大藥產，而圖形見矣。採取之法生于心，心者，萬化綱維樞紐，必須忘之，而始覓之。忘者，忘心也；覓者，真心也。但於忘中生一覓意，即真心也。恍惚之中，始見真心，真心既見，就此真心生一真意，加以反光內照，庶百竅備

〔註28〕《青華秘文‧心為君論》，頁363。
〔註29〕《青華秘文‧心為君論》，頁364。
〔註30〕《青華秘文‧心為君論》，頁364。
〔註31〕《青華秘文‧採取交會口訣》，頁369。
〔註32〕《青華秘文‧心為君論》，頁363。
〔註33〕《青華秘文‧交會圖論》，頁368。
〔註34〕《青華秘文‧總論金丹之要》，頁376。
〔註35〕《青華秘文‧意為媒說》，頁365。

陳，元精吐華矣。要在乎無中生有，有中生無。到這境界，併真心俱忘而棄之也。」〔註36〕，見「真心」之法的口訣是：「忘裏覓，覓裏忘，忘中見，見中忘。」〔註37〕

（4）修性

煉神即是修性，其關鍵在於煉心。「心靜則神全，神全則性現」，表示性現的最根源基礎是在心靜。「心」在修性中起著主導的作用，其云：

> 存心者，養性也。性之始見，不存則無所養。無所養，則終乎不見矣。存心實自收心始。所謂收神者，蓋收心之餘用耳。行之至久，見如不見，聞如不聞，形心相忘，合乎至道，則元性彰露。〔註38〕
>
> 欲體夫至道，莫若明乎本心。故心者，道之體也，道者，心之用也。人能察心觀性，則圓明之體自現，無為之用自成，不假施功，頓超彼岸。〔註39〕

「修性」必須從心地下工夫，透過收心與存心的工夫，見、忘雙遣，則元性自然露顯。易言之，能「察心觀性」則「圓明之體自現」！

二、性命雙修

張伯端的內丹思想強調「性命雙修」，內丹修煉（入手）的順序雖是「先命後性」，但論兩者的重要性還是：「性重於命」！

1、先命後性

張伯端的內丹思想認為在「修性」（性功）前必須先「修命」（命功）。其理由是：「故道因言而後顯，言因道而返忘。奈何此道至妙至微，世人根性迷鈍，執其有身而惡死悅生，故卒難了悟。黃老悲其貪著，乃以修生之術順其所欲，漸次導之。」〔註40〕、「虛心實腹義俱深，只為虛心要識心。莫若煉鉛先實腹，且教守取滿堂金。」〔註41〕及「先性固難，先命則有下手處。譬之萬里雖遠，有路耳。先性則如水中捉月。」〔註42〕「煉鉛、實腹」，為命功修

〔註36〕《青華秘文‧採取圖論》，頁367。
〔註37〕《青華秘文‧採取交會口訣》，頁368。
〔註38〕《青華秘文‧下手工夫》，頁365。
〔註39〕《修真十書‧悟真篇‧後序》，《道藏》（三家本），第四冊，頁749。
〔註40〕《修真十書‧悟真篇‧後序》，《道藏》（三家本），第四冊，頁749。
〔註41〕《修真十書‧悟真篇》，同上，頁725。
〔註42〕《青華秘文‧真泄天機圖論》，頁371。

鍊;「虛心、識心」，則為性功。可見其是出於「悲憫」、「誘導」及「難易」的原因而強調內丹修煉（入手）的順序是:「先命後性」！因為「先性後命」之「性功」較困難，只適合上根之人;而「先命後性」之「命功」較能為一般人所理解、掌握。〔註43〕

內丹修煉（入手）的順序雖是先命後性，但不表示「修性」與「修命」必須截然二分，其云:「先就有形之中，尋無形之中，乃因命而見性也。就無形之中，尋有形之中，乃因性而見命也。先性固難，先命則有下手處。譬之萬里雖遠，有路耳。先性則如水中捉月，然及其成功一也。」〔註44〕，可見其是殊途同歸（性命兼修），只是入手的工夫不同罷了！「因命而見性」，是就有為而臻至無為;「因性而見命」，是就無為而至有為。其中「性、命」兩者相混，只是側重有所不同。

基於上述原因，所以《悟真篇》中便提出「先命後性」的呼籲，其云:「始之有作無人見，及至無為眾始知。但見無為為要道，豈知有作是根基。」〔註45〕、「恍惚之中尋有象，杳冥之內覓真精。有無從此自相入，未見如何

〔註43〕 據胡孚琛主編，《中華道教大辭典·第九類內丹學·一內丹總論·性命》中的記載:「內丹學一般以炁為命，以神為性，故性命指神炁。……內丹學認為人體之生成，乃父母初交時一點先天元炁而立命;至十月胎圓，又得先天祖氣一點元陽而有性。此時元氣為命，元神為性，性命不分，處於混沌的先天狀態;至降生時，元神歸於心，元炁歸於腎，由先天分判為後天之性命，始成長為人。內丹學要由人逆煉成仙，便發展出混合神氣的性命之學。」（北京:中國社會科學出版社，1995年8月，頁1128）而「成熟形態的道教內丹學各門派皆主雙修性命，但在修性修命的先後、主次及下手處等方面則各持己見。其中南北二宗的區別最大。張伯端《悟真篇》:『虛心實腹義俱深，只為虛心要識心，不若煉鉛先實腹，且教收取滿堂金。』彭好古注:『虛心是性功上事，實腹是命功上事。……不若煉鉛服食先實其腹，使金精之氣充溢於身，然後行抱一之功，以虛其心，則性命雙修，形神俱妙，大修之事畢矣。』（仇兆鰲《悟真篇集注》）仇兆鰲補注:『心之所以不虛者，緣承無鉛伏，故觸境易搖，不若煉鉛以制伏之，使心有所含育也。南宗先命而後性，於此章見之。』（同前）北宗三分命功，七分性功。以清靜為主，以『識心見性』為首要。王重陽說:『只要心中清靜兩個字，其餘都不是修行。』（《重陽全真集·卷十》）……丘處機說:『吾宗性貴見性，水火配合其次也。』（《長春祖師語錄》）」（同上）而所謂「先性後命」即是:「指在性命雙修原則下，倚重於性（心、神）的修煉方式。其主要代表為北宗。」而「先命後性」則是指:「在性命雙修原則下，倚重於命（身、氣）的修煉方式。其主要代表為南宗。」（以上見於:《中華道教大辭典·第九類內丹學·一內丹總論·先性後命·先命後性》，頁1129）。

〔註44〕 《青華秘文·真泄天機圖論》，頁370～371。

〔註45〕 《修真十書·悟真篇》，《道藏》（三家本），第四冊，頁733～734。

想得成。」〔註46〕，「始之有作」，為命功修煉在體內煉精、運火、產藥，所以「無人見」。「恍惚、杳冥」，即體內產藥（藥生）的狀態。

　　此處有一個問題是值得討論的，就是上述註文中，認為內丹修煉中南宗強調「先命後性」，北宗則強調「先性後命」。此處先命後性之「性」與先性後命之「性」，兩者是否相同？對於這個問題，筆者認為張伯端所謂先命後性之「性」，是在命功的基礎上所得證的「無上至真之妙道」（無為妙覺之道）的性命雙圓之「性」（見後面的論述）。易言之，先命後性之「性」是包含命功的性命合一之「性」；而北宗之先性後命之「性」，則是在命功之前的性功修煉（命前之性），此性功修煉是作為命功修煉前的一種「見性」功夫。如北宗（全真道）郝大通《真仙直指語錄‧卷上‧郝太古真人語》云：「修真之士，若不降心，雖出家多年，無有是處，為不見性。既不見性，豈能養命？性命不備，安得成真？」〔註47〕、《紙舟先生全真直指》曰：「全真之妙，念念相續，專炁致柔，照一靈而不昧，返六用以無衣，守一忘一，至虛而靜極，靜極則性停，性停則命住，命住則丹成，丹成則神變無方矣。」〔註48〕

　　總之，南宗先命後性之「性」與北宗先性後命之「性」，兩者並不在同一個層次上論說。此外，張伯端「先命後性」中，命功修煉時所包含的「性功」與先命後性之「性」的區別，也是一個值得討論的問題。對於這個問題，清劉一明《道書十二種‧修真辨難‧卷上》云：「問曰：接命之道，有性理否？答曰：不能修性，焉能立命？蓋性者命之寄，命者性之存。性命原是一家，焉得不修性？問曰：性命一家，了命即可了性。何以又有修命之後，還當修性之說？答曰：修命時所修之性，乃天賦之性；修命後所修之性，乃虛無之性。天賦之性，從陰陽中來；虛無之性，從太極中來。不得一例而看。」〔註49〕

　　「修命時所修之性，乃天賦之性」，意指命功修煉時以「神」運精、氣，即以「心」、「神」來控制及煉化「精、氣」的火候抽添、藥物煉化的功夫；「修命後所修之性，乃虛無之性」，即指上述所說的包含命功的性命合一、雙圓之「性」。

2、性重於命

　　既然張伯端內丹修煉（入手）的順序是先命後性，為何其又強調「性重

〔註46〕《修真十書‧悟真篇》，《道藏》（三家本），第四冊，頁734。
〔註47〕《道藏》（三家本），第三十二冊，頁438。
〔註48〕《道藏》（三家本），第四冊，頁382。
〔註49〕《藏外道書》第八冊，頁481～482。

於命」？換言之，這是否表示在張伯端眼中「性功」是重於「命功」？對於這個問題，可分為三點來論述。

其一，心性修煉的層次較高，有別於命功的基礎層次。其云：「丹是色身至寶，鍊成變化無窮。更能性上究真宗，決了無生妙用。」〔註50〕及「此恐學道之人，不通性理，獨修金丹，如此既性命之道未修，則運心不普，物我難齊，又焉能究竟圓通，迥超三界？故《經》云：『有十種仙，皆於人中鍊心堅固精粹，壽千萬歲。若不修正覺三昧，則報盡還來，散入諸趣。』是以彌勒菩薩《金剛經頌》云：『饒君百萬劫，終是落空亡。』故此《悟真篇》者，先以神仙命脈誘其修鍊，次以諸佛妙用廣其神通，終以真如覺性遺其幻妄，而歸於究竟空寂之本源矣。」〔註51〕

其二，命功中含有性功。易言之，性功中神的修煉，直接影響命功中火候的掌握。「若要修成九轉，先須鍊己持心。依時採取定浮沉，進火須防危甚。」〔註52〕、「了了心猿方寸機，三千功行與天齊，自然有鼎烹龍虎。」〔註53〕、「心勿馳於外，則神反藏於內。……心惟靜則不外馳，心惟靜則和，心惟靜則清，一言以蔽之曰，靜。精氣神始得而用矣。」〔註54〕、「神者，精氣之主，丹士交會採取，至于行火，無非以神而用氣精。」〔註55〕及「精氣神三者孰為重？曰：『神為重。金丹之道，始然以神而用精氣也，故曰神為重。』」〔註56〕

其三，心性的修養，是排除魔障與保證修鍊成功的依據。「大藥修之有易難，也知由我亦由天。若非積行施功德，動有群魔作障緣。」〔註57〕、「德行修逾八百，陰功積滿三千。均齊物我與親冤，始合神仙本願。」〔註58〕

經由上述，先命後性只是修煉入手順序，但論兩者的重要性還是：「性重於命」！

〔註50〕《修真十書‧悟真篇》，《道藏》（三家本），第四冊，頁743。
〔註51〕《紫陽真人悟真篇拾遺》，《道藏》（三家本），第二冊，頁1030。
〔註52〕《修真十書‧悟真篇》，頁740。
〔註53〕《修真十書‧悟真篇》，頁737。
〔註54〕《青華秘文‧心為君論》，頁363。
〔註55〕《青華秘文‧精神論》，頁365。
〔註56〕《青華秘文‧總論金丹之要》，頁376。
〔註57〕《修真十書‧悟真篇》，頁736。
〔註58〕《修真十書‧悟真篇》，頁743。

3、與《易》學的關係

張伯端在《青華秘文‧(蟾光圖)論》中，運用漢代《易》學「月體納甲說」(只有月象與陰陽相配，是一種變形的說法)來陳述「性命雙修」(元性顯現的次第及歸命的情況)，其云：

> 月受日氣，故初三生一陽者，丹既居鼎，覺一點靈光，自心常照，而無晝夜。一陽生于月之八日，而二陽產矣。二陽者，丹之金旡少旺，而元性又少現。自二陽生于月之望，而三陽純矣。三陽純者，是所謂元性盡現，即前謂無形之中也。一陽純生時，但覺吾身有一物，或明或隱。二陽生時，則遍體生明矣。三陽生者，則光不在內，不在外，但覺此身如在虛空，亦無身，亦無虛空，亦無日，亦無月，常能如此，則禪定也。……月既望矣，十六而一陰生，一陰者，性歸于命之始也。自一陰生，至于月之二十三而二陰產矣。二陰者，乃性歸于命三之二也。自三陰生于月之三十日而三陰全矣。三陰者，乃性盡歸于命也。性之全體現，綿綿若存之性，時時反乎命內矣。方其始也，以命而取性之全矣。又以性安命，此是性命天機括處。雙脩者，此之謂也。……到此際，則金丹全也。〔註59〕

初三日一陽生，「元性」初現，但覺吾身有一物，或明或隱。初八日二陽生，「元性」又少現，則遍體生明。至望日(十五)三陽純時，但覺此身如在虛空，亦無身、虛空、日、月，此時謂「元性盡現」。此種月體配合陽生以顯性的方式稱為：「以命取性」(顯性)。其特徵是：「性全」！十六日一陰生，乃性歸於命之始；二十三日二陰生，乃性歸於命的第二步驟；三十日三陰全，乃性盡歸於命也。此種月體配合陰生以歸命的方式稱為：「以性安命」(歸命)。此陽息陰消(顯性)、陰息陽消(歸命)是以一月為循環，循環一次，稱為：「性命雙修」！

張伯端此處運用漢代《易》學「月體納甲說」，但不同於《周易參同契》的月體納甲說，其內容只有月象與陰陽相配，所以是一種變形的說法。可以看出張伯端的內丹思想，已有不拘泥於「卦爻象數」而趨於精簡的趨向。如《悟真篇》中所云：「箇中得意休求象，若究羣爻謾役情。」〔註60〕、「卦中設象本儀

〔註59〕《道藏》(三家本)，第四冊，頁371～372。
〔註60〕《修真十書‧悟真篇》，《道藏》(三家本)，第四冊，頁732。

形，得象忘言意自明。後世迷徒惟泥象，卻行卦乑望飛昇。」〔註61〕以及「本立言以明象，既得象以忘言。猶設象以指意，悟真意則象捐。達者惟簡惟易，迷者愈惑愈繁。故知修真上士，讀《參同契》，不在乎泥象執文。」〔註62〕

　　張伯端的內丹思想，雖已有不拘泥於卦爻象數而趨於精簡的趨向。但，並不表示其棄用「卦爻象數」來陳述其內丹理論。如其《悟真篇》中，依舊沿襲《參同契》引用《周易》卦象來描述金丹思想的方法，即以「乾坤」為鼎器，「坎離」代表藥物及顛倒成藥之象，「否泰」、「屯蒙」、「十二消息卦」則表示火候的抽添情形。〔註63〕清仇兆鰲《悟真偏集註・序》云：「《悟真》一書，以乾坤為鼎器，以坎離為藥物，以震兌為男女，以否泰、屯蒙為萬物生成，以復姤為子午，以壯觀為沐浴，以損益為保命，以既濟未濟為火候始終，無在不與《易》相表裏。」〔註64〕

　　在《金丹四百字・序》中，亦有同樣的情形。其云：

　　七返九還金液大丹者，七乃火數，九乃金數，以火鍊金，返本還源，謂之金丹也。以身心分上下兩弦，以神氣別冬夏二至，以形神契坎離二卦，以東魂之木、西魄之金、南神之火、北精之水、中意之土，是為「攢簇五行」。以含眼光、凝耳韻、調鼻息、緘舌氣，是為「和合四象」。以眼不視而魂在肝，耳不聞而精在腎，舌不聲而神在心，鼻不香而魄在肺，四肢不動而意在脾，故名曰「五氣朝元」。以精化

〔註61〕 《修真十書・悟真篇》，《道藏》（三家本），第四冊，頁732。
〔註62〕 《修真十書・悟真篇・讀《周易參同契》》，同上，頁745。
〔註63〕 （1）安爐立鼎：「先把乾坤為鼎器」（《修真十書・悟真篇》，《道藏》（三家本），第四冊，頁723）、「安鑪立鼎法乾坤」（同上）；（2）藥物：以坎離比喻鉛汞，作內丹藥物。或比喻取坎填離，陰陽顛倒而成藥之象。「人人盡有長生藥，自是愚迷枉擺拋。甘露降時天地合，黃芽生處坎離交。」（同上，頁716）、「坎雷烹轟金水方，火發崑崙陰與陽。二物若還和合了，自然丹熟遍身香。」（同上，頁725）、「取將坎位中心實，點化離宮腹裏陰。從此變成乾健體，潛藏飛躍盡由心。」（同上，頁726）、「日居離位翻成女，坎配蟾宮卻是男。不會箇中顛倒意，休將管見事高談。」（同上）；（3）火候：「復姤自茲能運用，金丹誰道不成功。」（同上）、「否泰纔交萬物盈，屯蒙二卦受生成。」（同上，頁732）、「天地纔經否泰，朝昏好識屯蒙。輻來湊轂水朝宗，妙在抽添運用」（同上，頁742）、「冬至一陽來復，三旬增一陽爻。月中復卦朔晨超，望罷乾終姤兆。日又別為寒暑，陽生復起中宵，午時姤象一陰朝，鍊藥須知昏曉。」（同上，頁742〜743）、「否泰交，則陰陽或升或降；屯蒙作，則動靜在朝在昏。」（《修真十書・悟真篇・讀《周易參同契》》，同上，頁744）。
〔註64〕 台北：自由，1999年4月，頁22〜23。

為氣，以氣化為神，以神化為虛，故名曰「三花聚頂」。〔註65〕

在此之前，《鍾呂傳道集・論還丹》中已有類似的「象數學」（《河圖》、《洛書》）思想，其云：「呂曰：『大還丹既已知矣！所謂七返還丹而九轉還丹者，何也？』鍾曰：『五行生成之數，五十有五，天一，地二；天三，地四；天五，地六；天七，地八；天九，地十。一、三、五、七、九，陽也，共二十五；二、四、六、八、十，陰也，共三十。自腎為始，水一，火二，木三，金四，土五，此則五行生之數也，三陽而二陰。自腎為始，水六，火七，木八，金九，土十，此則五行成之數也，三陰而二陽。人身之中，其有五行生成之道。水為腎，而腎得一與六也；火為心，而心得二與七矣；木為肝，而肝得三與八矣；金為肺，而肺得四與九矣；土為脾，而脾得五與十矣。每藏各有陰陽，陰以八極而二盛，所以氣到肝，而腎之餘陰絕矣；氣到心，太極而生陰，以二在心而八在肝也。陽以九盡而一盛，所以液到肺，而心之餘陽絕矣；液到腎，太極而生陽，以一在腎而九在肺也。奉道之士，始也交媾龍虎，而採心之正陽之氣。正陽之氣，乃心之七也。七返中元而入下田，養就胎仙，復還於心，乃曰七返還丹者也。二八陰消，真氣生而心無陰，以絕二也。大藥就而肝無陰，以絕八也。既二八陰消，而九三陽可長矣。肝以絕陽助於心，則三之肝氣盛矣。七既還心以絕肺液，而肺之九轉而助心，則九三之陽長，九轉還丹也。』〔註66〕

兩相比較後，可以看出張伯端將《鍾呂傳道集・論還丹》中所陳述的還丹之法加以概括為「七返九還」的金液大丹系統方法。黃自如《金丹四百字》後序云：「予註金丹四百字後，口占律詩五首，按金木水火土，四首言命基，末一首言性基。性是命之體，命是性之用，蓋取其四象五行全藉土也。所謂鼎器、藥物、符火、法度、抽添、沐浴、結胎、脫體，皆在其中矣。」〔註67〕，上述曾言《金丹四百字》，其文字凝煉精簡，可以看作張伯端內丹學思想的概括性總結。黃自如此處以「五行」配「命功、性功」，可以看出其是以「象數學」來概括《金丹四百字》的思想，並以「性命雙修」為其內容主旨。所以可以證明張伯端的內丹思想為「性命雙修」的傾向！

〔註65〕《道藏》（三家本），第四冊，頁620。
〔註66〕《道藏》（三家本），第四冊，頁673。
〔註67〕《修真十書・雜著指玄篇》，《道藏》（三家本），第四冊，頁623。

第二節　張伯端內丹理論與「禪宗」的關係

　　張伯端雖為道教金丹派南宗開派祖師，但是對佛教禪宗卻情有獨鍾，在其代表作《悟真篇》中以「丹禪合一」為基點，創立了有別於金丹派北宗的內丹學理論（北宗：先性後命，南宗：先命後性）。他特別對禪宗「明心見性」、「頓悟成佛」的修道方式與理想境界十分推崇，曾聲稱「伯端得達磨六祖最上一乘之妙旨，可因一言而悟萬法也。」〔註68〕，並藉佛教禪學來闡發其內丹學的修「性」之旨。因而在《悟真篇》書成之後，其自覺此書有所不足，「及乎篇集既成之後，又覺其中惟談養命固形之術，而於本源真覺之性有所未究，遂翫佛書及《傳燈錄》，至於祖師有所擊竹而悟者，乃形於歌頌詩曲雜言三十二首，今附之卷末，庶幾達本明性之道，盡於此矣。所期同志覽之，則見末而悟本，捨妄以從真。」〔註69〕。換言之，張伯端自覺傳統道教修煉方式偏於「命功」（精氣、身體之煉養）而缺乏「性功」（心、神的修煉），因此借用了佛教禪宗的修性之法來補當時道教性功之不足處。於是將其由佛典語錄所體證的思想，書為三十二首詩歌，並將這三十二首詩歌附於《悟真篇》卷末，此即《道藏》中《紫陽真人悟真篇拾遺・禪宗歌頌詩曲雜言》或《修真十書・悟真篇・禪宗歌頌》一文。〔註70〕而這一卷詩詞歌集特別反映了張伯端「丹禪合一」（性命雙修）思想中「性功」部份的內容。

　　又據現有的資料來看，張伯端似特別欣賞禪門五宗之雲門宗的雪竇重顯禪師（980～1052）。〔註71〕據《佛祖統記・卷四十六》的記載，張伯端「嘗參遍禪門，大有省發。後讀雪竇《祖英集》，頓明心地，作歌偈以申其旨。且言：『獨修金丹而不悟佛理者，即同楞嚴十仙，散入諸趣之報。』」〔註72〕；

〔註68〕《修真十書・悟真篇》，《道藏》（三家本），第四冊，頁749。

〔註69〕《紫陽真人悟真篇注疏・序》，《道藏》（三家本），第二冊，頁915。

〔註70〕《紫陽真人悟真篇拾遺・禪宗歌頌詩曲雜言》一文，載於《道藏》（三家本），第二冊，頁1030～1033；《修真十書・悟真篇・禪宗歌頌》一文，載於《道藏》（三家本），第四冊，頁745～749。

〔註71〕雪竇重顯，字隱之，號明覺，遂州（治今四川遂寧市）人。惠洪《禪林僧寶傳》卷十一載有其傳記，宋英宗治平二年（1065）尚書度支員外郎呂夏卿撰寫的《明州雪竇山資聖寺第六祖明覺大師塔銘》也較詳記載他的傳記。收錄於六卷本《雪竇語錄》之後，載《大正藏》卷四十七，頁712～713（以上的詳細論述，見於：楊曾文，《雪竇重顯及其禪法》，載於：《中國禪學（第一卷）》，北京：中華，2002年6月，頁180）。

〔註72〕宋代志磐撰，《佛祖統記》（《大藏經》第四十九冊，台北：新文豐，1994年，頁417）。

而張伯端也在《禪宗歌頌》中，有「讀雪竇禪師《祖英集》」一偈，稱讚「雪竇老師達真趣，大震雷音推法鼓。獅王哮吼出窟來，百獸千邪皆恐懼。或歌詩、或語句，丁寧指引迷人路。言辭磊落義高深，擊玉敲金響千古。……吾師近而言語暢，留在世間為榜樣。」〔註73〕

　　基於上述說法，筆者便欲探討：張伯端之「內丹」思想與「禪宗」的關係，並進一步說明「丹禪合一」（援佛入道）思想之內涵以及對道教所產生的影響。

一、吸收「禪宗」心性思想

　　在性命雙修的前提下，張伯端提出「三關」修煉術：「夫學道之人，不通性理，獨修金丹，如此既性命之道未備，則運心不普，物我難齊，又焉能究竟圓通，迥超三界？故《楞嚴經》云：『有十種仙，皆於人中鍊心堅固精粹，壽千萬歲。若不修正覺三昧，則報盡還來，散入諸趣。』是以彌勒菩薩《金剛經頌》云：『饒君百萬劫，終久落空亡。』故此《悟真篇》中，先以神仙命術誘其修鍊，次以諸佛妙用廣其神通，終以真如覺性遣其幻妄，而歸於究竟空寂之本源矣。」〔註74〕張伯端首先以道教的養命固形之術為「初關」，在「命功」有成後，又引入佛教的神通妙用為「中關」，強調還應該進一步修煉「性功」，最後以禪宗的「究竟空寂之本源」作為修道的「上關」，從而最終落實在「丹禪合一」的性命雙修之上。

　　《道藏》中《紫陽真人悟真篇拾遺·禪宗歌頌詩曲雜言》或《修真十書·悟真篇·禪宗歌頌》，這一卷詩詞歌集特別反映了張伯端「丹禪合一」（性命雙修）思想中「性功」部份的內容。「因念世之學仙者，十有八九，而達真要者，未聞一二。僕既遇真筌，安敢隱默，罄所得成律詩九九八十一首，號曰《悟真篇》。內七言四韻一十六首，以表二八之數。絕句六十四首，按諸《周易》諸卦。五言一首，以象太乙。續添《西江月》一十二首，以周歲律。其如鼎器尊卑，藥物斤兩，火候進退，主客先後，存亡有無，吉凶悔吝，悉備其中矣。於本源真覺之性，有所未盡，又作為歌頌樂府及雜言等，附之卷末。庶幾達本明性之道，盡於此矣。」〔註75〕

〔註73〕《修真十書·悟真篇》，頁746。
〔註74〕《修真十書·悟真篇·禪宗歌頌》，《道藏》（三家本），第四冊，頁745。
〔註75〕《修真十書·悟真篇·序》，頁712。

《禪宗歌頌》共三十二首,其內容為張伯端所說的「達本明性之道」。
〔註76〕

1、眾生皆具佛性

佛性非同異,千燈共一光。〔註77〕

我性入諸佛性,諸方佛性皆然。〔註78〕

此處言「眾生皆具佛性」與六祖慧能所云:「人雖有南北,佛性本無南北;獦獠身與和尚不同,佛性有何差別?」(《六祖壇經·行由品第一》)及「菩提般若之智,世人本自有之。」(《六祖壇經·般若品第二》)的意思是相同的。

2、佛在目前,當下即是

不移一步到西天,端坐諸方在目前。〔註79〕

悟即便名淨土,更無天竺曹溪。誰言極樂在天西,了即彌陀出世。
〔註80〕

雪竇重顯禪師云:「師開堂日,於法座前顧視大眾曰:『若論本分相見,

〔註76〕此處所討論的張伯端的「內丹」思想與「禪宗」的關係,所採用的方法:係以《禪宗歌頌》中與禪宗思想相較後,所呈現出相同或相似的思想。而所謂的「禪宗」思想的界定,係以馬克斯·韋伯(Max Weber,1864~1920)的「理念類型」(idea type)概念為基準,來規範所謂的「禪宗」思想。所謂「理念類型」(idea type),係指:「是一種理論結構,是從一個時代某些特有的社會現象抽象和概括出來的。它既表現為一個概念的體系,也表現為一個陳述的體系。它不是對社會現實的描述,而且也察覺不到,但它是社會科學家確立社會事件和現象中的某些聯繫並把它們視為一個一致的體系的概念范式或建構原則。與自然科學家應用自然科學規律不同,社會科學家不是從理想型概念推演出社會現象,而是把理想型作為分析具體社會事件的一種啟發性的工具。一個理想型是由單方面對一個或更多觀點的強調,以及對大量分散的、孤立的、或多或少存在但偶爾又不存在的具體的個人的現象的綜合而形成的,這些現象按照那些單方面強調的觀點被納入一個統一的分析的結構。」(尼古拉斯·布寧、余紀元編著,《西方哲學英漢對照辭典》,北京:人民出版社,2001年2月,頁461)換言之,「理念類型並不實際存在的事物、人或現象,而是從事人文科學的學者為了研究的方便而構想出來的。其目的在於確定研究對象的特性,避免概念和定義的混亂、模糊和含糊不清。簡單地講,理念類型是一種理想化的烏托邦。」(朱元發,《韋伯思想概論·第3章社會科學方法論·第二節理念類型》,台北:遠流,1993年9月,頁53)。

〔註77〕《修真十書·悟真篇·禪宗歌頌·性地頌·其一》,頁745。

〔註78〕《禪宗歌頌·西江月·其三》,頁748。

〔註79〕《禪宗歌頌·性地頌·其五》,頁181。

〔註80〕《禪宗歌頌·西江月·其六》,頁748。

不必高陞法座。」遂以手畫一畫曰：『諸人隨山僧手看，無量諸佛國土，一時現前。各各仔細觀瞻，其或涯際未知，不免拖泥帶水。』」（《大正藏・第四十七卷・明覺禪師語錄・卷一》）重顯禪師告訴學人「佛在目前，當下即是」，「諸人隨山僧手看，無量諸佛國土，一時現前」，否定來世成佛，認為當下即是西方淨土。雪竇重顯禪師這一思想與六祖慧能所說「東方人造罪，念佛求生西方；西方人造罪，念佛求生何國？」（《六祖壇經・疑問品第三》）的思想是一致的。《禪宗歌頌》此處所言：只要當下自悟，西方淨土就在眼前。此亦是「佛在目前，當下即是」思想的體現。

3、頓悟成佛

> 悟即剎那成佛，迷時萬劫淪流。若能一念契真修，滅盡恒沙罪垢。
> 〔註81〕

六祖慧能云：「菩提般若之智，世人本自有之，只緣心迷不能自悟」、「前念迷即凡夫，後念悟即佛。」、「不悟，即佛是眾生；一念悟時，眾生是佛。故知萬法盡在自心。何不從自心中頓見真如本性？」及「若識自性，一悟即至佛地。」（《六祖壇經・般若品第二》）心迷則不能自悟，若識自性、自心，一念即是悟。《禪宗歌頌》亦強調「能一念契真修」，即能了悟而「剎那成佛」（頓悟成佛）。

4、如來藏性

> 貧兒衣中珠，本自圓明好。不會自尋求，卻數他人寶。數他寶，終無益，只是教君空費力。爭如認取自家珍，價直黃金千萬億。此寶珠，光最大，遍照三千大千界。從來不解少分毫，剛被浮雲為障礙。自從認得此摩尼，泡體空花誰更愛。佛珠還與我珠同，我性即歸佛性海。珠非珠，海非海，坦然心量包法界。〔註82〕
>
> 圓光一顆好摩尼，利物兼能自濟。〔註83〕

《永嘉正道歌》曰：「摩尼珠，人不識，如來藏裡親收得。六般神用空不空，一顆圓光色非色。」、「窮釋子，口稱貧，實是身貧道不貧。貧則身常披縷褐，道即心藏無價珍。無價珍，用無盡，利物應時終不吝。」、「既能解此如意珠，自利利他終不竭。」（《大正藏・第四十八卷》）可以看出《永嘉正道歌》

〔註81〕《禪宗歌頌・西江月・其一》，頁748。
〔註82〕《禪宗歌頌・採珠歌》，頁747。
〔註83〕《禪宗歌頌・西江月・其十》，頁748。

與《悟真性宗直指‧採珠歌》，無論在文句與思想都非常相似。「如來藏性」
（佛性、自性），此處用「摩尼珠」、「寶珠」、「佛珠」來作譬喻。其是眾生成
佛的根據與希望，所以是「無價珍」（「價值黃金千萬億」）。而人人本自俱足，
只是被煩惱塵埃所蔽而不得顯現。

5、即心即佛、非心非佛

　　三界惟心妙理，萬物非此非彼。無一物非我心，無一物是我己。
〔註84〕

　　佛即心兮心即佛，心佛從來皆妄物。〔註85〕

　　欲了無生妙道，莫非自見真心。真心無相亦無音，清淨法身只恁。
〔註86〕

　　《景德傳燈錄‧馬祖傳》云：「汝等諸人各信自心是佛，此心即是佛
心。……心外無別佛，佛外無別心。……故三界唯心。」（《大正藏‧第五十
一卷》）「即心即佛」是在引導參學者直探心源、自見本心，避免發生捨本逐
末的情形。但從「中道」實相來說，「即心即佛」不免是執指忘月，又是另
一種執著。於是馬祖道一便在即心即佛的基礎上，揭示了「非心非佛」。其
云：「僧問：和尚為什麼說即心即佛？師云：為止小兒啼。僧云：啼止時如
何？師云：非心非佛。」（同上）「即心即佛」是指示學人的方便法門，是作
為參學者自悟的起點，這是從肯定方面來說。「非心非佛」是進一步從了悟
的境界來說，這是從否定方面來說。「即心即佛」是「不遮語」、「順喻語」，
而「非心非佛」是「遮語」、「逆喻語」。《禪宗歌頌》亦是說明：「三界惟心
妙理」由「即心即佛」（「佛即心兮心即佛」）的不遮語進入「非心非佛」（「心
佛從來皆妄物」）的遮語。

6、「觸類是道」（見色即是見心）

　　見物便見心，無物心不現。十方通塞中，真心無不遍。〔註87〕

　　《祖堂集‧卷第十四‧江西馬祖》云：「凡所見色，皆是見心。心不自心，
因色故有心。汝可隨時言說，即事即理，都無所礙。菩提道果，亦復如是。于
心所生，即名為色。知色空故，生即不生。若體此意，但可隨時著衣吃飯，長

〔註84〕《禪宗歌頌‧三界惟心》，頁745。
〔註85〕《禪宗歌頌‧即心是佛頌》，頁746。
〔註86〕《禪宗歌頌‧西江月‧其十二》，頁749。
〔註87〕《禪宗歌頌‧見物便見心》，頁746。

養聖胎，任運過時，更有何事？」(《大正藏‧第五十卷》)馬祖道一從色由心生的角度上判定色無自性，所以說色即是空「生即不生」；而心之所以能夠表現為存在，又全在於有色的生起，所以說「心不自心，因色故有心」。「見色即是見心」，表示任何外境都不外是心的產物，因此色無自性，色即是空。若能體會此理，則「可隨時著衣吃飯，長養聖胎，任運過時，更有何事？」及「即事即理，都無所礙」。宗密《圓覺經大疏鈔‧卷三》曰：「或有佛剎，揚眉，動睛，笑欠，謦（磬）咳，或動搖等，皆是佛事。故云：觸類是道也。」(《卍續藏‧第十四冊》)「觸類是道」是說：人的起心動念、行住坐臥、一舉一動、一切作為，都是人的生命現象，也都是佛性的表現。《禪宗歌頌》即體現了「見色即是見心」(「見物便見心，無物心不現」)及「觸類是道」(「十心通塞中，真心無不遍」)的思想！

7、道不可說，自心自悟

蘊諦根塵空色，都無一法堪言。〔註88〕

真如實相本無言，無下無高無有邊。〔註89〕

《五燈會元‧卷十五‧雪竇重顯禪師》曰：「有僧出，禮拜起曰：『請師答話』。師便棒。僧曰：『豈無方便？』師曰：『罪不重科』。復有一僧出，禮拜起曰：『請師答話』。師曰：『兩重公案』。曰：『請師不答話』。師亦棒。問：『古人道，北斗裏藏身，意旨如何？』師曰：『千聞不如一見』。」〔註90〕禪悟無法說，請答話捱棒，請不答話亦捱棒。那重顯禪師到底要告訴門人什麼？即「千聞不如一見」。因為禪理的獲得，重在自證自悟。禪師說得再好，那只是禪師個人的體驗，無法替代參學者自身的體悟。何況別人說出的體悟，已落入語言文字，已經不是「體悟」本身。所以「道不可說」，參學者只有「自心自悟」。《禪宗歌頌》亦強調「道不可說，自心自悟」(「真如實相本無言」)。

8、「圓通一切，遍含一切」(回互、不回互，一多圓融，理事無礙)

內外圓通到處通，一佛國在一沙中。一粒沙含大千界，一簡身心萬簡同。〔註91〕

〔註88〕《禪宗歌頌‧心經頌》，頁746。
〔註89〕《禪宗歌頌‧讀雪竇禪師《祖英集》》，頁746。
〔註90〕《五燈會元‧下》，北京：中華書局，1997年10月，頁994。
〔註91〕《禪宗歌頌‧即心是佛頌》，頁746。

我性入諸佛性，諸方佛性皆然。亭亭寒影照寒泉，一月千潭普現。
〔註92〕

《永嘉正道歌》曰：「一性圓通一切性，一法遍含一切法。一月普現一切水，一切水月一攝月。諸佛法身入我性，我性同共如來合。」（《大正藏·第四十八卷》）「圓通一切，遍含一切」是說：世間萬事萬物是互攝、互融的，一含一切，一切在一之中。即是所謂「芥子納須彌，須彌納芥子。」其與石頭希遷的「回互」理論相同。《參同契》云：「靈源明皎潔，枝派暗流注；執事元是迷，契理亦非悟。門門一切境，回互不回互；回而更相涉，不爾依位住。」（《大正藏·第五十卷·祖堂集·卷第四·石頭和尚》）「靈源」，即是心、本體。「枝派」則是由心、本體所含攝的現實事物。心生（含攝）萬法，心即是萬物的共性。事物的共性，就是「理」。所謂「回互」：即理存在於一切事物之中，而一切事物具有各自的理，一切事物又在本體理的基礎上既統一又有區別，因而互相涉入融會。換言之，「回互」指事物間相互融會、涉入，無有分別。所謂「不回互」：即一切事物又各住自己本位，相互獨立，並不顯得紊亂無章。易言之，「不回互」則指一切事物各有分位，各住自具之理，彼此不相雜亂。「回互、不回互」這一理論，是要參學者深入領會萬事萬物之間互不相關（個別性）又相入相涉（共性）的情形，即「理事圓融不二」的關係。《禪宗歌頌》的「一箇身心萬箇同」及「我性入諸佛性，諸方佛性皆然」，即是「圓通一切，遍含一切」（回互）之理的呈現。

9、由「無生」而證「空性」

我尚非我，何嘗有你。彼此俱無，眾泡歸水。〔註93〕

終日行不曾行，終日坐何曾坐。修善不成功德，造惡元無罪過。
〔註94〕

《永嘉正道歌》曰：「了了見，無一物；亦無人，亦無佛。大千世界海中漚，一切聖賢如電拂。」、「五陰浮雲空去來，三毒水泡虛出沒。」、「夢裡明明有六趣，覺後空空無大千。」、「了即業障本來空」及「諸行無常一切空，即是如來大圓覺。」（《大正藏·第四十八卷》）永嘉玄覺禪師從「無生」的意義上，說明一切事物的「空」性。因為外在事物不外是心的產物，因此其是無自性

〔註92〕《禪宗歌頌·西江月·其三》，頁748。
〔註93〕《禪宗歌頌·人我》，頁746。
〔註94〕《禪宗歌頌·無罪福》，頁745。

的，無自性即是空（色即是空）。《禪宗歌頌》中外在的「人我」、「行坐」、「修善」、「功德」及「罪過」，皆由心所產生（含攝），所以它們是無自性的，無自性即是「空」（由「無生」而證「空性」）。

10、無相為體

本為心法皆妄，故令離盡諸相。諸相離了何如，是名至真無上。〔註95〕

但於諸相不留心，即是如來真軌則。〔註96〕

住相修行布施，果報不離天人。恰如仰箭射浮雲，墜落只緣力盡。爭似無為實相，還源返朴歸淳。境忘情盡任天真，以證無生法忍。〔註97〕

六祖慧能曰：「我此法門，從上以來，先立無念為宗，無相為體，無住為本。無相者，於相而離相。」與「外離一切相，名為『無相』。能離於相，則法體清淨。此是以『無相』為體。」（《六祖壇經・定慧品第四》）「無相為體」，包含兩層意義，其一，一切物象，皆是緣起，所以其性是空（緣起性空），當無實體性可言。其二，實相本無相，其性體清淨。此即《金剛經》所言：「凡所有相，皆是虛妄。若見諸相非相，則見如來。」《禪宗歌頌》認為：「本為諸法皆忘，故令離盡諸相。」（緣起性空，無相），「諸相離了何如，是名至真無上。」（實相無相，性體清淨），所以其具備「無相為體」的思想。

11、割斷兩頭句

來且不禁，去亦不止。不避不求，無讚無毀。不厭醜惡，不羨善美。不趨靜室，不遠鬧市。不說人非，不誇己是。不厚尊崇，不薄賤稚。〔註98〕

法法法元無法，空空空亦非空。……有用用中無用，無功功裏施功。〔註99〕

關於「割斷兩頭句」，百丈懷海禪師云：「諸佛菩薩喚作示珠人，從來不是箇物。不用知渠解渠，不用是渠非渠。但割斷兩頭句，割斷有句不有句，

〔註95〕 《禪宗歌頌・禪定指迷歌》，頁747。
〔註96〕 《禪宗歌頌・讀雪竇禪師《祖英集》》，頁746。
〔註97〕 《禪宗歌頌・西江月・其八》，頁748。
〔註98〕 《禪宗歌頌・無心頌》，頁748。
〔註99〕 《禪宗歌頌・西江月・其四》，頁748。

割斷無句不無句。兩頭跡不現，兩頭提汝不著，量數管汝不得。不是欠少，不是具足。非凡非聖，非明非暗。不是有知，不是無知。不是繫縛，不是解脫。不是一切名目。」〔註100〕，為什麼要「割斷兩頭句」？懷海禪師解釋說：「說眾生有佛性，亦謗佛法僧，說眾生無佛性，亦謗佛法僧。若言有佛性，名執著謗。若言無佛性，名虛妄謗。如云：說佛性有，則增益謗。說佛性無，則損減謗。說佛性亦有亦無，則相違謗。說佛性非有非無，則戲論謗。始欲不說，眾生無解脫之期；始欲說之，眾生又隨語生解，益少損多。」〔註101〕，佛性不可說有，不可說無，亦不可說亦有亦無、非有非無，任何知見認識都會造成是非分別，落入肯定或否定的一邊。但若不說，「眾生無解脫之期」；「始欲說之，眾生又隨語生解，益少損多。」懷海禪師認為「言語」是無法避免的，那麼若要言說，就應避免落入「死句」。因此，就有必要以「割斷兩頭句」的方式來進行陳述。《禪宗歌頌》亦是運用「割斷兩頭句」（「來且不禁，去亦不止。不避不求，無讚無毀。不厭醜惡，不羨善美。不趨靜室，不遠鬧市。不說人非，不誇己是。不厚尊榮，不薄賤稚」）的形式來陳述其「無心」之妙理。

綜合上述，在《禪宗歌頌》中，張伯端所說的「達本明性之道」包括：1、眾生皆具佛性，2、佛在目前，當下即是，3、頓悟成佛，4、如來藏性，5、即心即佛、非心非佛，6、「觸類是道」（見色即是見心），7、道不可說，自心自悟，8、「圓通一切，遍含一切」（回互、不回互，一多圓融，理事無礙），9、由「無生」而證「空性」，10、無相為體，11、割斷兩頭句等十一項。

二、陽神與陰神

前述曾提及在《歷世真仙體道通鑒·卷四十九·張用成》中，記載張伯端認為「金丹大道」與禪宗「修戒定慧」的差異，其云：「我金丹大道，性命兼修，是故聚則成形，散則成氣，所至之地，真神見形，謂之陽神；彼之所修，欲速見功，不復修命，直修性宗，故所至之地，人見無復形影，謂之陰神。……得金丹之道，性命兼修，是為最上乘法。……其定中出陰神，乃二乘坐禪之法。」〔註102〕

〔註100〕《古尊宿語錄·卷一·廣錄》，北京：中華，1997年10月，頁12。
〔註101〕《古尊宿語錄·卷一·廣錄》，頁14。
〔註102〕《道藏》（三家本），第五冊，頁383。

張伯端認為性命兼修之金丹大道可出「陽神」，而偏修性宗，不復修命的法門，則只能出「陰神」。而出陰神為二乘坐禪之法，並非究竟的最上乘禪旨。因此，張伯端在《悟真篇》中批評偏修性功的「二乘坐禪」之法，只能出「陰神」，其云：「惟閉息一法，如能忘機絕慮，即與二乘坐禪頗同。若勤而行之，可以出定出神。奈何精神屬陰，宅舍難固，不免長用遷徙之法，既未得金汞還返之道，又豈能迴陽換骨，白日而昇天哉？」〔註103〕，這說明二乘坐禪不是「性命雙修」之道。

1、對於「禪宗」的態度

此處可以看出張伯端對於「禪宗」的態度，在「性命雙修」的前提下，如果僅是偏修「性功」而缺命功者，便是所謂「二乘坐禪」，為其批判的對象。如果是「以性兼命」，即性命合一修煉法，即為其所稱譽的「最上一乘」禪法。易言之，當他在批判禪法時，所指的是偏修「性功」的「二乘坐禪」；當他講「丹禪合一」時，所指的則是最上一乘「性命雙修」的禪法。因此，《悟真篇》云：「饒君了悟真如性，未免拋身卻入身。何似更兼修大藥，頓超無漏作真人。」〔註104〕；此處之「真如性」，應該是前述先性後命中之「性」，即不兼命功之性，而不是先命後性中之「性」（包含命功，性命合一圓融之性）。所以張伯端對於「禪宗」的態度並不存在前後矛盾之處。〔註105〕

張伯端所批判的「二乘坐禪」，其實就是《鍾呂傳道集·論真仙》中所稱的「鬼仙」。〔註106〕鬼仙可以「定中以出陰神，乃清靈之鬼，非純陽之仙」。

〔註103〕《修真十書·悟真篇·序》，頁711。

〔註104〕《修真十書·悟真篇》，頁737。

〔註105〕張廣保在《唐宋內丹道教·第九章》中，認為張伯端的《悟真篇》有矛盾之處，在於「對終極超越境界的認識並非始終一致。他一方面反對單修性宗，認為悟徹心性後，還需修煉大藥，才能完就最終超越。另一方面又讚許佛教的頓悟空寂，直超彼岸。」（上海文化，2001年1月，頁334），又同書第十章中，亦有相同的說法，其云：「對禪佛教明心見性思想的估價存在著矛盾的傾向。他在承認見性為終極了證的同時，又認為修煉者見性之後還需修煉大藥，才能頓超無漏。」（同上，頁386）。筆者認為，此處張先生誤解了！其實張伯端所反對的僅是單修性功的「二乘坐禪」法，而非是「最上一乘」禪法。另外，孔令宏《宋明道教思想研究·第二章·第四節》中，亦有混淆了最高境界（一乘）與二乘坐禪的說法（北京：宗教文化，2002年4月，頁120～121）。

〔註106〕呂曰：「所謂鬼仙者，何也？」鍾曰：「鬼仙者，五仙之下一也。陰中超脫，神像不明，鬼關無姓，三山無名。雖不入輪迴，又難返蓬瀛。終無所歸，止於投胎就舍而已。」呂曰：「此是鬼仙，行何術、用何功而致如此？」鍾曰：

《修仙辨惑論》中，亦批判「二乘坐禪」（口頭禪、頑空禪）為「乾慧」（智慧乾燥而不純熟）、「頑空」，其云：「以身為鉛，以心為汞，以定為水，以慧為火，在片餉之間，可以凝結，十月成胎，此乃上品鍊丹之法。本無卦爻，亦無斤兩，其法簡易，故以心傳之，甚易成也。……或者疑曰：此法與禪法稍同，殊不知終日談演問答，乃是乾慧；長年枯兀昏沈。乃是頑空。」〔註107〕

2、上品鍊丹之法

「上品鍊丹之法」，「以身為鉛，以心為汞，以定為水，以慧為火，在片餉之間，可以凝結，十月成胎」。換言之，上品丹法即是直接修性以兼命的丹法，此種丹法即相若於《真詮・序》中所提到的「能忘精神而超生」之道，其云：「忘精神者，虛極靜至，精自然化氣，氣自然化神，神自然還虛，此虛無大道之學也。……學虛無大道者，雖不著於精炁，然與道合真，形神俱妙，有無隱顯，變化莫測，其壽無量，是了性而自了命者也，舉上而兼下也。」〔註108〕

《真詮》將道教丹道修煉之學分為兩種：「能忘精神而超生」與「能見精神而久生」。「能忘精神而超生」之道，為上品丹法，其由性功入手，性成後兼命，是「與道合真，形神俱妙」，「舉上而兼下」的丹法，類似張伯端所稱讚的「最上一乘」禪法。而「能見精神而久生」之道，則由命功入手，命成後兼存性，是「自下而做向上去」的丹法，類似張伯端南宗「先命後性」的丹法。其云：「見精神者，虛靜以為體，火符以為用，鍊精成炁，鍊炁成神，鍊神還虛，此以神馭炁之學也。……以神馭炁則著於精炁矣。然保毓元和，運行不息，沖和之至，薰蒸融液，亦能使形合神，長生不死，是了命而性因以存也，自下而做向上去者也。」〔註109〕

上述兩種丹法，皆是「性命雙修」的金丹大道。《真詮・序》曰：「虛無大道，是法身上事；以神馭炁，是色身上事。此二端雖大小不同，然惟此為金丹之真諦，大道之正宗。體之有益，修之則成，非若旁門小術，勞而無功者

「修持之人，始也不悟大道，而欲於速成。形如槁木，心若死灰，神識內守，一志不散。定中以出陰神，乃清靈之鬼，非純陽之仙。以其一志陰靈不散，故曰鬼仙。雖曰仙，其實鬼也。古今崇釋之徒，用功到此，乃曰得道，誠可笑也。」（《鍾呂傳道集》，《道藏》（三家本），第四冊，頁657）。

〔註107〕《修真十書・雜著指玄篇》，《道藏》（三家本），第四冊，頁617～618。

〔註108〕《藏外道書》第十冊，頁840。

〔註109〕《藏外道書》第十冊，頁840。

比。」〔註110〕

可以看出不論是「先命後性」的丹法，或「先性後命」類似於禪宗「最上一乘」丹法，皆是「性命雙修」、「形神俱妙」的丹法。〔註111〕所以如偏修性功的「二乘坐禪」，僅能出陰神，並非究竟圓滿的「最上一乘」禪法，其結果是「萬劫陰靈難入聖」。呂洞賓《敲爻歌》云：「只修性，不修命，此是修行第一病。只修祖性不修丹，萬劫陰靈難入聖。達命宗，迷祖性，恰似鑒容無寶鏡。壽同天地一愚夫，權物家財無主柄。性命雙修玄又玄，海底洪波駕法船。生擒活捉蛟龍首，始知匠手不虛傳。」〔註112〕

綜合上述，所謂「陽神」，是性命雙修的結果所產生，其是經過「煉精化炁」、「煉炁化神」之後統合精、氣而神、炁合一的元神。易言之，「陽神」是含攝「炁」於神中的「身外有身」。《海瓊白真人語錄·卷一》云：「脫胎換骨，身外有身，聚則成形，散則成炁，此陽神也。一念清靈，魂識未散，如夢如影，其類乎鬼，此陰神也。」〔註113〕；而「陰神」，則是偏修性功所致，其是純精神性的清靈，如夢如影，類似鬼魂。

「陽神」，一般稱為嬰兒、聖胎；另外，其又有法身的稱呼（此處可以看出丹禪合一的趨向），《悟真篇·禪宗歌頌·採珠歌》云：「從來萬法皆無相，無相之中有法身。法身即是天真佛，亦非人兮亦非物。浩然充塞天地間，只是希夷并恍惚。垢不染，光自明，無法不從心裏生。」〔註114〕

此外，因為張伯端將其丹法的最高境界（鍊神還虛或鍊神合道）與禪宗「最上一乘」禪法銜接，因而產生張伯端到底是站在道教或是佛教的立場來論說的問題。關於這個問題，孫亦平《張伯端「道禪合一」思想述評》一文則稱「張伯端在引禪宗的『明心見性』時，提出了先命後性的漸修頓悟法，將道禪融而為一。這不僅使他的性命雙修具有了濃重的禪化色彩，而且也使他所說的成仙之境已不再是傳統道教的肉體飛昇，而是「以命取性」，偏重於在精神上達到『無為妙覺之道』。」〔註115〕；而孔令宏《宋明道教思想研究·第二

〔註110〕《藏外道書》第十冊，頁840。
〔註111〕《修仙辨惑論》云：「若曉得《金剛》、《圓覺》二經，則金丹之義自明，何必分別老、釋之異同哉？」（《修真十書·雜著指玄篇》，頁618）。
〔註112〕《呂祖志·卷六·藝文志·雜著十條》，《道藏》（三家本），第三十六冊，頁484。
〔註113〕《道藏》（三家本），第三十三冊，頁115。
〔註114〕《修真十書·悟真篇》，頁747。
〔註115〕載於：《道韻（五）——金丹派南宗（甲）》，台北：中華大道，2000年2月，

章‧第四節》中，則批判「道禪融合」的說法，認為「在性功階段，張伯端的思想底蘊，仍然是道教的。」〔註116〕

　　筆者認為，關於張伯端丹法的最高境界，究竟屬道教或佛教禪宗的爭論，不應該陷入各自護教立場的爭辯而對立。而應該以牟宗三先生所說的「實有層」與「作用層」來區分。〔註117〕張伯端丹法的最高境界（鍊神還虛）與禪宗「最上一乘」禪法，此兩者皆為「作用層」，為共法，所以大家都可以提出自家的看法。換言之，以「作用層」來看，張伯端為了闡述其「先命後性」內丹修煉的最高境界，借用了禪宗「最上一乘」禪法的術語來表述這個「最高境界」！

小結

　　張伯端的內丹學理論，透過「鍊神」、「鍊心」與「修性」三步驟，對「神、心、意（念）、性」等概念，進行關連性的銜接。首先，通過「先天」概念，「神」與「性」發生「回溯性」與得到「根源性」。進而可以通過「神」的修煉而過度到性而臻於修「性」。其次，透過「鍊心」（靜、定），可以達到「心靜則神全，神全則性現」的功效。更以有為之心入於無為之心，來說明「後天氣質之性」、「慾神」入於「先天本元之性」、「元神」的修煉路徑，以此實現與展現「心」的自我昇華境界。換言之，其最主要的目的是在說明內丹修煉最根本、也是最重要的目標是：「心的轉化」（人心變道心）。最後，「修性」必須

<hr />

頁 67。

〔註116〕北京：宗教文化，2002 年 4 月，頁 119。

〔註117〕牟宗三先生《中國哲學十九講‧第七章‧道之「作用的表象」》中曾云：「作用層上的話，人人可以說的，不是誰來自誰，用佛教的詞語說，這屬於共法。般若這個概念不是共法，為什麼翻為般若不翻為智慧呢？般若是從『緣起性空』那個教義來規定，這是佛教特殊的一個智慧，道家不這樣講，儒家也不這樣講。般若不是共法，但表現般若那個詭辭的方式，則是共法。莊子所說的『魚相忘乎江湖，人相忘乎道術』，這個『忘』字也是共法，大家督可以講。聖人也要講，『無有作好、無有作惡』就是忘，即不要造作。這就是道家所說的那個無，從作用層上講的無，這是共法，不能決定什麼，不能決定你是屬於那一個系統。」（臺灣學生，1991 年 12 月，頁 151），又曰：「道家只有一層，以作用層上所顯示的『無』作為本體，兩層不分，合而為一。因此道家可以和佛教相通，顯出一個共法，最有普遍性，大家都可以說。」（同上，頁 154）。

從心地下工夫，透過收心與存心的工夫，見、忘雙遣，則元性自然露顯。此外，在「性命雙修」的前提下，內丹修煉（入手）的順序是：「先命後性」！而先命後性只是修煉入手順序，但論兩者的重要性還是：「性重於命」！而「性」與「命」的關係，是以「心」為依據，「心者，眾妙之理，而宰萬物也。性在乎是，命在乎是。」〔註118〕，於是形成「心統性命」的概念來！

由「心統性命」這個概念，內丹學又可稱作「性命之學」或煉「心」的學問！《海瓊白真人語錄‧卷一》云：「丹者，心也。心者，神也。」〔註119〕

所謂「性命雙修」，即了命必通於性，盡性必至於命，並無所謂性命先後之別，而區別性命先後只是一種方便。易言之，雖然在性命先後問題中，表面似存在「二律背反」的現象：在性命先後中，修性為重（先性後命），修命更急（先命後性）。其實這是不同層次的兩個問題。先性後命中之「性」，即不兼命功之性，而不是先命後性中之「性」（包含命功，性命合一圓融之性）。因此，分解說：先性後命、先命後性；非分解說：性命一體圓融、無先無後。修性之時，命在其中；修命之時，性在其中。修命的功夫須從性地上入手，修性的功夫須以命功為基礎。下根之人，由煉精而化炁，由煉炁而化神，是先命後性；上根之人，煉神修心而自化精炁，是先性後命。內丹修煉時，可漸修精氣神而最後還虛，此稱「漸法」，由了命而了性；亦可逕自煉神還虛，而自然的轉化體內之精氣神，此稱「頓法」，由了性而了命。《紫陽真人悟真篇注疏‧卷四》翁葆光註曰：「修命之道，始於有作，鍊丹以化形；中則有為，鍊形以化氣；終則無為自在，面壁九年，抱一以空其心，以見其性，性即神也。神性一體，變現無方，九載功畢，氣自成神，神自合道。故形與神俱妙而不測，神與道合而無形。形既無已，可得謂之有為有作而為幻化乎！安知性非命，命非性耶？強而分之曰性與命，混而一之未始有以異也。故自有作以至於無作，有為以至於無為，有形以至於無形也。斯道至大，非中下根氣所能知。故仙翁作詩以示後學，勿但見無為為要妙，而不知有為為有作，實無為為無作之根基也。」〔註120〕

「及乎篇集既成之後，又覺其中惟談養命固形之術，而於本源真覺之性

〔註118〕《青華秘文‧心為君論》，頁363。
〔註119〕《道藏》（三家本），第三十三冊，頁115。
〔註120〕《道藏》（三家本），第二冊，頁938。

有所未究，遂翫佛書及《傳燈錄》，至於祖師有所擊竹而悟者，乃形於歌頌詩曲雜言三十二首，今附之卷末，庶幾達本明性之道盡於此矣」，這句話是張伯端在《悟真篇》成書後的感言，也是《禪宗歌頌》寫作的動機。我們綜覽《禪宗歌頌》的內容，發現張氏所言非虛，其真正「得達磨六祖最上一乘之妙旨」。因此，其借用了佛教禪宗的修性之法來補《悟真篇》中「性功」之不足處。此一現象，應該以「作用層」的角度來看待。易言之，張伯端為了闡述其「先命後性」內丹修煉的最高境界，因而借用了禪宗「最上一乘」禪法的術語來表述這個「最高境界」！所以並無其最高境界究竟是屬於道教或佛教禪宗的爭論，而應該以共法來看待。因為張氏借用禪宗「最上一乘」禪法的術語來表述這個「最高境界」，所以清雍正皇帝在《御選語錄·正集》部份，共收古今禪師十五人當中，張伯端（紫陽真人）便赫然名列其中。其《禪宗歌頌》或《禪宗歌頌詩曲雜言》，即被選入《御選語錄·正集》之中（《御選語錄》，《卍續藏》，第 119 冊）。如此更可看出張伯端「先命後性」內丹修煉的最高境界與禪宗「最上一乘」禪法的相通之處。

　　張伯端所說的「元神」（陽神、元性）實際上類似於禪宗所說的「本心」（如來藏性、佛性、自性、法身）。正如六祖慧能所說的：「從自心中頓見真如本性」及「若識自性，一悟即至佛地。」（《六祖壇經·般若品第二》）張伯端正是以「心」為本來建構自己的理論，他認為「欲體至道者，莫若明乎本心。故心者道之體也，道者心之用也。人能察心觀性，則圓明之體自現，無為之用自成，不假施功，頓超彼岸。」只要「察心觀性」、「明心見性」，一剎那間妄念俱滅，就可頓超彼岸，直至解脫之境。正是基於此，張伯端提出「無上至真之妙道」（無為妙覺之道），即是《悟真篇》卷末《禪宗歌頌》（《禪宗歌頌詩曲雜言》）中所談的「見性之法」。〔註121〕可以看出張伯端借用禪宗「明心見性」的頓悟之法，來說明道教內丹修煉法的「無上至真之妙道」。於是張伯端認為丹道與禪宗的最高境界是相通的（此處呈現：「道佛相融」、「丹禪合一、融合」的現象，亦顯露出「三教合一」的趨向）！

　　綜合上述，張伯端在以禪宗的「明心見性」作為其「性功」時，提出了「先命後性」的修煉順序，於是將丹道、禪宗融合為一。這不僅使他的內丹思想（性命雙修）具有了濃郁的禪宗化色彩，而且也使他所說的最高境界（煉神還虛或煉神合道）已不再是傳統道教的肉體飛昇，而是偏重在「心」、「性」、

─────────────

〔註121〕《修真十書·悟真篇·後敘》，頁 749。

「神」三者的修煉，而臻至「無上至真之妙道」。這種以「丹禪融合為一」為理論特色的性命雙修之道，進一步促進了道教由原本傾向於服食丹藥的「外丹」修煉轉而以內煉精氣神為主的「內丹」修煉，於是為後世修煉者從「心、性、神」上尋求超越之道，開闢出一條新思路來！

第八章　俞琰的丹道易學思想

　　往昔道教學者對俞琰《易》學研究，主要侷限在「義理易學」與「象數易學」兩部分（義理為主，象數為次）。究其原因，應該是受傳統儒家《易》學學術正統思想的影響。相較之下，對於「丹道易學」部分的關注與研究成果是較少的！因此，本論文將以俞琰兩本代表「丹道易學」的著作：《周易參同契發揮》（包括《周易參同契釋疑》）與《易外別傳》，來論述其「丹道易學」思想。

第一節　俞琰的生平與著作

　　俞琰又名俞琬，字玉吾，道號全陽子，宋末元初吳郡（今江蘇蘇州）人。生於宋寶祐六年（1258），卒於元天順元年（1328）。〔註1〕宋亡隱居不仕，於林屋山著書立說，故自號林屋山人、林屋洞天真逸或林屋洞天紫庭真逸，因所居旁有一石澗，所以又自稱古吳石澗道人、石澗真逸，學者則稱石澗先生。〔註2〕俞琰得其家傳，潛心精研《周易》三十餘年，《周易集說·序》云：「琰

〔註1〕關於俞琰的生卒年歷來有所爭議，本文是以：林志孟，《俞琰易學思想研究·第一章附錄·俞琰生卒年及立嗣考辨》（文化大學中研所博士論文，1995 年 6月，頁 21～27）一文，所作的考證說法為依據來立論。

〔註2〕清納蘭成德容若《石澗俞氏周易集說·序》云：「叟（俞琰）於寶祐間，以詞賦稱。宋亡隱居不仕，自號石澗道人，又稱林屋洞天真逸。」（嚴靈峯編輯，《無求備齋易經集成·32 冊》，台北：成文，1976 年，頁 1）、又《俞氏易集說·題辭·錢唐白湛淵》曰：「（俞琰）所居榜石澗，學者稱石澗先生。」（同上，頁 10）；《周易參同契發揮》俞琰自序題名：「林屋山人全陽子俞琰玉吾」（《道藏》（三家本），第二十冊，頁 194）；《周易參同契釋疑》俞琰自序題名：「林屋洞天紫庭真逸全陽子」（同上，頁 262）；《易外別傳》俞琰自序題名：「琰

幼承父師面命，首讀朱子《本義》，次讀《程傳》。」〔註3〕、《俞氏易集說．
題辭．姑蘇顏明可》曰：「余友俞石澗，家傳《易》學，潛心於此三十餘年。」
〔註4〕、《俞氏易集說．題辭．姑蘇干壽道》曰：「余少時已識石澗俞君，知其
為善研《易》者。」〔註5〕及《俞石澗周易集說．後序》曰：「予生平有讀《易》
癖，三十年間，雖隆寒大暑不輟。每讀一字一句而有疑焉，則終日終夜沉思，
必欲釋其疑乃已。洎得其說，則欣然如獲拱璧。親戚朋友咸笑之，以為學雖
勤而不見用于時，何乃不知時變而自苦若是耶？予則以理義自悅，猶芻豢之
悅口，蓋自得其樂，罔知所謂苦也。」〔註6〕。其易學著作有：《周易集說》
四十卷、《讀易舉要》四卷、《易圖纂要》二卷、《易古占法》一卷、《易外別
傳》一卷、《大易會要》一百三十卷、《易經考證》、《易傳考證》、《讀易須知》、
《六十四卦圖》、《卦爻象占分類》及《易圖合璧連珠》等書。〔註7〕今僅存《周
易集說》、《讀易舉要》（上述二書存於《四庫全書．經部．易類》）、《易圖纂
要》（存於《永樂大典》）和《易外別傳》（存於《四庫全書．子部．道家類》
與《正統道藏．太玄部》）。另外《正統道藏．太玄部》又收有題名俞琰撰《周
易參同契發揮》九卷與《周易參同契釋疑》一卷（《四庫全書．子部．道家類》
則收《周易參同契發揮》三卷與《周易參同契釋疑》一卷）。易言之，俞琰的
《易》學著作共有十四種，今僅存六種，餘皆亡佚。

　　《周易集說》是集解性易著。此書以朱子《本義》為本，參以《程傳》，
又集諸家之說善者為輔，且是在《大易會要》基礎上完成的。《周易集說．序》
云：「琰幼承父師面命，首讀朱子《本義》，次讀《程傳》。長與朋友講明，則

　　　　「古吳石澗道人俞琰」（同上，頁312）、《易外別傳》俞琰後序題名：「林屋洞
　　　　天石澗真逸俞琰玉吾叟」（同上，頁321）。
〔註3〕嚴靈峯編輯，《無求備齋易經集成》32冊（台北：成文，1976年，頁4）。
〔註4〕嚴靈峯編輯，《無求備齋易經集成》32冊，頁11。
〔註5〕嚴靈峯編輯，《無求備齋易經集成》32冊，頁14。
〔註6〕《無求備齋易經集成》33冊，頁1103。
〔註7〕《石澗俞氏周易集說．序》云：「《周易集說》，而《易圖纂要》一卷、《易外別
　　　　傳》一卷附焉。……考叟之說《易》尚有：《經傳考證》、《讀易須知》、《六十四
　　　　卦圖》、《古占法》、《卦爻象占分類》、《易圖合璧連珠》諸書。」（同註1，頁1
　　　　～2）；《俞石澗周易集說．後序》曰：「書（《周易集說》）既完矣。……如《易
　　　　經考證》、如《易傳考證》、如《讀易須知》、如《易圖纂要》如《六十四卦圖》、
　　　　如《古占法》、如《卦爻象占分類》、如《易圖合璧連珠》、如《易外別傳》，乃
　　　　予舊所編者，將毀之，而兒輩皆以為可惜。又略加以改竄，而存于後。」（嚴靈
　　　　峯編輯，《無求備齋易經集成．33冊》，台北：成文，1976年，頁1104）。

又有程、朱二公所未言者。於心蓋不能無疑，乃歷考諸家《易》說，擷其英華，萃為一書，名曰《大易會要》，凡一百三十卷。不揣固陋，遂自至元甲申集諸說之善而為之說，凡四十卷，因名之曰《周易集說》云。」〔註8〕、《席上腐談·卷下》曰：「予自德佑後，……集諸儒之說為卷一百二十，名曰《大易會要》，以程朱二公為主，諸說之善為輔，又益以平昔所聞于師友者，為《周易集說》四十卷。」〔註9〕；其書自元世祖至元二十一年（1284）八月草創，至元宗皇慶二年（1313）四月完成，歷時三十年，前後歷經四次的增補與修訂。〔註10〕其書分卷，依照《四庫全書》本共四十卷，內容為：〈上經〉五卷、〈下經〉五卷、〈象辭〉三卷、〈彖傳〉六卷、〈爻傳〉六卷、〈文言傳〉二卷、〈繫辭上傳〉四卷、〈繫辭下傳〉四卷、〈說卦傳〉三卷、〈序卦傳〉一卷、〈雜卦傳〉一卷。〔註11〕

　　《讀易舉要》四卷，此書不是依經立注，而是俞琰論述易學體例或個人見解。其內容包括：卷一，易為卜筮之書、卦畫取象、占用陰陽老少、占用貞悔、卦爻之占辭、象占所稱、象辭占辭之異、卦變、剛來柔來上下圖；卷二，易中雜例、卦義、八卦主爻圖、十二卦主爻圖、卦之主爻、乘承比應、辭韻之口十；卷三，論象數之學、論易數之是非、河圖洛書之附會、卦氣之附會、納甲之附會、三易、易字義、卦象彖爻字義、重卦之人、名卦之人、作彖辭爻辭之人；卷四，經分上下篇、十翼之目、古文周易十二篇、漢儒相傳之易、魏晉以後唐宋以來諸家著述〔註12〕；《四庫》本四卷，是輯錄自《永樂大典》，《文淵閣書目》、焦竑《經籍志》、朱睦㮮《授經圖》皆有著錄。〔註13〕

〔註8〕　《無求備齋易經集成》32 冊，頁 4。

〔註9〕　《藏外道書》，第九冊（成都：巴蜀書社，1994 年 12 月，頁 805）。

〔註10〕　《周易集說》歷經四次的增補與修訂的詳細內容，見於：（1）林文鎮，《俞琰生平與易學·第二章·著述與藏書·第一節著述·一存書·甲著述經過》（台灣師大國文所碩士論文，1991 年 5 月，頁 92～94）以及（2）林志孟，《俞琰易學思想研究·第二章·俞琰著作考述·第一章·《易學》著作·一《周易集說》》（文化大學中研所博士論文，1995 年 6 月，頁 29～31）。

〔註11〕　《四庫全書·經部·易類》，第二十一冊（臺灣商務，1983 年 10 月，頁 1～394）。

〔註12〕　《四庫全書·經部·易類》，第二十一冊，頁 395～471。

〔註13〕　《四庫提要·叁·讀易舉要四卷》云：「是書《文淵閣書目》、焦竑《經籍志》、朱睦㮮《授經圖》皆著於錄。然外間傳本殊稀，故朱彝尊《經義考》亦云「未見」。今惟《永樂大典》尚散見於各韻之中，可以採輯。謹裒合編次，仍定為四卷。」（河北人民，2000 年 3 月，頁 106）。

　　《易圖纂要》，又名《纂圖》，旨在借圖以名聖人之意。俞琰於〈自序〉中云：「象與數皆寫于畫，因而為之圖，既有圖則不過一覽，而聖人之意當在我目中，雖無注可也。」（陸新源《儀顧堂續跋‧卷一‧元槧《易圖纂要》跋》所引）；此書成於至元二十一年，最初刊行《周易集說》時，曾與《易經考證》等九書，附於書後；此書凡收十一圖，即：1「伏羲始畫八卦圖」、2「八卦重為六十四卦圓圖」、3「五行之數十五圖」、4「天地之數五十五圖」、5「兩儀定位于上下圖」、6「四象分布于四方圖」、7「八卦分布于四方四隅圖」、8「大衍之目十五圖」、9「水火不相射圖」、10「男女媾精圖」、11「乾道成男坤道成女圖」。《易圖纂要》原為二卷，分割於《永樂大典》各韻之中，可惜《四庫全書》編輯］時未能輯出，亦無著錄。今可見者有皕宋樓藏元刊本《易圖纂要》一卷，現藏於日本靜嘉堂文庫（東洋文庫）中，另有清鈔本一卷，藏於上海圖書館。〔註14〕

　　《易外別傳》一卷，成書於至元二十一年（1284），此書原附於《周易集說》之後，後由俞琰之子仲溫在元至正十六年（1356）將它與《陰符經解》及《沁園春解》合鋟梓，總名為《玄學正宗》。〔註15〕其內容是以邵雍的《先天圖》解釋魏伯陽《周易參同契》，並參以伊川、橫渠與朱熹之論，認為《先天圖》可以解釋道教內丹修煉理論。《易外別傳‧并敘》云：「《易外別傳》者，《先天圖》環中之祕，漢儒魏伯陽《參同契》之學也。……故伯陽借《易》以明其說，大要不出先天一圖。」〔註16〕、《易外別傳‧後序》曰：「《易外別傳》

〔註14〕《中國古籍善本書目‧經部》，上海古籍，1989年。以上資料，轉引自：林文鎮，《俞琰生平與易學‧第二章‧著述與藏書‧第一節著述‧一存書》（台灣師大國文所碩士論文，1991年5月，頁109～111，159）；林志孟，《俞琰易學思想研究‧第二章‧俞琰著作考述‧第一章‧《易學》著作‧三《易圖纂要》》（文化大學中研所博士論文，1995年6月，頁40～41，51）。

〔註15〕《易外別傳‧并敘》云：「《易外別傳》者，《先天圖》環中之祕，漢儒魏伯陽《參同契》之學也。……故伯陽借《易》以明其說，大要不出先天一圖。……今為圖如左，附以先儒之說。明白無隱，一覽即見，識者當自知之。至元甲申八月望日，古吳石澗道人俞琰書。」（《道藏》（三家本），第二十冊，頁312）；《易外別傳‧後序》曰：「乃述是書，附於《周易集說》之後，而名之曰：《易外別傳》。……右《易外別傳》一卷，先君子之所著，而附於《周易集說》之後者也。……近刊《陰符經解》，兒楨請以是薰繕寫，同鋟諸梓，併《沁園春解》三書，共為一帙，將與四方高士共之，因請總名之曰：《玄學正宗》。至正丙申春正月，男仲溫百拜謹誌。」（同上，321）。

〔註16〕《道藏》（三家本），第二十冊，頁312。

一卷，為之圖，為之說，披闡《先天圖》環中之極玄，證以《參同契》、《陰符》諸書，參以伊川、横渠諸儒之至論，所以發朱子之所未發，以推廣邵子言外之意。」〔註17〕；現今有《道藏本》（《正統道藏‧太玄部》，（三家本），第二十冊）與《四庫》本（《四庫全書‧經部‧易類》，第1061冊）行世。

　　《周易參同契發揮》，《道藏》本九卷，《四庫》本三卷，成書於至元二十一年（1284）。〔註18〕本書作者自稱「感異人指示先天真一○之大要，開說後天火候之細微」，於是遂「決破重玄洞無疑惑」。並慶幸自己「夙有緣合，得聞斯道之秘。丹之真運用，蓋嘗試之；丹之真景象，蓋嘗見之」。於是便參考劉海蟾《還金篇》、張伯端《悟真篇》、薛道光《復命篇》及陳泥丸《翠虛篇》等前人的著作，撰成《周易參同契發揮》一書。〔註19〕嗣天師張與材稱此書「研精覃思，鉤深致遠」，而杜道堅的題詞則稱「今觀全陽子《發揮》，章剖句析，發前人之所未發，是得師授口訣，而為之說者。」〔註20〕；而《四庫提要》的評價則是：「是書以一身之水火陽陰發揮丹道，雖不及彭曉、陳顯微、陳致虛三注為道家專門之學，然取材甚博。」〔註21〕；「取材甚博」是四庫館臣所給的評語，然究其緣由，乃因作者指責彭曉註割裂顛倒《周易參同契》原文，於是便有如此的感嘆，其云：「嗚呼！由魏公至于今，千有餘歲。去古日益遠，傳訛日益眾，或有識者，悼古文之久翳，而為之剔偽辯真，眾必愕眙非詆，而笑其僭妄。於是寧結舌不語，而終莫趄著筆。」〔註22〕；因為有此感嘆產生，便促成《周易參同契發揮》一書的寫作動機，「因觀今之學仙而不得正傳者，往往偏執膠固，不務理之貫通，小見自足，不求道之大全，黨甲以伐乙，袒左以攻右，牽合赴會，妄亂穿鑿，以似是而飾真非，竟不究古仙本旨，非惟自誤，又以誤人。僕用是不忍隱默，敬為是書添一註腳。」〔註23〕

　　《周易參同契釋疑》，《四庫》本與《道藏》本皆一卷。任繼愈主編《道藏

〔註17〕《道藏》（三家本），第二十冊，頁321。

〔註18〕《周易參同契釋疑‧序》云：「僕用是不忍隱默，敬為是書（《周易參同契》），添一註腳。……至元甲申四月十四日，林屋山人全陽子俞琰玉吾自序。」（《道藏》（三家本），第二十冊，頁194）

〔註19〕《周易參同契發揮‧序》，《道藏》（三家本），第二十冊，頁194。

〔註20〕《周易參同契發揮‧題詞》，同上，頁192～193。

〔註21〕《四庫提要‧叁‧周易參同契發揮三卷》，河北人民，2000年3月，頁3758。

〔註22〕《周易參同契釋疑‧序》，《道藏》（三家本），第二十冊，頁262。

〔註23〕《周易參同契發揮‧序》，同上，頁194。

提要》稱此書「將《周易參同契》諸本互異之字、詞及詞句顛倒之處依次摘錄，或存其異文，或判明正誤。另有部分詞句詳加註釋，力辨它註之謬。」〔註24〕；詳考是書之內容，《道藏提要》所說甚是！然後俞琰自序則稱「得是書之善本，歷試以還，講明粗熟，朞年而書成。深恐推之未盡，言之未詳，改竄凡更三四藁。又恐後人無以折衷，遂合蜀本、越本、吉本及錢唐諸家之本，互相讎校，以為定本。其諸參錯不齊，則有朱子《考異》一書在茲。」〔註25〕；因此，《四庫提要》的評價是：「其《釋疑）三篇，考核異同，較朱子本尤詳備。」〔註26〕；由上述的引文資料呈現出一個事實，即《周易參同契釋疑》，是俞琰在撰著《周易參同契發揮》一書時讎校之隨文著錄！

第二節　「丹道易學」思想

　　俞琰的《易》學思想集中在上述六部著作（《周易集說》、《讀易舉要》、《易圖纂要》、《易外別傳》、《周易參同契發揮》與《周易參同契釋疑》）。其中《周易集說》是歷來研究俞琰《易》學的焦點。究其原因，應該是傳統儒家《易》學學術正統思想的影響。易言之，俞琰的《易》學思想分成：1「義理易學」、2「象數易學」、3「丹道易學」（結合《易》學與內丹學），相較下對「丹道易學」的關注與研究成果是較少的！〔註27〕

〔註24〕北京：中國社會科學，1995 年 8 月，頁 748。

〔註25〕《周易參同契釋疑·序》，《道藏》（三家本），第二十冊，頁 262。

〔註26〕《四庫提要·叁·周易參同契釋疑一卷》，河北人民，2000 年 3 月，頁 3758。

〔註27〕俞琰《易》學的研究成果，目前來說以：林文鎮（《俞琰生平與易學》，台灣師大國文所碩士論文，1991 年 5 月）與林志孟（《俞琰易學思想研究》，文化大學中研所博士論文，1995 年 6 月）兩人的學位論文是較全面的。不過，林文鎮的研究成果著重在「生平事蹟」與「文獻版本」的陳述和整理，對於「義理」的開展與「思想」內容的探討是較欠缺與平面的，其對「丹道易學」的內容並未曾觸及；林志孟的研究成果大致是以林文鎮的研究為基礎，再往義理思想內涵拓深，其雖曾觸及到「丹道易學」，但大致上停留在較平面式的論述，並未將俞琰「丹道易學」的理論架構與思想體系作整體的展現。另外，（1）詹石窗（《南宋金元的道教·第三章解經暢玄——《易》《老》學的發展·第一節正傳別傳二重化》，上海古籍，1989 年 12 月，頁 83～93）、（2）朱伯崑（《易學哲學史·第三卷·第八章宋易的繁榮和理學的衰弱·第一節元代象數之學·二俞琰《易外別傳》》，台北：藍燈，1991 年 9 月，頁 37～47）、（3）劉國梁（《道教與周易·玖道教易學的主要代表人物及其易學思想·六俞琰的易學思想》，北京：燕山，1994 年 1 月，頁 162～165）與（3）孫劍秋（《俞琰易學思想探微》，收載於：《道教與文化學術研討會論文集》，台北：國立歷

俞琰在著作《周易集說》時，是以「述而不作」的精神來寫作，《周易集說‧序》曰：「《周易集說》者，集諸說之善而為之說也。曷為善？能明三聖人之本旨則善也。」〔註28〕，既然是述而不作，所以反而不能暢所欲言，因此便沒有什麼獨到的見解，在《易》學史上的地位並不崇高。反倒是所花時間不到兩年的《周易參同契發揮》（包括《周易參同契釋疑》）與《易外別傳》，在《易》學史（特別是丹道易學或道教易學）上卻佔有一定的地位與受到特別關注（尤其是《易外別傳》）。朱伯崑《易學哲學史‧第三卷‧第八章宋易的繁榮和理學的衰弱‧第一節元代象數之學‧二俞琰《易外別傳》》云：「從《易》學史上看，他所著《周易集說》，新意不多。其有影響的論述是對《周易參同契》和道教煉丹理論的解釋。」〔註29〕

因此，本論文將以代表「丹道易學」的著作：《周易參同契發揮》（包括《周易參同契釋疑》）與《易外別傳》，來論述俞琰的「道教易學」（「丹道易學」）思想。《易外別傳‧後序》云：「丹道之大綱要領，予於是書（《易外別傳》）言之悉矣！丹道之口訣細微，則具載於《參同契發揮》三篇。」〔註30〕

一、得明師指授，教外別傳

俞琰在《周易參同契發揮‧序》稱其初讀《周易參同契》時，曾有人忠告他說：「子欲修丹，須得神仙口訣。研窮紙上語，而求長生，徒自勞耳」，但其因「篤信此書」，又聞魏伯陽有「千周萬遍，神告心悟」之說，於是遂「憤悱研究，矻矻者窮年，忽一日果爾心靈自悟，得其門而入」。不過，因為「未得師承，猶弗敢遽執為是」。因而便「冥搜暗索，終夜忘寢」，於是遂感異人指

　　史博物館，2000 年 12 月，頁 159～180；另載於：《國立臺北師範學院學報》，14 期，2001 年 9 月，頁 339～364）四位的研究成果雖然亦談及「道教易學」（「丹道易學」），不過其內容僅論述了《易外別傳》（缺乏《周易參同契發揮》與《周易參同契釋疑》的內容），因此他們對俞琰「丹道易學」的論述亦是不夠全面！

〔註28〕《無求備齋易經集成》32 冊，頁 3。
〔註29〕台北：藍燈，1991 年 9 月，頁 39。
〔註30〕《道藏》（三家本），第二十冊，頁 321。俞琰的「義理易學」與「象數易學」的內容，請見：（1）林文鎮（《俞琰生平與易學》，台灣師大國文所碩士論文，1991 年 5 月，頁 315～377）、（2）林志孟（《俞琰易學思想研究》，文化大學中研所博士論文，1995 年 6 月，頁 159～184）、（3）孫劍秋（《俞琰易學思想探微》，收載於：《道教與文化學術研討會論文集》，台北：國立歷史博物館，2000 年 12 月，頁 164～173）。

示：「先天真一○之大要，開說後天火候之細微」。〔註31〕易言之，俞琰認為在《周易參同契發揮》中，所陳述的內丹功法是受明師指授的正傳真學問，「愚區區晚學，幸遇明師，獲承斯道之正傳。」〔註32〕，絕非「區區訓詁者比予」〔註33〕。因為，「仙家丹書，皆內景法象隱語，所謂口訣之祕，則有師授，斷非世儒訓詁之學所能意解」。〔註34〕因此，便有朱熹如是的感嘆：「眼中見得了了如此，但無下手處。……今始得頭緒，未得其作料孔穴」〔註35〕；換言之，朱熹「豈文義有所未究，蓋欠教外別傳一句耳」〔註36〕！

「教外別傳」，原是禪宗「拈花微笑」公案〔註37〕，係指禪宗「不立文字語言，直傳佛祖心印。直指人心，見性成佛，謂之教外別傳。」〔註38〕；因為禪宗諸祖相傳，只是以心印心；此心人人本具，超越思惟、言語，所以無法可傳，無法可得。換言之，佛性本自具足，人人皆可頓悟，當下即是。因此，禪宗是不假語言文字，諸祖傳法，只是印證所契悟的本心而已，沒有什麼法可傳，沒有什麼法可得。而此處杜道堅所謂「教外別傳」，是類比於禪宗的說法，說明內丹修煉必須得到明師祕傳之口訣，否則未得明師道破，任憑自己聰明機巧地百般用功，結果終是徒然。此處點出「得明師指授」在正宗內丹修煉時的重要性！

二、還丹之道，《易》之太極

俞琰既得明師指授內丹修煉之口訣，其具體的內容為何？俞琰的答案是：《易》之「太極」。《周易參同契發揮·序》云：「神仙還丹之道，至簡至易，如此○而已矣！此○者何？《易》之太極是也。」〔註39〕；俞琰使用《易》

〔註31〕以上見於：《道藏》（三家本），第二十冊，頁193～194。
〔註32〕《周易參同契釋疑·序》，《道藏》（三家本），第二十冊，頁262。
〔註33〕《周易參同契發揮·阮登炳序》，同上，頁192。
〔註34〕《周易參同契發揮·杜道堅題詞》，同上，頁193。
〔註35〕《周易參同契發揮·阮登炳序》，頁192。
〔註36〕《周易參同契發揮·杜道堅題詞》，頁193。
〔註37〕宋普濟，《五燈會元·上·卷第一·七佛·釋迦牟尼佛》曰：「世尊在靈山會上，拈花示眾。是時眾皆默然，唯迦葉尊者破顏微笑。世尊曰：『吾有正法眼藏，涅槃妙心，實相無相，微妙法門，不立文字，教外別傳，付囑摩訶迦葉。』」（北京：中華，1997年10月，頁10）
〔註38〕丁福保、孫祖列編，《佛學精要辭典·教外別傳》，北京：宗教文化，1999年3月，頁454。
〔註39〕《道藏》（三家本），第二十冊，頁193。

學的「太極」，來陳述內丹修煉之道，如此「丹道」便與「易道」形成銜接。換言之，其藉著《易》學的符號名詞，來陳述不易言明的「神仙還丹之道」，可以說是一種表述的策略（可分作者與讀者兩方面）。在作者方面，這個策略主要是讓藐而難明的內丹之道有陳述的憑藉（表述載體），方便作者來充分表述；另外，藉著《易》學這個讓人容易接受、明瞭的符號系統，讀者可以依循語言符號而求得所隱含的丹道之意。

此外，我們可以進一步追問，為何要使用《易》學符號系統來陳述內丹之道，而不用其它？對於此問題俞琰《周易參同契發揮‧序》的回答是：

> 《易》之為書，廣大悉備，有天道焉，有人道焉，有地道焉。仁者見之謂之仁，知者見之謂之知，千變萬化，無往不可。故東漢魏伯陽假之以論作丹之意，而號其書為《周易參同契》也。參也者，參乎此○也；同也者，同乎此○也；契也者，契乎此○也。……夫是書所述，皆寓言也。以天道言，則曰日月、曰寒暑，以地道言，則曰山澤、曰鉛汞，以人道言，則曰夫婦、曰男女。豈真有所謂日月、寒暑、山澤、鉛汞、夫婦、男女哉？無非譬喻也。或言三五，或言二八，或言四象，或言兩弦，旁引曲喻，名雖不同，不過一陽（（一陰））而已。合陰陽◎而言之，不過一太極○而已。散而成萬，斂而成一，渾兮闢兮，其無窮兮，與《易》之造化相通，此其所以為《周易參同契》也。〔註40〕

因為《易》道廣大無所不備，所以俞琰認為早在東漢時魏伯陽便藉著《易》學符號系統來陳述煉丹之道。而且因為《周易參同契》「旁引曲喻，名雖不同，不過一陽一陰而已。合陰陽而言之，不過一太極而已」，其表現的形式是「散而成萬，斂而成一」與「《易》之造化相通」，所以《易》學符號便成為陳述煉丹之道的最佳表述形式與載體。《周易參同契發揮‧卷一》曰：「一部全《易》，計三百八十四爻，一斤大藥，計三百八十四銖，此丹道、易道之相通，而《參同契》所以作也。」〔註41〕、《周易參同契釋疑‧上篇釋疑》云：「蓋魏公之作《參同契》，乃是假借《周易》爻象，發明作丹之祕。」〔註42〕；除表現形式外，「陰陽」也是「易道」與「丹道」銜接的另一個原因，《易外別傳‧并

〔註40〕《道藏》（三家本），第二十冊，頁193。
〔註41〕《道藏》（三家本），第二十冊，頁198。
〔註42〕《道藏》（三家本），第二十冊，頁264。

敍》云：「《易外別傳》者，先天圖環中之祕，漢儒魏伯陽《參同契》之學也。人生天地間，首乾腹坤，呼日吸月，與天地同一陰陽。《易》以道陰陽，故伯陽借《易》以明其說，大要不出先天一圖。」〔註 43〕及「一陰一陽，天地之《易》。……陰陽相生，循環無窮，是之謂《易》。」〔註 44〕

接著可以繼續追問，為什麼俞琰要使用「太極」這個詞來形容「神仙還丹之道」？我們知道用太極來形容〇，不過是譬喻的手法，而之所以使用的原因乃是「太極」動靜之理，符合造化神妙自然之道。《周易參同契發揮·序》曰：「太極動而生陽（（，動極而靜，靜而生陰）），靜極復動，一動一靜，互為其根，此乃造化之妙，神之所為，道之自然者也。」〔註 45〕；除了動靜之理符合造化自然之道外，另一因素是因為太極的具體內容是「陰陽」（太極動而生陽，動極而靜，靜而生陰，靜極復動），「大道之祖，不出一氣，而成變化，析而為黑白，分而為青黃，喻之曰日月，名之曰龍虎。有如許之紛紛，是皆陰陽二字也。其實即一物也。」〔註 46〕；而陰陽二氣之施化即如同丹法之生藥過程，「丹法之生藥，與天地之生物相似，皆不過陰陽二氣一施一化，而玄黃相交爾！」〔註 47〕及「天地以陰陽交媾而生物，丹法以陰陽交構而生藥。」〔註 48〕

由上述可知「太極」這個詞之所以用來形容「神仙還丹之道」，除其本身的動靜之理符合造化神妙自然之道外，第二個因素就是其具體內容「陰陽」的造化運行過程類似於丹法之生藥過程（陰陽二氣施化、相交）。

三、心為太極，身中之《易》

用《易》之「太極」，來陳述內丹修煉之道，其具體的內容是「陰陽」。接著俞琰便借用邵雍《先天圖》（見附圖一，本論文頁 261）與朱熹的說法來說明天地間「陰陽」二氣之循環，並將此循環稱為天地之呼吸，且認為自復卦至乾卦屬陽為呼，從姤卦而坤卦屬陰為吸。《易外別傳》曰：「（邵康節《皇極經世書》）又云：冬至之後為呼，夏至之後為吸，此天地一歲之呼吸也。

〔註 43〕《道藏》（三家本），第二十冊，頁 312。
〔註 44〕《周易參同契發揮·卷一》，《道藏》（三家本），第二十冊，頁 196。
〔註 45〕《周易參同契發揮·卷一》，《道藏》（三家本），第二十冊，頁 193。
〔註 46〕《周易參同契發揮·卷二》，同上，頁 205。
〔註 47〕《周易參同契發揮·卷一》，同上，頁 198。
〔註 48〕《周易參同契發揮·卷五》，同上，頁 219。

朱紫陽曰：天地間只是一氣，自今年冬至到明年冬至，只是一箇呼吸。呼是陽，吸是陰。愚謂：冬至後，自復而乾屬陽，故以為呼；夏至後，自姤而坤屬陰，故以為吸。呼乃氣之出，故屬冬至之後；吸乃氣之入，故屬夏至之後。」〔註49〕；天地間陰陽二氣的循環稱為大呼吸，而人亦有呼吸則稱為小呼吸，「大則為天地一歲之呼吸，小則為人身一息之呼吸」。〔註50〕

　　可以看出藉著「呼吸」，天與人形成關連，進而成為一體（天人一體，小呼吸包含在大呼吸之中）。而呼吸其實是「陰陽」二氣的循環，因此藉著「陰陽二氣」，人與天有了實質的銜接。「夫人之一身，法天象地，與天地同一陰陽也。人知此身與天地同一陰陽，則可與論還丹之道。」〔註51〕、「人身法天象地，其間陰陽感合，與天地無以異也。」〔註52〕及「蓋人身之陰陽，與天地之陰陽相似。若能御呼吸於上下，使之周流不息，則闔闢往來之妙，盡在吾身中矣！」〔註53〕；既然同一陰陽，逆而推之應該亦同一「太極」。在天地或《易》中稱太極，在人則稱為「心」。《易外別傳》云：

> 人之一身，即《先天圖》也。心居人身之中，猶太極在《先天圖》之中。朱紫陽謂：中間空處是也。圖自復而始，至坤而終，終始相連如環，故謂之環。環中者，六十四卦環於其外，而太極居其中也。在《易》為太極，在人為心。人之心為太極，則可以語道矣。〔註54〕

　　因為由「人之一身，即《先天圖》」這個大前提，加上小前提「太極在《先天圖》之中，猶心居人身之中」，所以得出「心為太極」這個結論。換言之，在《先天圖》環中的「太極」（中間空處），在人則稱為「心」！而以太極為形式的稱「天地之《易》」，而以心為太極者，則稱「身中之《易》」。《易外別傳・并敘》云：「忽遇隱者，授以讀《易》之法，乃盡得環中之祕。反而求之吾身，則康節邵子所謂太極、所謂天根月窟、所謂三十六宮，靡不備焉！是謂身中之《易》。」〔註55〕、《周易參同契發揮・卷一》云：「一陰一陽，天地之《易》。……陰陽相生，循環無窮，是之謂《易》。是《易》也，

〔註49〕《道藏》（三家本），第二十冊，頁313。
〔註50〕《道藏》（三家本），第二十冊，頁313。
〔註51〕《周易參同契發揮・卷一》，同上，頁194。
〔註52〕《周易參同契發揮・卷六》，同上，頁231。
〔註53〕《易外別傳》，同上，頁319。
〔註54〕《道藏》（三家本），第二十冊，頁313。
〔註55〕《道藏》（三家本），第二十冊，頁312。

天地有之，人身亦有之。」〔註56〕

　　由以上引文可以得出，所謂「《先天圖》環中之祕」，即是「太極」；「太極」在人身中即是「心」。而以心為太極者，則又稱「身中之《易》」！

四、身中之《易》即「金丹」

　　「身中之《易》」，即是將天地之《易》的內容（天地、乾坤，坎離、日月等）類比於內丹修鍊時的「鼎器」、「藥物」及「火候」。認為在人體中一樣可以類比地模仿天地之《易》的造化運行過程。其云：

> 《周易參同契發揮‧卷一》云：「乾為天，坤為地，吾身之鼎器也。離為日，坎為月，吾身之藥物也。先天八卦，乾南坤北，離東坎西。南北列天地配合之位，東西分日月出入之門，反而求之吾身，其致一也。……吾身之坎離，運行乎鼎器之內。」〔註57〕，又「丹法以乾坤為鼎器，以坎離為藥物，以其餘六十卦為火候。」〔註58〕

> 《周易參同契發揮‧卷五》云：「丹法以乾坤為鼎器，以坎離為藥物，遂用其餘六十卦自屯、蒙以至既濟、未濟，周回列於鼎外，以為周天火候。」〔註59〕

> 《易外別傳》云：「人能知吾身中，以合乎天地之中，則乾坤不在天地，而在吾身矣。」〔註60〕，又「乾上坤下，吾身之天地也；泰左否右，吾身天地之升降也；復非十一月，亦非夜半子時，乃身中之子也；姤非五月，亦非日中午時，乃身中之午也。」〔註61〕

　　「身中之《易》」以「乾坤」為鼎器，以「坎離」為藥物，以「其餘六十卦」為火候。如以《易‧說卦傳》而言，此處「乾」象徵人體之「首」（頭部），「坤」則為「腹」（腹部）。以人體首腹為煉丹之鼎器，是借用外丹的術語轉化為內丹之用。《周易參同契發揮‧卷七》云：「蓋人之一身，法天象地，首即天也，腹即地也。」〔註62〕、《易外別傳》云：「首居上而圓，諸陽之所

〔註56〕《道藏》（三家本），第二十冊，頁196。
〔註57〕《道藏》（三家本），第二十冊，頁196。
〔註58〕《道藏》（三家本），第二十冊，頁198。
〔註59〕《道藏》（三家本），第二十冊，頁221。
〔註60〕《道藏》（三家本），第二十冊，頁314。
〔註61〕《道藏》（三家本），第二十冊，頁316。
〔註62〕《道藏》（三家本），第二十冊，頁244。

會，乾天之象也。故《易》以乾為首。……腹居下而中虛，八脈之所歸，坤地之象也。故《易》以坤為腹。」〔註63〕；如此人體就有如天鼎地爐，而鼎中的藥物則稱坎離，「坎」「離」則又分別象徵身中之「日」「月」。《周易參同契發揮‧卷一》云：「坎外陰而內陽，月之象也；離外陽而內陰，日之象也。」〔註64〕、《周易參同契發揮‧卷二》云：「古之至人，觀天之道，執天之行，遂借天符之進退，陰陽之屈伸，設為火候法象以示人。蓋天地儼如一鼎器，日月乃藥物也。日月行乎天地間，往來出沒即火候也。人能即此反求諸身，自然默會火候進退之妙矣。」〔註65〕；身中之「日」「月」不過是個譬喻之辭，其實際代表「陰陽二氣」在體內（鼎器）的上下循環，其循環的過程，在體內則為內丹修煉「火候」的次序進退；在天地則稱日月運行出沒的次第。《周易參同契發揮‧卷一》云：「蓋吾一身之中，自有日出日入之早晚，其火候動靜一一暗合天度。」〔註66〕、又「今夫天位乎上，地位乎下，二氣則運行乎其中，一升一降，往來不窮，猶橐籥也。人受沖和之氣，生於天地間，與天地初無二體。」〔註67〕及《周易參同契發揮‧卷五》云：「人身法天象地，其氣血之盈虛消息，悉與天地造化同途。……所以丹法，以天為鼎，以地為爐，以月為藥之用，而採取必按月之盈虧；以日為火之候，而動靜必視日之出沒。自始至末，無一不與天地合有。」〔註68〕

　　此處產生一個問題，就是身中的「陰陽二氣」（日月）要如何掌握？易言之，內丹修煉的「火候」進退當如何控制？俞琰的答案是——「心」！其云：

　　《周易參同契發揮‧卷一》云：「坎，月也；離，日也。日月行於黃道，晝夜往來，循環無窮，如匡郭之周遭也。轂，猶身也；軸，猶心也。欲轂之運，必正其軸。修還丹者，運吾身中之日月，以與天地造化同途，不正其心可乎？」〔註69〕

　　《周易參同契發揮‧卷三》云：「神明者，天機也。如欲盜其機，必先虛其心。心虛則神凝，神凝則息定，息定則兩畔同升共一斤，而

〔註63〕《道藏》（三家本），第二十冊，頁315。
〔註64〕《道藏》（三家本），第二十冊，頁197。
〔註65〕《道藏》（三家本），第二十冊，頁199。
〔註66〕《道藏》（三家本），第二十冊，頁195。
〔註67〕《道藏》（三家本），第二十冊，頁196。
〔註68〕《道藏》（三家本），第二十冊，頁223。
〔註69〕《道藏》（三家本），第二十冊，頁194。

神明自來也。」〔註70〕

《周易參同契發揮・卷五》云：：「作丹之際，亦無他術，但虛心靜默，凝神入於氣穴，順其往來，綿綿延延，勿令間斷。久之，則神自凝，息自定，息定而氣聚，氣聚而丹成。」〔註71〕

《周易參同契發揮・卷八》云：「修丹者，虛其心，忘其形，守其一，抱其靈，故能固其精，保其氣，全其神，三田精滿，五臟氣盈，然後謂之丹成。」〔註72〕，又云：「夫斗居天之中，猶心居人身之中。是故天以斗為機，人以心為機。丹法以心運火候，猶天以斗運十二辰。」〔註73〕

《易外別傳》云：「天以斗為機，人以心為機。心運於身中，猶斗運於天中。」〔註74〕，又云：「雖然天之道可以觀，天之行未易執也。孰能執之？唯虛心者能執之。」〔註75〕，又：「內鍊之道，貴乎心虛。心虛則神凝，神凝則氣聚。」〔註76〕

「身中之《易》」，即是以「心」為太極。可以看出「心」在身中之《易》中的地位。此處俞琰將身比喻作轂，心則為轂中之軸，欲轂之運，必先正其軸。同理，想要身體運作，必先要由心下手。而內丹修煉時體內鼎爐中的藥物與火候要如何控制掌握，也是需要「心」來發號司令。此外，俞琰又以「天以斗運十二辰」類比於「丹法以心運火候」。換言之，即「心運於身中，猶斗運於天中」。此處同樣強調「心」在內丹修煉時的主導作用。接著，此「心」當如何掌控整個修煉過程？易言之，「心」對於內丹修煉過程中自身將有何作為（對治方法）產生？答案是：「虛心」！心虛之後，自然能掌控整個內丹修煉過程。其徵驗（產生的效果與狀態）是：「神凝、氣聚、息定」與「固精、保氣、全神」。如此便可預期修煉達至「三田精滿，五臟氣盈，然後丹成」的境地。

再者，我們可以繼續追問，所謂「虛心」是代表何種意義？換言之，「虛心」的具體內容為何？對此俞琰的回答是：狀態是「寂然不動」，具體的方法是「收

〔註70〕《道藏》（三家本），第二十冊，頁206。
〔註71〕《道藏》（三家本），第二十冊，頁221。
〔註72〕《道藏》（三家本），第二十冊，頁249。
〔註73〕《道藏》（三家本），第二十冊，頁253。
〔註74〕《道藏》（三家本），第二十冊，頁317。
〔註75〕《道藏》（三家本），第二十冊，頁317。
〔註76〕《道藏》（三家本），第二十冊，頁319。

視返聽，藏心於淵，馭呼吸之往來」、「以目視鼻，以鼻對臍」以及「降心火入
于氣海、丹田」。《周易參同契發揮・卷五》云：「寂然不動，則心與天通，而造
化可奪也。《翠虛篇》云：莫向腎中求造化，卻須心裏覓先天。」〔註77〕、《易
外別傳》云：「內鍊之法，以目視鼻，以鼻對臍，降心火入于氣海。」〔註78〕，
又云：「內鍊之道，至簡至易，唯欲降心火入于丹田耳。」〔註79〕，又云：「蓋
人道與天道一也。人能收視返聽，藏心於淵，馭呼吸之往來，周流不息，則與
天道同運。而天行之機，吾得而執之矣。」〔註80〕；因此，可以看出丹法所謂
「虛心」並不代表毫無作為（無心、無念）。《周易參同契發揮・卷五》云：「然
而丹家所謂虛無，非無心無念，槁木死灰之謂也。」〔註81〕

　　「心」在內丹修煉中扮演總緒的角色，其類似於《先天圖》中的「太極」
（環中之祕，在《易》為太極，在人為心）──「心」為太極。心既為太極，
即是「身中之《易》」。而身中之《易》又稱為「金丹」。其云：

　　　　《周易參同契發揮・卷六》云：「神仙之還丹，乃身中之《易》也。」
　　　〔註82〕，又云：「夫金丹者，身中之《易》也。」〔註83〕

　　身中之《易》即「金丹」，前述身中之《易》的具體內容為「陰陽二氣」，
因此，「金丹」的具體內容亦是！《周易參同契發揮・卷六》云：「蓋金丹聖
胎，以陰陽內感，神氣交結而成。」〔註84〕、《周易參同契發揮・卷七》云：
「金丹之所謂交媾，乃陰陽內感，神氣交結。」〔註85〕，又云：「金丹大道，
一陰一陽而已。」〔註86〕

五、「金丹」之根：「真鉛」與「真汞」

　　「陰陽二氣」在此只是總名的譬喻之辭，《周易參同契發揮・卷五》云：
「作丹之時，以乾陽下交於坤陰，使呼吸相含，剛柔相當，配為夫婦，打成一

〔註77〕《道藏》（三家本），第二十冊，頁227。
〔註78〕《道藏》（三家本），第二十冊，頁315。
〔註79〕《道藏》（三家本），第二十冊，頁319。
〔註80〕《道藏》（三家本），第二十冊，頁317。
〔註81〕《道藏》（三家本），第二十冊，頁220。
〔註82〕《道藏》（三家本），第二十冊，頁229。
〔註83〕《道藏》（三家本），第二十冊，頁232。
〔註84〕《道藏》（三家本），第二十冊，頁235。
〔註85〕《道藏》（三家本），第二十冊，頁244。
〔註86〕《道藏》（三家本），第二十冊，頁247。

片，則神氣歸根，性命合一，而至藥孕於其中也。或名之曰龍虎交媾，又曰金木交併，又曰龜蛇蟠虯，又曰紅黑相投，又曰天地交泰，又曰玄黃相雜，又曰金土相融，又曰金汞同鼎，又曰金火同爐，又曰赤白相交，又曰日月同宮，又曰烏兔同穴，又曰夫婦歡合，又曰牛女相逢，又曰牝牡相從，又曰魂魄相沒，又曰水土同鄉，究而言之，不過心息相依，而陰陽內感，神氣交結爾。」〔註87〕；且「陰陽二氣」的交媾就會孕生出內煉金丹時所需的「至藥」，《周易參同契發揮·卷五》云：「天地以陰陽交媾而生物，丹法以陰陽交媾而生藥。」〔註88〕；因此人體內丹修練時所需的「至藥」，其確切、實質的內容是：「真鉛」（陰）與「真汞」（陽）。其曰：

> 《周易參同契發揮·卷七》云：「真汞產於離，離為女，居午，以分野言之，午為三河，故稱河上姹女。究其所從來，蓋由虛心凝神而得之，實自心中出，是以謂之靈汞，又謂之神汞。其性猛烈，見火則飛走無蹤，猶如鬼隱神匿，莫知所存，非用黃芽為根，何以制之？黃芽，即真鉛也。汞得真鉛，擒制交結，然後不能飛走，此所以用之為金丹之根也。」〔註89〕

「真汞」由「虛心凝神」而得之。換言之，其是從「心」中而來。也就是說，當心處於虛心凝神的狀態時，自然能生出所謂「真汞」（靈汞、神汞）。真汞其性上揚易飛，所以要借助性質沉重的「真鉛」（黃芽）將其「擒制交結」。《周易參同契發揮·卷七》云：「汞得真鉛，則轉而相依，自然不飛不走，留戀於內，而化為金液。」〔註90〕，又云：「蓋汞性飛走最難降服，惟投入於鉛爐之內，與鉛相合，然後不飛不走也。」〔註91〕；而「真鉛」與「真汞」交結的產物，是產生「金丹」的根本基礎，所以「真鉛」與「真汞」又稱為「金丹之根」或「金丹之基」。《周易參同契發揮·卷九》云：「根者，天地之根也，金丹之基也。」〔註92〕

此處產生兩個頗耐人尋味的問題，就是「心為何會產生真汞」（如何產生）以及「在什麼情況下才能產生」（何時與何處）？

〔註87〕《道藏》（三家本），第二十冊，頁219。
〔註88〕《道藏》（三家本），第二十冊，頁219。
〔註89〕《道藏》（三家本），第二十冊，頁243。
〔註90〕《道藏》（三家本），第二十冊，頁240。
〔註91〕《道藏》（三家本），第二十冊，頁245。
〔註92〕《道藏》（三家本），第二十冊，頁258。

對於第一個問題，因為「心」為太極，乃是身中之《易》，即《先天圖》中的「環中之祕」，其控制體內陰陽二氣的上下循環。當心虛靜（虛心）時，此時即能與天地之機相接，而可盜取「先天一氣」為金丹之母。其云：

> 《周易參同契發揮‧卷五》云：「《翠虛篇》云：『每常天地交合時，奪取陰陽造化機。』是機即天地合發之機也。夫人身中造化，與天地造化相應。今曰偕以造化者，論其至妙，全在天機與人機對舉。人能虛心凝神，與天地之機偕作，則造化在吾掌握中矣。天隱子云：『儻三百六十日，內運自己之氣，適合天地之真氣，三兩次則自覺身體清和，異於常時。況久久習之，積累冥契，則神仙之道不難至矣！』」〔註93〕，又云：「蓋神仙之修鍊別無他術，只是採取先天一氣，以為金丹之母。」〔註94〕

當人機（人身中造化）與天機（天地造化）相應時，人即可以同天地「偕以造化」。易言之，人能「虛心凝神」，則可以與天地之機偕作，如此造化將在吾掌握中。而人與天地「偕以造化」的意思是：此時人能盜取「先天一氣」而入於人體中，以作為「金丹之母」。《周易參同契發揮‧卷三》云：「金液九轉大還丹，乃金精壯盛之時，竊取天地正氣以結成聖胎。」〔註95〕、《周易參同契發揮‧卷六》云：「神仙修鍊之法，蓋是無中生有，奪天地一點真陽，結成丹頭。」〔註96〕及《周易參同契發揮‧卷七》云：「學者誠能盜天地之機，於日月相望之夜，以自己日月交光於中央，則內真外應丹自來，而和他日月被烹煎矣！」〔註97〕；在此，「心」發揮了主宰與控制的功用，因此稱在心所主控的盜奪先天一氣而轉為「真汞」的過程，因為完全由心所主導，所以才稱心能生出所謂「真汞」。接著，再「內運自己之氣」，以適合所盜奪的「天地之真氣」，如此「久久習之，積累冥契」，方可成就「金丹」！

六、「晦朔之間」產真藥

其次，我們可以繼續追問：俞琰舉《翠虛篇》云：「每常天地交合時，奪取陰陽造化機」，認為「是機即天地合發之機」，其中「天地交合時」的意義是

〔註93〕《道藏》（三家本），第二十冊，頁220。
〔註94〕《道藏》（三家本），第二十冊，頁227。
〔註95〕《道藏》（三家本），第二十冊，頁211。
〔註96〕《道藏》（三家本），第二十冊，頁239。
〔註97〕《道藏》（三家本），第二十冊，頁243。

什麼？換言之，「天地合發之機」所指為何？此即是上述第二個問題——心在什麼情況下才能產生「真汞」？對於這個問題，俞琰提出「晦朔之間」或「太極將判未判之間」的說法。其曰：

《周易參同契發揮‧卷四》云：「雖然日月交食，常在晦朔之間。鍊金丹者，盜天地，奪造化，得不求其所謂晦朔之間乎？」〔註98〕

《周易參同契發揮‧卷六》云：「夫金丹大藥，孕於先天，產於後天，其妙在乎太極將判未判之間。靜已極而未至於動，陽將復而未離乎陰，於此合天地之機。識結丹之處，知下手之訣，則恍惚之中尋有物，窈冥之內吸真精，方知大道於無中生有，而真一之妙，果不可以畫圖也。然則真一之妙，終無可以示人歟？曰有○。」〔註99〕

《周易參同契發揮‧卷七》云：「金丹之妙，含元於先天，播精於後天。何謂先天？寂然不動，窈窈冥冥，太極未判之時是也；何謂後天？感而遂通，恍恍惚惚，太極已判之時是也。先天惟一氣爾，後天然後化為真精也。」〔註100〕

所謂「天地合發之機」，是指在「晦朔之間」，此時正是天地陰氣將盡而未盡，陽氣將生而未生之時，《周易參同契發揮‧卷二》云：「晦朔之間，陰將盡而猶未盡，陽將生而猶（未）生也。」〔註101〕；換言之，晦朔之間即天地陰極陽生之時，《周易參同契發揮‧卷九》云：「晦朔，乃陰極陽生之時。」〔註102〕。此時正當天地陰陽二氣交替的階段，在這交替的過程中，即陰陽媾精之時，正符合造化生物之機。內丹修煉「生藥」的時機類比於此造化之機，「其妙在乎太極將判未判之間」。且「金丹之妙，含元於先天，播精於後天」。於是在先天階段，「太極未判之時」，即「寂然不動，窈窈冥冥」；在後天階段，「太極已判之時」，則「感而遂通，恍恍惚惚」。就在此「太極將判未判之間」，換言之，即「恍惚窈冥」（陽將復而未離乎陰，靜已極而未至於動）之時，中有「物」產生。可以看出此處借用《老子‧二十一章》「象、物、精」之「信」的說法〔註103〕，來說明內丹修煉中「生藥」的狀況。

〔註98〕 《道藏》（三家本），第二十冊，頁 218。
〔註99〕 《道藏》（三家本），第二十冊，頁 235。
〔註100〕 《道藏》（三家本），第二十冊，頁 247。
〔註101〕 《道藏》（三家本），第二十冊，頁 204。
〔註102〕 《道藏》（三家本），第二十冊，頁 257。
〔註103〕 《老子‧二十一章》云：「道之為物，惟恍惟惚。惚兮恍兮，其中有象；恍

在「太極將判未判之間」（晦朔之間）因為合於「天地之機」，所以有物產生。內丹修煉類比於此天地之機（天人一體），於是以此時為「生藥」之時機。在這「恍惚窈冥」階段，修煉者處於「身心復命」的狀況，此時「神入寥廓，與太虛一體」。易言之，當其處於「窈冥昏默」之際，修煉者是「一念不生，萬慮俱泯」的「渾淪」如「太極之未分」及「溟滓」如「兩儀之未兆」的狀態。因為是未分與未兆，所以稱此狀態為「真一」。在此真一的狀態，「不知孰為鉛，孰為汞」。換言之，真汞與真鉛在此時尚未分化。等到「時至氣化，變而分布」，則輕清者上騰，重濁者下降，於是「坎宮有鉛，離宮有汞」。〔註104〕

此處所謂「時至氣化」，是指「心」在合於「天地之機」的「晦朔之間」盜奪「先天一氣（天地正氣）」。《周易參同契發揮·卷五》云：「渾沌鴻濛者，一氣未分之時也。牝牡相從者，陰陽混於其中，而未相離也。當其未相離也，神凝氣聚，混融為一。內不覺其一身，外不知其宇宙，與道冥一，萬慮俱遺，溟溟悖悖，不可得而名，強名之曰太一含真氣，或名之曰先天一氣。……蓋神仙之修煉別無他術，只是採取先天一氣，以為金丹之母。」〔註105〕、《周易參同契發揮·卷八》云：「《鍾呂傳道集》云：所呼者，自己之元氣，從中而出；所吸者，天地之正氣，自外而入。若其根源牢固，元氣不損，則呼吸之間，尚可奪天地之正氣。」〔註106〕，又云：「人之所以修煉而長生者，由其能盜天地之正氣也。人之所以能盜天地之正氣者，由其有呼吸也。呼至於根，吸至於蒂，是以能盜天地之正氣，歸之於丹田也。」〔註107〕

兮惚兮，其中有物。窈兮冥兮，其中有精；其精甚真，其中有信。」（王弼《老子註》，台北：藝文，1975 年 9 月，頁 42～43）。

〔註104〕《周易參同契發揮·卷六》云：「蓋一陽不生於復，而生於坤，坤雖至陰，然陰裏生陽，實為產藥之川源也。寥廓恍惚莫知其端者，身心復命之時，神入寥廓，與太虛一體。靜定之久，候至心花發現，則三宮氣滿，但覺恍恍惚惚，莫知其所以然也。蓋恍恍惚惚其中有物，窈窈冥冥其中有精，乃修煉之樞要。」（《道藏》（三家本），第二十冊，頁 232），又云：「當其窈冥昏默之際，一念不生，萬慮俱泯，渾渾淪淪，如太極之未分，溟溟滓滓，如兩儀之未兆，惟此一物，湛兮獨存，如清淵之印月，寂然不動，如止水之無波。不知孰為鉛，孰為汞，夫是謂之真一。迨夫時至氣化，變而分布，則輕清者騰而在上，重濁者石丁而在下，於是坎宮有鉛，離宮有汞，而向之所謂渾渾淪淪、溟溟滓滓者，至此分而為二，而各自獨居矣。」（同上，頁 235）。

〔註105〕《道藏》（三家本），第二十冊，頁 226～227。
〔註106〕《道藏》（三家本），第二十冊，頁 249。
〔註107〕《道藏》（三家本），第二十冊，頁 249。

　　如前述，「心」處在「虛靜」狀況下，方能盜奪「先天一氣」。換言之，「先天一氣」將如何採取？答案是心之「靜定」。《周易參同契發揮・卷五》云：「修鍊之士，含光默默，返照於內，虛極靜篤，則天地之氣自來歸之。」〔註108〕，又云：「蓋採者，以不採而採之；取者，以不取而取之。在於靜定中，有非動作可為也。……必忘形罔象，然後先天一氣可得。」〔註109〕；而在內丹修煉時，吾身之金丹大藥，則取決於此寂然不動、反本復靜的「靜定」功夫。其云：

> 《周易參同契發揮・卷二》云：「吾身之金丹大藥，其胚胎於至靜之中，而產於陰極之時乎！……丹法含光返照之時，潛神于內，與純陰之月，閉塞成冬，略無少異。《復命篇》云：受得真仙訣，陰中鍊至陽。蓋謂此也。」〔註119〕

> 《周易參同契發揮・卷五》云：「蓋太極未判，陰陽未分，此天地之先天也。以丹法言之，則寂然不動，反本復靜之時是也。……寂然不動，則心與天通，而造化可奪也。」〔註111〕

> 《周易參同契發揮・卷八》云：「蓋古之修丹者，一念不生，萬法俱忘，澄澄湛湛，惟道是從，於靜定之中抱沖和之氣，出息微微，入息綿綿，上至泥丸，下至命門，周流不已，神氣無一刻之不相聚。……此道至簡至易，於一日十二時中，但使心長馭氣，氣與神合，形乃長存，與日月而周回，同天河而輪轉，輪轉無窮，壽命無極。」〔註111〕

　　心能寂然不動，則能與天通而造化可奪。易言之，心能澄湛靜定，則能控制呼吸，使其「出息微微，入息綿綿」，如此將可達到「心長馭氣，氣與神合，形乃長存」的功效。而「金丹大藥」全由靜定中來（胚胎於至靜之中），其是由神氣交結而成，是無質生質而結成聖胎。換言之，金丹乃是無中生有的清靜無為之道。《周易參同契發揮・卷四》云：「蓋神仙金液大還丹，乃無中生有之至藥。」〔註113〕，又云：「金液大還丹，乃無形無兆之事，不可忖量，

〔註108〕《道藏》（三家本），第二十冊，頁221。
〔註109〕《道藏》（三家本），第二十冊，頁227。
〔註110〕《道藏》（三家本），第二十冊，頁203。
〔註111〕《道藏》（三家本），第二十冊，頁227。
〔註112〕《道藏》（三家本），第二十冊，頁248。
〔註113〕《道藏》（三家本），第二十冊，頁213。

不可慮謀也。」〔註114〕、《周易參同契發揮・卷六》云：「金丹大道，清靜無為。……金丹之妙，全是靜定中來。」〔註115〕，又云：「蓋金丹大藥，由神氣交結而成，乃是無質生質，結成聖胎。」〔註116〕、《周易參同契發揮・卷七》云：「金丹者，清靜無為之道也。」〔註117〕，又云：「金丹乃無中生有之妙道，非有形有質之物所可為也。」〔註118〕

可以看出，此處否定金丹大藥為有形有象的物質，有藉以反駁異於金丹大道的三千六百旁門法的用意。《周易參同契發揮・卷三》云：「三千六百法，養命數十家，泯泯棼棼不可枚舉。有如闔目內視歷五藏以存思，履斗步罡按日辰而祭甲，是豈金丹之道哉？」〔註119〕、《周易參同契發揮・卷七》云：「旁門小術，其法繁難，易遇而難成；金丹大道，其法簡易，難遇而易成。」〔註120〕

此外，金丹大藥雖屬清靜無為的自然之道，但並非全無作為。從綱領與原則來說，其不假作為，不因思想，所以稱為自然。但從下手功夫來說，仍是有所作為。《周易參同契發揮・卷八》云：「金丹大道，古仙往往以為自然。夫既曰自然，則有何法度，有何口訣，但付之自然足矣，又安用師授為哉？曰非然也。大丹之法，至簡至易，其神機妙用，不假作為，不因思想，是故謂之自然。然必收視返聽，潛神於內，一呼一吸，悠悠綿綿，不疾不緩，勿令間斷。然後神歸氣中，氣與神合，交結成胎，蓋非一味付之自然也。」〔註121〕

七、先天產藥，後天運火：藥物與火候

接著，我們可以繼續詢問：當「心」在虛靜的狀況下盜奪先天一氣，進入人身之後的情形是如何的狀態？俞琰此處以「先天」與「後天」兩個層次來回答這個問題。在「先天無為」階段，則凝神入於坤臍而產藥；至「後天有為」階段，則移神入於乾頂而成丹。〔註122〕換言之，在先天階段，將所盜奪

〔註114〕《道藏》（三家本），第二十冊，頁214。
〔註115〕《道藏》（三家本），第二十冊，頁235。
〔註116〕《道藏》（三家本），第二十冊，頁238。
〔註117〕《道藏》（三家本），第二十冊，頁244。
〔註118〕《道藏》（三家本），第二十冊，頁246。
〔註119〕《道藏》（三家本），第二十冊，頁208。
〔註120〕《道藏》（三家本），第二十冊，頁242。
〔註121〕《道藏》（三家本），第二十冊，頁255。
〔註122〕《周易參同契發揮・卷五》云：「蓋丹法有先天後天、有為無為之不同，在

的先天一氣，引導入於坤腹之中；因為人之元氣藏於坤腹之中，所以可以與元氣融合而產藥。《易外別傳》云：「人之元氣藏於腹，猶萬物藏於坤；神入地中，猶天氣降而至于地；氣與神合，猶地道之承天。天地以此而生物，吾身以此而產藥。」〔註123〕

我們可以再問：所盜奪的先天一氣，如何引導入於坤腹之中？答案是「神」。在上述引文中我們可以看出，「神」扮演了引導「先天一氣」入於坤腹的角色。而且神在引導先天一氣時的狀態是「凝」。那神又為何可以產生「凝」的狀態？答案是「心定」。《易外別傳》云：

心定則神凝，神凝則氣聚，人能凝神入於氣中，則氣與神合。〔註124〕

邵康節曰：神統於心，氣統於腎，形統於首。形氣交，而神主乎其中，三才之道也。愚謂：人之一身，首乾坤腹，而心居其中，其位猶三才也。氣統於腎，形統於首。一上一下本不相交，所以使之交者，神也。神運乎中，則上下混融，與天地同流，此非三才之道歟？夫神守於腎，則靜而藏伏，坤之道也；守於首，則動而運行，乾之道也。藏伏則妙合而凝，運行則周流不息。妙合而凝者，藥也；周天不息者，火也。〔註125〕

神凝的前提是心定，神凝後的效果是氣聚。因此，心定後自然能神凝、氣聚。易言之，此處「心」「神」「氣」三者的關係是：「心」統「神、氣」與「神」統「氣」。心在三者中扮演關鍵總綰的角色。俞琰在《易外別傳》中製作了「先天卦乾上坤下圖」（見附圖二，本論文頁261）和「後天卦離南坎北圖」（見附圖三，同上），其解釋此二圖時，引用了邵康節《皇極經世・卷一二上・觀物外篇》的說法，來說明「心」「神」在內丹修煉中的關係與作用。其曰：「神統於心，氣統於腎，形統於首。形氣交，而神主乎其中，三才之道也」〔註126〕；俞琰個人對於此段引文的看法是：在「先天卦乾上坤下圖」中，天地人三才，乾天坤地，人居其中。類比於三才之說，人體首乾坤腹，心居其中（心為太極，即先天圖的環中）。形統於首，氣統於腹，神統於心。在「後天卦離南坎北圖」中，

先天，則凝神入於坤臍而產藥；至後天，則移神入於乾頂而成丹。先天則無為，後天則有為。」（同上，頁219）。

〔註123〕《道藏》（三家本），第二十冊，頁314。
〔註124〕《道藏》（三家本），第二十冊，頁315。
〔註125〕《道藏》（三家本），第二十冊，頁315。
〔註126〕《道藏》（三家本），第二十三冊，頁441。

同樣類比於三才之說，人體目離坎腎，心居其中。精統於目，氣統於腎，神統於心。先天形首與後天氣腎本不相交，不論先天後天皆靠「心」「神」使其上下相交。當神「守於腎，則靜而藏伏」而產生「妙合而凝」的狀態，此時即是「產藥」；而神「守於首，則動而運行」則產生「周流不息」的狀態，此時即是「運火」（火候運行）。此段俞琰的解釋即合於上述《周易參同契發揮·卷五》引文「在先天，則凝神入於坤臍而產藥；至後天，則移神入於乾頂而成丹」。

　　「移神入於乾頂而成丹」，是指火候的運行。當真藥產於坤腹之後，就需要後天的運火功夫，否則空有真藥亦不能成就內丹。《周易參同契發揮·卷六》云：「蓋謂九轉功夫，自寅而起，至戌而止，乃刻中火候之秘訣。其間有抽添進退之妙，沐浴交結之奧，是故謂之極玄。修鍊若不知此，則雖得真藥，安能成丹？」〔註127〕；當坤腹有真藥之後，就可運火將「真鉛」（金）迫逼奔騰至於離宮（首或乾頂）。《周易參同契發揮·卷五》云：「蓋有藥而行火候，則金被火逼奔騰至於離宮。」〔註128〕；換言之，火候的運轉是以「神」為主宰，在後天的功夫中，是以凝神運火（神火），將坎宮（腎）中一點真陽，逼出於坎宮，並駕動督脈的河車上行，飛騰至於離宮（目或頂），而與離宮中的真陰互換，以形成純陽（乾卦）。《周易參同契發揮·卷八》云：「運神火照入坎中，以驅逐坎中之真陽也。……真陽因火逼而出位於坎也。於此駕動河車，則真陽飛騰而起，以點化離宮之真陰矣。」〔註129〕

　　在坎宮的真陽，又稱為真鉛；在離宮中的真陰，則稱為真汞。上述凝神運火將真藥運入乾頂的過程，即真鉛與真汞的交媾過程。《周易參同契發揮·卷五》云：「鉛屬金，其性至剛，藏於坎中，非猛烹極煅，則不能飛上，故用武火逼之而不可施以文；汞屬木，其性至柔，隱於離中，一見真鉛則自然不動，故用文火鍊之而不可施以武。」〔註130〕，又云：「蓋真鉛生於坎宮，濁而不起，欲其擒制離宮之真汞，當用武火猛烹極煅，然後飛騰而上。及其至於離宮與真汞交結之後，則宜守城沐浴，更不可加以火。」〔註131〕、《周易參同契發揮·卷七》云：「真鉛之生也，孕於坤母之胞。……迨夫飛上乾宮，擒制真汞，與真汞交結而成丹，則又復回於坤母之舍。……然非炎火為之，猛烹極煅，則真鉛不能飛

〔註127〕《道藏》（三家本），第二十冊，頁229。
〔註128〕《道藏》（三家本），第二十冊，頁224。
〔註129〕《道藏》（三家本），第二十冊，頁252。
〔註130〕《道藏》（三家本），第二十冊，頁222。
〔註131〕《道藏》（三家本），第二十冊，頁224。

起。……《玉芝書》云：鉛不得火，則不飛；汞不得鉛，則不結。」〔註132〕

真鉛不得火候運行，則不能飛騰；真汞不得飛騰而至的真鉛，則無法凝結成丹。換言之，「火候」在內丹修煉中扮演舉足輕重的角色。《周易參同契發揮・卷四》云：

> 金丹大藥，產在坤，種在乾。乾居上為鼎，坤居下為爐，非猛烹極煅，則不能出爐；非倒行逆旋，則不能升鼎。〔註133〕

「猛烹極煅」，即火候中的武火，其性剛猛，可使真藥出於坤爐而上騰。「倒行逆旋」，即真藥其性重沉，本應下降，在神火的控制下逆轉而上升至於乾頂。既得真藥，又懂火候運行之法，則內丹自然凝結而成。但此僅是「金丹之小效」（片餉結胎），如欲達至「金丹之大功」，還必須經歷「百日立基，一年入室，三年鍊養」的節次功夫。《周易參同契發揮・卷七》云：「金丹大道，以積精累氣而成，斷不可以一蹴到也。片餉結胎，百日立基，一年入室，三年鍊養，自有節次功夫，決無今日遇師，明日便能升仙之理。」〔註134〕、《周易參同契發揮・卷八》云：「縱使功夫汞見鉛，不知火候也徒然，大都全藉周天火，十月聖胎方始圓。雖結丹終耗失，要知火候始凝堅。如此則金丹之小效，固可片餉見之。而金丹之大功，蓋不止一日矣。」〔註135〕

綜合上述，從晦朔之間（或亥子之間）心虛靜採取「先天一氣」，且心統神，於是神運火候將先天一氣入於坤腹與「元氣」交結而成真藥，此稱為「二氣絪縕，烝而為液」，以上為先天階段；接著在後天階段，坎宮（腹）中的真陽，被神火迫逼而出真鉛稱為「水中火發」。《周易參同契發揮・卷四》云：「蓋子時太陽在北方，而人身氣到尾閭關。於此時而起火，則內外相合，乃可以盜天地之機而成丹。其初太陽在下，水火交媾，二氣絪縕，烝而為液；次則水中火發，陽氣漸熾，其液方凝於其中，逼出金華，是名真鉛。」〔註136〕；真鉛因神火迫逼而上騰至乾頂與離宮真汞交結而凝結成丹。

八、「丹道」、「易道」與「天道」

既然「金丹」非一日可成，表示其應有循序漸進的節次功夫。易言之，

〔註132〕《道藏》（三家本），第二十冊，頁241。
〔註133〕《道藏》（三家本），第二十冊，頁216。
〔註134〕《道藏》（三家本），第二十冊，頁240。
〔註135〕《道藏》（三家本），第二十冊，頁251。
〔註136〕《道藏》（三家本），第二十冊，頁215。

俞琰在陳述內丹修煉的火候功夫時，將它以《易》學的形式表現出來。也就是說，其是結合「易道」來陳述「丹道」的火候節次。《周易參同契發揮·卷五》云：

> 《赤龍大丹訣》云：有物號玄冥，金丹向此生。是物也，寂兮寥兮，眇不可測，豈可得而畫圖哉！既不可得而畫圖，則惟可心知意會而已。然在己者，固可心知意會；而示人者，得不假象託文而使之默會其機乎？聖人於是探賾索隱，以發明先天之極；玄廣譬曲，喻以參序金丹之元基。此丹經子書所以傳行于世，而《參同契》所以隼《易》而作也。〔註137〕

> 蓋卦有六爻，兩卦計十二爻，應一日十二時之數；六十卦計三百六十爻，應一月三百六十時之數。魏公本意不過借此以論吾身火候之分至啟閉而已。〔註138〕

內丹修煉的火候功夫，在修煉者自己「固可心知意會」，但如果要展示於人則不得不「假象託文」，而使人「默會其機」。因此，魏伯陽《周易參同契》便「隼《易》而作」。其以卦爻來論火候之數，故其「本意不過借此以論吾身火候之分至啟閉而已」。前述在《易外別傳》中俞琰曾說「先天圖」之妙「在乎終坤始復，循環無窮」；其至妙之處「則又在乎坤復之交，一動一靜之間」。換言之，俞琰以《易》學符號「坤復之交」來說明內丹修煉的火候循環之理。而坤復之交，正是「天根月窟圖」（見附圖四，本論文頁261）中的「天根」。《易外別傳》云：

> 《參同契》云：終坤始復，如循連環。邵康節詩云：自從會得環中意，閒氣胷中一點無。又云：乾遇巽時觀月窟，地逢雷處看天根，天根月窟閒來往，三十六宮都是春。愚謂：月窟在上，天根在下，往來乎月窟天根之間者，心也。〔註139〕

> 朱紫陽曰：圖之左屬陽，右屬陰。愚謂：圖右自姤至坤，陰之靜也。一動一靜之間，乃坤末復初，陰陽之交。在一歲為冬至，在一月為晦朔之間，在一日則亥末子初是也。……吾身之乾坤內交，靜極機

〔註137〕《道藏》（三家本），第二十冊，頁220。
〔註138〕《道藏》（三家本），第二十冊，頁222。
〔註139〕《道藏》（三家本），第二十冊，頁312～313。

發，而與天地之機相應。是誠天地人之至妙，至妙者也。〔註140〕

「乾遇巽時觀月窟」，乾遇巽，指上乾下巽合成「姤卦」，姤卦即是所謂「月窟」。「地逢雷處看天根」，地逢雷，指上坤下震合成「復卦」，復卦即是所謂「天根」。在「天根月窟圖」中「月窟在上，天根在下」，此圖「左屬陽，右屬陰」。俞琰認為「圖右自姤至坤，陰之靜也。一動一靜之間，乃坤末復初，陰陽之交」。「坤」，六陰之卦。以一日言之為亥時，以一月言之為二十八半至三十，以一歲言之則斗杓建亥之月；「復」，一陽之卦。以一日言之為夜半子時，以一月言之為初一至初三半，以一歲言之則斗杓建子之月。坤卦比喻身中「陰符窮極，則寂然不動，反本復靜」；復卦則比喻「身中陽火發動之初」。〔註141〕「坤末復初」，代表陰陽相交，以「天道」言，「在一歲為冬至，在一月為晦朔之間，在一日則亥末子初」。類比於修煉者自身（「丹道」），「坤末復初」又表示「寂感之間」，即「一動一靜之間」。因為，寂者，靜之極。寂然不動，以其無陽爻，代表坤卦之象；感者，動之初。感而遂通，陽動于中，陽爻生於初九，表示復卦之象。〔註142〕當寂然不動，反本復靜之時，正是醞釀下一個火候循環的時機；當陽氣復生之時，正是火候初起之機。因此，吾身之陰陽內交，「靜極機發」（靜極而動），則與天地之機相應。《周易參同契發揮・卷五》云：「寂然不動，反本復靜，坤之時也。吾則靜以待之，靜極而動，陽氣潛萌於黃鍾之宮，復之時也。」〔註143〕、《周易參同契發揮・卷六》云：「蓋修丹效驗，出乎虛之極，靖之篤，與天地冥合，然後元氣從一陽而來復。」〔註144〕

此外，當「天根月窟圖」中「坤復之間」，俞琰又使用另外兩個《易》學符號──「無極」與「太極」來形容。《易外別傳》云：

〔註140〕《道藏》（三家本），第二十冊，頁313。

〔註141〕《周易參同契發揮・卷六》云：「復，一陽之卦也。律應黃鍾，以一日言之為夜半子，以一月言之為初一至初三半，以一歲言之則斗杓建子之月是也。此時陽氣始通，喻身中陽火發動之初。」（同上，頁229）；又云：「坤，六陰之卦也。律應應鍾，以一日言之為人定亥，以一月言之為二十八半至三十，以一歲言之則斗杓建亥之月是也。此時純陰用事，萬物至此皆歸根而復命，喻身中陰符窮極，則寂然不動，反本復靜。」（同上，頁231）

〔註142〕《易外別傳》云：「（邵康節《皇極經世書》）又云：寂然不動，以其無陽，坤之象也。感而遂通天下之故，陽動于中，復之義也。愚謂：寂者，靜之極也，是為純陰之坤；感者，動之初也，是為陽生之復。寂感之間，即一動一靜之間也。」（同上，頁313）

〔註143〕《道藏》（三家本），第二十冊，頁224。

〔註144〕《道藏》（三家本），第二十冊，頁239。

朱紫陽曰：邵子就圖上說循環之意。自姤至坤，是陰含陽；自復至
乾，是陽分陰。坤復之間，乃無極。……又詩云：忽然夜半一聲雷，
萬戶千門次第開。若識無中含有象，許君親見伏羲來。無中含有象，
即是坤復之間，無極而太極也。……又云：何者謂之機，天根理極
微，今年初盡處，明日起頭時，此際易得意，其間難下辭，人能知
此意，何事不能知。……朱紫陽曰：子之半，是未成子，方離於亥
之時。又曰：一陽初動處，在貞元之間。愚謂：此處正是造化之真
機。〔註145〕

當說「坤復之間，乃無極」時，是指上述寂然不動，反本復靜的坤卦之
時。此時寂然不動，所以稱為「無極」；而「無中含有象，即是坤復之間，無
極而太極」，則是說陽氣始通，一陽復生之復卦之時。此時無中含有象，類似
造物之初，所以稱為「太極」。除了上述兩個名稱之外，「坤復之間」又其他的
名稱。在一歲稱為「冬至」，在一月稱為「晦朔之間」，在一日則稱「亥末子
初」。此外，俞琰又使用第三個《易》學符號──「貞元之間」，來形容坤復之
間。貞元之間，指乾卦四德（元、亨、利、貞）的首尾，亦是代表終末初始之
意。「坤復之間」雖然有如此多的稱呼，不過皆是譬喻之辭，其主要在陳述「陰
極陽生之時」。《周易參同契發揮・卷二》云：「丹法所謂冬至，所謂晦朔之間，
皆比喻陰極陽生之時也。以一月言之，則如月晦之夜，月光索然而滅藏；以
一年言之，則如仲冬之節，草木索然而摧盡，其義一也。」〔註146〕、《周易參
同契發揮・卷五》云：「丹法以時易日，則每日亥子之交，即晦朔之間也。天
地開闢於此時，日月合璧於此時，草木孳萌於此時，人身之陰陽交會於此時。
神仙於此時而作丹，則內真外應若合符節，不先不後正當其中。在乾四德為
貞元之間，在十二卦為坤之末復之初，乃天地人之至妙，至妙者也。」〔註147〕

「坤復之間」，代表天地人三才造化生物的真機至妙之時，因此「天地開
闢於此時，日月合璧於此時，草木孳萌於此時，人身之陰陽交會於此時，神
仙於此時而作丹」。可以看出俞琰在陳述內丹修煉的作丹真機時（「丹道」），
是結合「易道」與「天道」來從事論述。「坤復之間」從天地人三者的角度來
看，其代表「陰極陽生」（陰陽交會）之時。從這個角度來看，俞琰先將「丹

〔註145〕《道藏》（三家本），第二十冊，頁313～314。
〔註146〕《道藏》（三家本），第二十冊，頁202。
〔註147〕《道藏》（三家本），第二十冊，頁226。

道」與「易道」相結合，再將此結合的整體與「天道」相銜接。換言之，俞琰在陳述丹道的火候節次時，先將丹道火候以《易》學符號表示，如此「丹道」與「易道」先相結合。接著，又將以《易》學符號表示的丹道火候與「天道」相銜接，如此達到「丹道」、「易道」與「天道」三者相結合的模式。此處我們再以俞琰在《周易參同契發揮·卷二》中解《周易參同契》：「晦至朔旦，震來受符，當斯之時，天地構其精，日月相撢持。」這段話的說法為證，其云：

> 晦至朔旦者，晦朔之間也。震來受符者，乾交於坤而成震，身中之一陽生也。斯時神與氣交，氣與神合，有如天地之構精，日月之合璧。故曰當斯之時，天地構其精，日月相撢持。天地，即吾身之乾坤也；日月，即吾身之坎離也。天地日月以時而相交，故能陶萬彙而成歲功；乾坤坎離以時而相交，故能奪造化而成聖胎。〔註148〕

「乾交於坤而成震」，指六陰坤卦下生一陽爻而成震卦（此時上坤下震而成復卦）。俞琰使用《易》學符號一陽爻生，代表「身中之一陽生」。如此，則「丹道」與「易道」相結合。其次，身中之一陽生以「天道」言之，則為晦朔之間。此時，如「天地之構精，日月之合璧」。天地日月以時而相交，所以能化生萬物。運用類比法，天地，即吾身之乾坤；日月，即吾身之坎離。吾身乾坤、坎離相交，則能「奪造化而成聖胎」。此外，我們可以進一步詢問兩個問題：其一，「丹道」為何要與「易道」銜接而不和其他？其二，為何「丹道」與「易道」相結合後，又必須與「天道」相銜接？對於兩個問題，俞琰在《周易參同契發揮·卷一》的回答是：

> 魏公作是書，以發明斯道之祕，無非引驗見效，親到實詣之說。復恐其說未足以取信於後人，遂又校度日月之神明以為法，推原《易》卦之道理以為證。〔註149〕

對於第一個問題，我們前述已經探討過這個問題。其答案不外是因為：《易》學符號讓貌而難明的內丹之道有陳述的憑藉（表述載體），方便作者來充分表述；而藉著《易》學這個讓人容易接受、明瞭的符號系統，讀者可以依循語言符號而求得所隱含的丹道之意。所以，《易》學符號（易道）便成為陳述煉丹之道（丹道）的最佳表述形式與載體。關於第二個問題，俞琰認為其所證悟的內丹理論「無非引驗見效，親到實詣之說」。但恐其說未足以取信於世人（怕讓人

〔註148〕《道藏》（三家本），第二十冊，頁198。
〔註149〕《道藏》（三家本），第二十冊，頁197。

以為是個人的臆測之辭），於是又「校度日月之神明以為法」。易言之，其以世人所熟悉與信服的日月運行之道（天道），來加深世人對「丹道」的認同與信服。此舉我們可以看作是述諸於權威之中國傳統學人的慣例與習性。

綜合上述，我們可以看出俞琰將「丹道」與「易道」、「天道」相結合，如此的內丹修煉法的情形，即如下述的引文：

> 《周易參同契發揮・卷五》云：「晦朔之間，日月合璧於北方，光耀隱而不見。丹法以時易日，於半夜坤復之交，疊足端坐，如山石之不動，口緘舌氣，如冬蛇之蟄伏，此即利用安身，隱形而藏也。其時含光默默，返照於其內，一呼一吸，悠悠綿綿，迤邐歸於命蒂，久之，但覺窈窈冥冥，如臨萬丈不測之淵潭，此乃神氣歸根，身心復命，金液凝結之時也。」〔註150〕

> 《周易參同契發揮・卷六》云：「謂作丹之際，正如亥月純坤用事之時，其時萬物歸根，閉塞成冬。冬雖主藏，然一歲發育之功實胚胎於此，特閉藏無迹，人不得而見爾。而古人以此純陰之月，名為陽月者，蓋小雪之日，陽氣已生於六陰之下，積而至於冬至遂滿，一畫之陽變為復卦也。丹道亦然！當夜氣之未央，但凝神聚氣，端坐片時，少焉，神氣歸根，自然無中生有，漸凝漸聚，積成一點金精。」〔註151〕

此處俞琰所陳述的修煉法，其原則不外是：時間在每月的「晦朔之間」或每日的「亥子之時」（以《易》學的術語是「坤復之交」）。此時，修煉者「含光默默，返照於其內」，則「神氣歸根，身心復命」。如此自然能「無中生有，漸凝漸聚，積成一點金精」。換言之，此時六陰坤卦得一陽爻而成復卦，代表陽氣滋生，真鉛正漸漸生成。如能「凝神聚氣」，使「神氣歸根」，自然能凝結成「金液」（真鉛）。

小結

俞琰的「丹道易學」思想，從開始的「得明師指授，教外別傳」，強調師授口傳的重要性；接著，陳述師授口傳的具體內容為「還丹之道，《易》之太

〔註150〕《道藏》（三家本），第二十冊，頁228。
〔註151〕《道藏》（三家本），第二十冊，頁232。

極」（其使用《易》學符號來陳述丹道）；接著提出「心為太極，身中之《易》」的概念，將丹道與易道銜接起來；再者，繼續說明所謂「身中之《易》即金丹」的意義；緊接著，又說明「金丹」之根的具體內容為「真鉛」與「真汞」；並提出「晦朔之間」（或「太極將判未判之間」），為真藥的產生時機；此外，更從先天與後天的角度，陳述「先天產藥，後天運火」之藥物與火候的關係；最後，提出「坤復之交」及「天根」「月窟」的說法，論述一個完整的內丹修煉理論是「丹道」、「易道」與「天道」三者的結合。

在思想內容上，俞琰除了繼承彭曉詮釋《周易參同契》的方式外，並且他的丹道易學思想，已有不泥於卦爻象數而趨於精簡概括（「圖象」的形式）的趨勢。因此，俞琰的丹道易學（《周易參同契發揮》、《易外別傳》）思想，可作為丹道易學思想史上，以圖解《易》（《易》圖學），用《易》圖來詮釋內丹理論的經典代表作品。

第九章　結　論

第一節　「丹道易學」的思維模式

　　「丹道易學」的本質是結合「內丹學」與「易學」，其最終目的是欲達至長生成仙的境地。它使用易學象數符號的目的，主要是要使內丹學這種具有「個別化」與「內在化」的「冥契」（或密契）經驗〔註1〕，能透過符號的象徵與表意的功用而為人們所認知。易言之，透過符號的轉譯功能將內丹學朝向「客觀化」與「普遍化」的路上邁進！

　　因此，「丹道易學」顯現出一些具有特色的「思維模式」：

一、內觀思維

　　內觀是一種超越經驗的思維方式，其特徵是通過類似於禪宗所說的「只可意會不可言傳」的內心體悟與觀照來把握事物的本質。易言之，內觀思維就是所謂的「冥契」（神秘）經驗。冥契經驗具有「超言說性」（Ineffability）、「知悟性」（Noetic quality）、「暫現性」（Transiency）等特質。〔註2〕

　　「丹道易學」中所謂「晦朔之間產真藥」，即是此種「冥契」經驗的呈現。因為晦朔之間即天地陰極陽生之時，此時正當天地陰陽二氣交替的階段，在

〔註1〕內丹學的「冥契」經驗之所以具有「個別化」與「內在化」的性質，原因在於修煉者的個人身體與內在經驗的差異，造成使用術語的不確定性與多義性，因此讓穩定的、客觀的及統一的內丹學專業術語無法順利形成。

〔註2〕詳細內容見於：（美）威廉・詹姆士著、唐鉞譯，《宗教經驗之種種——人性之研究》（北京：商務，2002年6月，頁377～378）。

這交替的過程中，即陰陽媾精之時，正符合造化生物之機。內丹修煉「生藥」的時機類比於此造化之機，在這「恍惚窈冥」之時，中有「真藥」產生。

「晦朔」是產藥時機的比喻之詞，時間的單位是「月」。依據時間同構理論，「日」為「亥子」，更有「活子時」的說法。這些無非在說明內丹修煉真藥產生與採取的短暫性（暫現性）。其次，在採取真藥時，必須體悟天地造化之機，所以必須具備觀照領悟的能力（知悟性）。最後，以上這些皆為內景之學的體悟經驗，所以無法用語言來表達（超言說性）。

此外，張伯端「先命後性」之「性功」（借禪宗性功）的說法，以及俞琰提出以「心」（虛吾心，運吾神）來尋覓人體小宇宙的活子時（造化之「機」）的說法，皆為「冥契經驗」的體現！

二、形象思維〔註3〕

形象思維的基本特徵有二：其一，是指以事物具體可感的形態、面貌，來表達較抽象的義理與意念。其二，有些義理與意念的蘊義無法用語言文字來表達時，因而使用具體的符號形象來表意。第一類形象，是指客觀世界上自然存在的事物形象；第二類形象，則是人類用以表示事物形象的符號。換言之，形象思維即是用「具體形象」與「符號形象」這兩類來表達抽象的義理與意念。所以「形象思維」類似於「象徵」的功用。〔註4〕

「丹道易學」在「符號形象」方面，則是以易學象數符號（譬如使用漢易「納甲」、「十二消息」、「爻辰」）來形容內丹修煉周天「火候」之抽添進退情形。其次，又使用「乾卦六爻」的形象，來象徵人體陽氣增長陰氣消減而逐漸達至純陽的境界。另外，又使用「坎、離二卦」的形象，來象徵煉丹藥物真鉛與真汞的和合交融狀態。

〔註3〕此處所謂「形象思維」指的是：將所見過或已知之物重新組構結合或解釋，即感官知覺之映象（物象）和想像聯想的表象（心象）之意。並非指創造不存在之物為完全且完美之新形象，使其宛若真實之物的「形象思維」（imagination）之意！

〔註4〕黑格爾著、朱孟實譯，《美學（二）》云：「象徵一般是直接呈現於感性觀照的一種現成的外在事物，對這種外在事物並不直接就它本身來看，而是就它所暗示的一種較廣泛較普遍的意義來看。因此，我們在象徵裏應該分出兩個因素，第一是意義，其次是這意義的表現。意義就是一種觀念或對象，不管它的內容是什麼，表現是一種感性存在或是一種形象。⋯⋯象徵首先是一種符號。不過在單純的符號裏，意義和它的表現的聯繫是一種完全任意構成的拼湊。」（台北：里仁，1981年9月，頁10）。

　　「具體形象」方面，「丹道易學」在形容煉丹「藥物」時，即以「水火」、「心腎」、「龍虎」、「鉛汞」及「日月」（金烏玉兔）等形象來表示。並以「心火下降，腎水上升」、「龍虎相會」、「降龍伏虎」、「以鉛制汞」、「金烏玉兔相逢」等形象，來形容內丹修煉中「真藥」煉化和合的情形。其次，在形容真藥產生之後，由督脈會陰穴起運藥過三關至上丹田（泥丸）的情形稱為「河車」，因為此時有如載藥上行的車輛，在人體的經脈通道裏流動。此外，又以內丹修煉所凝煉成的「金丹」，形象地稱為「聖胎」或「嬰兒」。因為，「無質生質，結成聖胎。辛勤保護十月，如幼女之初懷孕，似小龍之乍養珠，蓋神氣始凝結，極易疏失也。」〔註5〕、「和合四象，攢簇五行，則性、情、精、氣、神凝結，⋯⋯是云三家相見，⋯⋯名曰嬰兒，又曰先天一氣，又曰聖胎，又曰金丹。」〔註6〕

三、圖象思維

　　圖象思維，顧名思義，它是藉著圖象（figures）來蘊涵和表述事物的義理與意念。它可以說是形象思維的變體與創新。因為形象思維除了使用文字的（literal）的陳述，亦使用非文字（non-literal）的陳述——符號（signs）。圖象思維則屬於非文字陳述這一類。圖象思維體現創作者的意境，是創作者對於抽象概念的理解，因為文字語言無法確切掌握時，使用圖畫則可以超越文字語言的侷限而發揮表述的功效。〔註7〕

　　「丹道易學」包括《易》圖學與《易》學內丹學兩類。其中《易》圖學的部分，如彭曉使用「河圖」生數成數的概念，來說明內丹學的「三家相見」、「和合四象」、「攢簇五行」及「九還七返，八歸六居」這種逆反生數成數

〔註5〕蕭廷芝，《金丹大成集・金丹問答》（載於：《修真十書》卷之十，《道藏》（三家本），第四冊，頁640）。

〔註6〕劉一明，《悟真直指・卷一》（《藏外道書》第八冊，成都：巴蜀書社，1994年12月，頁364）；榮格（C.G.Juug）在《心理學與煉金術》（Phychology and Alchemy）一書中，提到煉金術的「原始物質」（藥物），亦使用象徵的手法，如「王后／國王」、「母親／父親」、「月亮／太陽」等來說明煉丹藥物「雌雄同體」這一現象（以上說法見於：楊韶剛，《煉石成金——神奇的煉金術・第六章、煉金術的榮格式解讀・四、原始材料中的心理奧秘》，黑龍江人民，2004年1月，頁159～164）。

〔註7〕顏元《存性編・性圖・圖跋》云：「理之不可見者，言之明之；言之不能盡者，圖以示之；圖之不能畫者，意以會之。」（《顏元集》上冊，北京：中華，1987年，頁49）。

以成金丹的思維，皆是運用圖象思維。另外，彭曉又使用《明鏡圖》來概括《周易參同契》的內容，可以說亦是運用圖象思維來陳述《周易參同契》所蘊涵的丹道理論。

此外，俞琰在《周易參同契發揮》中繪製了共 29 幅圖、《易外別傳》共 16 幅圖，可以看出其使用圖象來陳述內丹理論的思維模式，所以亦是圖象思維的運用。

以上可以看出「丹道易學」將一些文字語言無法陳述的冥契經驗，轉化為具體的圖象形象，以便於修煉者（或讀者）掌握與認識。〔註8〕

四、類比思維

類比思維是使用類比推論（argument by analogy）（或稱類比法、類推）的方式，即根據兩個或兩類對象在某些屬性上相同，推出它們的其他屬性也相同的推論。〔註9〕易言之，就是在兩個或兩類對象之間尋找相似關係，然後根據這種關係推出或然的或必然的結論。在一般情況下，我們是從兩個對象的某些相似性推出它們在其它方面的相似性。〔註10〕

「丹道易學」中，使用《周易參同契》所提出的丹道修煉典範——鼎爐、藥物及火候，將外丹的術語類比轉譯為內丹術語。如鼎爐類比人之頭腹、藥物鉛汞類比為腎水心火、火候進退的控制類比為人之呼氣與吸氣的掌握。另

〔註8〕 榮格（C.G.Juug）在《西藏度亡經》中發現藏傳佛教的「曼荼羅」（Mandala）神秘的圓環與心理學的關係，認為這些「曼荼羅」是一羣功德高深的坐禪者，在非常特殊的精神創造環境中，依據自己的內心體驗和想像創作出來的（以上說法見於：（美）拉‧莫阿卡寧著、江亦麗、羅照輝譯，《榮格心理學與西藏佛教——東西方精神的對話》，北京：商務，1999 年 9 月，頁 103～104）。可以看出亦是使用圖象思維來描述內心的狀態與境界。所謂「曼荼羅」，其原意在古代印度，原指國家的領土和祭祀的祭壇，現在一般而言，是指將佛菩薩等尊像和種子字、三昧耶形等，依一定方式加以配列的圖樣，又譯作曼拿羅、滿荼羅、曼陀羅、漫荼羅等，意譯為壇城、中圍、輪圓具足、壇場、聚集等。……由於曼荼羅是真理之表徵，猶如圓輪一般圓滿無缺，因此也有將其譯之為『圓輪具足』。另外，由於曼荼羅也被認為有『證悟的場所』、『道場』的意思，而道場是設壇以供如來、菩薩聚集的場所，因此，曼荼羅又有『壇』、『集合』的意義產生。因此，聚集佛菩薩的聖像於一壇，或描繪諸尊於一處者，都可以稱之為曼荼羅（《密教曼荼羅圖典（一）——總論‧別尊‧西藏》，北京：中國社會科學，2003 年 1 月，頁 2～3）。
〔註9〕 金炳華等編，《哲學大辭典（修訂本）‧上》（上海辭書，2001 年 6 月，頁 797）。
〔註10〕 蔣永福等主編，《東西方哲學大辭典》（江西人民，2000 年 8 月，頁 424）。

外，又將人體小宇宙類比於天地大宇宙。換言之，即使用「法天象地」的類比法來說明內丹修煉。如「天道」之「天、地、日月」類比於「丹道」之「鼎、爐、火候或藥物」、「易道」之「乾卦、坤卦、坎卦離卦」及「人體」之「頭或上丹田、腹或下丹田、呼吸」。《周易參同契發揮・卷一》云：「乾為天，坤為地，吾身之鼎器也。離為日，坎為月，吾身之藥物也。……反而求之吾身，其致一也。」〔註11〕、《周易參同契發揮・卷五》云：「人身法天象地，其氣血之盈虛消息，悉與天地造化同途。……所以丹法，以天為鼎，以地為爐，以月為藥之用，而採取必按月之盈虧；以日為火之候，而動靜必視日之出沒。自始至末，無一不與天地合有。」〔註12〕

可以看出「丹道易學」藉著類比思維與易學符號，將天道、丹道、易道及人體銜接成一個整體的思維模式。但是這個借用類比思維所形成的整體模式，是或然的而非必然的。因為類比推論僅僅是根據兩個或兩類對象的簡單比較而進行的推演，不能解決屬性間的聯繫性質，因而其前提與結論的聯繫是或然性的。〔註13〕換言之，這樣一種推論形式並非決定性的，因為它依賴於這樣一個未言明的前提：兩個事物在某些給定方面相似這一事實意味著它們在其他方面也相似。而這一前提並不明顯為真。〔註14〕

五、逆反思維

「丹道易學」之逆反思維的觀念，源於《老子》的「道生一，一生二，二生三，三生萬物」的宇宙生成論以及「反者道之動」與「歸根復命」等思想。「丹道易學」繼承《老子》「復返」的思想，將其轉換為「後天返先天」、「返本還源」、「九還七返」、「顛倒」、「顛倒陰陽」〔註15〕等術語。認為「順則成人，逆則成仙」〔註16〕，在人體內逆返宇宙生成論的過程（萬物含三、三歸

〔註11〕　《道藏》（三家本），第二十冊，頁196。
〔註12〕　《道藏》（三家本），第二十冊，頁223。
〔註13〕　《哲學大辭典（修訂本）・上》，頁797。
〔註14〕　尼古拉斯・布寧、余紀元編著，《西方哲學英漢對照辭典》（北京：人民，2001年2月，頁71）。
〔註15〕　《玄宗直指萬法同歸・卷三・或問金丹性命》云：「自下復歸於上，謂之返；自末返歸於本，謂之還。即還返之道，謂顛倒也。故曰聖人逆流，常人順流；逆者成丹，順者成物也。」（《道藏》（三家本），第二十三冊，頁929）。
〔註16〕　《性命圭旨・順逆三關說》曰：「道生一，一生二，二生三，三生萬物，此所謂順去，生人生物。今則形化精，精化氣，氣化神，神化虛，此所謂逆來，成佛成仙。」（《藏外道書》第九冊，成都：巴蜀書社，1994年12月，頁523）。

二、二歸一、一還虛），而將生命回歸至價值本源──道的狀態。易言之，修煉內丹的目的是要恢復個人原初的道性，達到與道合真，長生久視的神仙狀態。

　　人原初的道性狀態就是人的先天狀態，所以內丹修煉又是一個由後天返先天的過程。另外，以易學符號「坎離」來說，內丹修煉必須逆行造化，取坎卦中之一陽爻，填離卦中之一陰爻，將中爻互換位置，則一成乾體，另一成坤體，恢復未破之前的先天法象。即由後天八卦轉變為先天八卦。而內丹修煉取其意，水為元精，在自然的狀況下本應下行，此時使其上升；火則為元神，其性易上飛，在此迫使其下降。因此，所謂「顛倒」，即是指「取坎填離」、「逆轉水火」。〔註17〕如果以內丹的修煉次序來說，這個逆返過程即是：煉精化炁、煉炁化神，煉神還虛（或煉神合道）的三關修煉。

　　此種復返、回歸的傾向所顯示的意義，代表內丹修煉之回溯本源的內向思惟，並為修煉找尋到內在的根據與依歸──元神、元性、道！此外，亦意味著人可以主動地參與、掌握個體生命的演化方向，即具備「我命在我不在天」〔註18〕的生命自主思維。換言之，人能扭轉生命流動的時間之矢，逆轉天地的自然規律法則而達至長生成仙的境地。

第二節　道教「丹道易學」的整體性發展脈絡及其特色

　　道教「丹道易學」的整體發展脈絡及其特色如下：

　　道教「丹道易學」，以「丹道、易道及天道」為「根源問題」。換言之，即以「丹道」、「易道」與「天道」三者相結合的模式為其特色。其所關注的焦點從早期的「金丹煉製」（《周易參同契》）轉到「宇宙本元及運行變化──真鉛、真汞」（彭曉），可以看出有逐漸從外丹過渡至內丹的傾向。之後的鍾呂金丹

〔註17〕《悟真篇》云：「取將坎位中心實，點化離宮腹裏陰。從此變成乾健體，潛藏飛躍盡由心。」（《修真十書》，頁726）及「此法真中妙更真，都緣我獨異于人：自知顛倒由離坎，誰識浮沉定主賓？」（同上，頁714）。

〔註18〕《抱朴子內篇·黃白》云：「《龜甲文》曰：我命在我不在天，還丹成金億萬年。」（王明，《抱朴子內篇校釋》，北京：中華，1996年9月，頁287）、《悟真篇》云：「一粒金丹吞入腹，始知我命不由天。」（《修真十書》，《道藏》（三家本），第四冊，頁736）。

派與張伯端，則已經初步成功地完成從外丹轉化為內丹。其中張伯端更將關注的焦點集中到「性命」（心性）觀點上，所以此時的內丹學又可稱為「心性之學」。最後俞琰將內丹學結合宋元的圖書《易》學，其關注的焦點則轉變至「身中之《易》」上。換言之，此時所謂的「金丹」即是身中之《易》。

上述「丹道易學」的流變（整體發展脈絡），可以看出有逐漸往「內在」、「心性」、「先天」及「本元」轉化的趨向，易言之，即展現出回溯本源的內向思惟。其次，在形式（《易》學符號、河圖生數成數）的運用上，從早期的依傍、假借卦爻象數到得意而忘象，最後則是完全掃除卦爻象數，這種現象亦可以看出有漸趨「精煉」、「簡約」的傾向。另外，以詩詞歌曲與圖象的表現形式，亦能說明丹道理論趨於精簡的趨勢。

李道純《中和集·卷二·最上一乘》云：「夫最上一乘，無上至真之妙道也。以太虛為鼎，太極為爐，清靜為丹基，無為為丹母，性命為鉛汞，定慧為水火，窒慾懲忿為水火交，性情合一為金木併，洗心滌慮為沐浴，存誠定意為固濟。戒、定、慧為三要，中為玄關，明心為應驗，見性為凝結，三元混一為聖胎，性命打成一片為丹成，身外有身為脫胎，打破虛空為了當。此最上一乘之妙，至士可以行之，功滿德隆，直超圓頓，形神俱妙，與道合真。」（《道藏》（三家本），第四冊，頁492）

最上一乘丹法（無上至真之妙道），將傳統丹道修煉的術語：「鼎」、「爐」、「丹基」、「丹母」、「鉛汞」、「水火」、「水火交」、「金木併」、「沐浴」、「固濟」、「三要」、「玄關」、「應驗」、「凝結」、「聖胎」、「丹成」、「脫胎」、「了當」等，轉譯為性理之學與心性之學的術語：「太虛」、「太極」、「清靜」、「無為」、「性命」、「定慧」、「窒慾懲忿」、「性情合一」、「洗心滌慮」、「存誠定意」、「戒定慧」、「中」、「明心」、「見性」、「三元混一」、「性命打成一片」、「身外有身」、「打破虛空」。可以看出此種丹法，已將傳統道教金丹修煉轉換成類似於儒家性理之學與禪宗的心性之學，因而顯現出「三教合一」的傾向。

並認為傳統金丹修煉之所以運用《易》學象數的術語，原因乃是引導修煉的權變之法（權教）──「託象明理」、「借物明心」，如果明瞭「性命之原」、「火候之妙」，則可得意忘象，得象忘言，不必拘泥於語言文字。如牧常晁《玄宗直指萬法同歸·卷三·或問金丹性命》云：「聖人以象數論金丹者，出乎不得已也。聖人必超出於象物之表，氣數之外，豈區區模範於象數之內哉！或曰：金丹之道，必以數言，何也？答云：在太極之先者，不論以數；在太極之

下者，以數言之。上士則忘象數得其一，中士必因象數守其一，下士必學象數求其一。苟不以數，無以開後學之來，所以立象為權教也。」（《道藏》（三家本），第二十三冊，頁932）、又云：「丹經不過託象以明理，借物以明心，若曉得性命之原，火候之妙，則諸象之物，皆可棄；有言之道，皆可忘。何必為文字所轉也。」（同上，頁929）

　　以上說法，可以作為本論文「丹道易學」的最好註腳！

第三節　日後研究之可能方向

　　由於本論文研究範圍設限在：以「易學」為表現形式（表述載體），來陳述「內丹學」理論的著作（《周易參同契》與《悟真篇》）。因此，對於陳搏的《先天圖》、《無極圖》、《易龍圖》與「以圖解《易》」、「以心法通《易》」（《麻衣道者正易心法》註）的創造性《易》學理論，以及李道純《中和集》中所提出的《太極圖解》及「心《易》」理論，筆者並未加以著墨。換言之，關於「丹道易學」中之「先天《易》圖學」部分以及「心《易》活法」方面，這些都將是筆者未來將努力的方向！

※附表

◎「丹道、易道與天道」如何銜接？

A1：晦朔之間產真藥

天道	年——冬至前後 月——晦朔之間 日——亥子之間
易道	坤復之交——十二消息卦 震坤之間——八卦納甲
丹道	產藥的時機或川源處

A2：符號對應關係

天道	天	地	日月
易道	乾卦	坤卦	坎卦離卦

丹道	鼎	爐	火候或藥物
人體	頭或上丹田	腹或下丹田	呼吸

A3：月體納甲說

天道	月體盈虛
易道	卦爻符號——納甲
丹道	火候抽添進退

A4：丹道易學的「思維模式」

思維模式	特色
內觀	強調冥契經驗
形象	用「具體形象」與「符號形象」（易學符號）來表達抽象的義理與意念。——「象徵」的作用
圖象	用圖象符號（河圖、內丹圖）來表達抽象的義理與意念。
類比	類比推論的運用
逆返	逆返宇宙生成論 我命在我不在天

參考資料

一、古籍專書

（一）《正統道藏》

1. 白玉蟾，1994a，修仙辨惑論。收錄於：修真十書·雜著指玄篇。道藏（三家本），第四冊。

2. 白玉蟾，1994b，海瓊問道集。道藏（三家本），第三十三冊。

3. 朱熹，1994，周易參同契。道藏（三家本），第二十冊，伊尹等七人註。

4. 朱熹，1994，黃帝陰符經集注。道藏（三家本），第二冊。

5. 李筌，1994，黃帝陰符經。道藏（三家本），第一冊，上海書店。

6. 李道純，1994，中和集。道藏（三家本），第四冊。

7. 呂洞賓，1994，純陽真人渾成集。道藏（三家本），第二十三冊。

8. 佚名，1994a，洞玄靈寶自然九天生神章經。道藏（三家本），第五冊。

9. 佚名，1994b，混元八景真經。道藏（三家本），第十一冊。

10. 金月巖編、黃公望傳，1994，紙舟先生全真直指。道藏（三家本），第四冊。

11. 希夷陳摶注，1994，陰真君還丹歌注。道藏（三家本），第二冊。

12. 牧常晁，1994，玄宗直指萬法同歸。道藏（三家本），第二十三冊。

13. 孟安排，1994，道教義樞。道藏（三家本），第二十四冊。

14. 周無所註，1994，金丹直指。道藏（三家本），第二十四冊。

15. 張伯端撰、葉士表等註，1994，悟真篇。收錄於：修真十書，道藏（三家本），第四冊。

16. 張伯端，1994a，紫陽真人悟真篇拾遺。道藏（三家本），第二冊

17. 張伯端，1994b，修真十書‧悟真篇‧禪宗歌頌。道藏（三家本），第四冊。

18. 張伯端，1994c，玉清金笥青華秘文金寶內煉丹訣。道藏（三家本），第四冊。

19. 張伯端，1994d，金丹四百字。收錄於：修真十書，道藏（三家本），第四冊。

20. 張伯端撰、黃自如註，1994，金丹四百字。道藏（三家本），第二十四冊。

21. 張士弘，1994，紫陽真人悟真篇筌蹄。收錄於：紫陽真人悟真篇三注序，道藏（三家本），第二冊。

22. 張宇初，1994，峴泉集。道藏（三家本），第三十三冊。

23. 施肩吾，1994，西山群仙會真記。道藏（三家本），第四冊。

24. 洪知常編，1994，海瓊傳道集。道藏（三家本），第三十三冊。

25. 俞琰，1994a，周易參同契發揮。道藏（三家本），第二十冊。

26. 俞琰，1994b，周易參同契釋疑。道藏（三家本），第二十冊。

27. 俞琰，1994c，易外別傳。道藏（三家本），第二十冊。

28. 翁葆光註、陳達靈傳、戴起宗疏，1994，紫陽真人悟真篇注疏。道藏（三家本），第二冊。

29. 翁葆光，1994a，紫陽真人悟真直指詳說三乘秘要。道藏（三家本），第二冊。

30. 翁葆光，1994b，悟真篇注釋。道藏（三家本），第三冊。

31. 高象先，1994，真人高象先金丹歌。道藏（三家本），第二十四冊。

32. 郝大通，1994，真仙直指語錄。道藏（三家本），第三十二冊。

33. 陸彥孚，1994，悟真篇記。收錄於：紫陽真人悟真篇三注序，道藏（三家本），第二冊。

34. 夏元鼎，1994，紫陽真人悟真篇講義。道藏（三家本），第三冊。

35. 陶弘景，1994，真誥。道藏（三家本），第二十冊。

36. 陳顯微，1994，周易參同契解。道藏（三家本），第二十冊。

37. 陳致虛，1994，上陽子金丹大要。道藏（三家本），第二十四冊。

38. 陳葆光編撰，1994，三洞群仙錄。道藏（三家本），第三十二冊。

39. 曾慥，1994，道樞。道藏（三家本），第二十冊。

40, 彭曉，1994，周易參同契分章通真義。道藏（三家本），第二十冊。

41. 彭耜編，1994，海瓊白真人語錄。道藏（三家本），第三十三冊。

42. 趙道一編，1994，歷世真仙體道通鑒。道藏（三家本），第五冊。

43. 鍾離權、呂洞賓，1994。鍾呂傳道集。道藏（三家本），第四冊。

44. 鍾離權，1994a，破迷正道歌。道藏（三家本），第四冊。

45. 鍾離權，1994b，秘傳正陽真人靈寶畢法。道藏（三家本），第二十八冊。

46. 戴起宗，1994，悟真篇本末事蹟‧張真人本末。收錄於：紫陽真人悟真直指詳說三乘秘要。道藏（三家本），第二冊。

47. 薛道光、陸墅、陳致虛註，1994，紫陽真人悟真篇三注。道藏（三家本），第二冊。

48. 蕭廷芝，1994，金丹大成集。收錄於：修真十書。道藏（三家本），第四冊。

（二）《藏外道書》

1. 尹真人弟子，1994，性命主旨。藏外道書，第九冊。

2. 陸西星，1994a，玄膚論。藏外道書，第五冊。成都：巴蜀書社。

3. 陸西星，1994b，悟真篇（詩小序）。收錄於：方壺外史。藏外道書，五冊。

4. 陸西星，1994c，紫陽真人金丹四百字測疏。收錄於：方壺外史。藏外道書，五冊。

5. 陸西星，1994d，金丹四百字測疏。收錄於：道統大成。藏外道書，六冊。

6. 彭好古，1994a，悟真篇。收錄於：道言內外秘訣全書。藏外道書，六冊。

7. 彭好古，1994b，金丹四百字。收錄於：道言內外秘訣全書。藏外道書，六冊。

8. 張伯端，1994a，玉清金笥青華秘文金寶內鍊丹法。收錄於：道言內外秘訣全書。藏外道書，六冊。

9. 張伯端，1994b，玉清金笥青華秘文。收錄於：真仙上乘。藏外道書，九冊。

10. 呂洞賓，1994，指玄篇。收錄於：呂祖全書。藏外道書，七冊。

11. 劉一明，1994a，參同契經文直指。收錄於：道書十二種。藏外道書，八冊。

12. 劉一明，1994b，悟真直指。收錄於：道書十二種。藏外道書，八冊。

13. 劉一明，1994c，修真辨難。收錄於：道書十二種。藏外道書，八冊。

14. 劉一明，1994d，金丹四百字解。收錄於：道書十二種。藏外道書，八冊。

15. 俞琰，1994，席上腐談。藏外道書，九冊。

16. 陳致虛，1994，周易參同契分章注。藏外道書，九冊。

17. 佚名，1994，金丹四百字內外註解。收錄於：金丹正理大全。藏外道書，九冊。

18. 陽道生，1994，真詮。藏外道書，十冊。

19. 陶素耜，1994，悟真篇約註。收錄於：真仙上乘。藏外道書，十冊。

20. 閔一得，1994，金丹四百字注釋。收錄於：古書隱樓藏書。藏外道書，十冊。

21. 傅金銓，1994，頂批三注悟真篇。收錄於：濟一子頂批道書四種。藏外道書，十一冊。

（三）《周易參同契》與《悟真篇》著作

1. 仇兆鰲，1994，古文周易參同契集註。台北：自由。

2. 仇兆鰲，1999，悟真篇集註。台北：自由。

3. 朱元育，1998，悟真篇闡幽。台北：自由。

4. 朱元育，2000，參同契闡幽。台北：自由。

5. 陶素耜，2000，周易參同契脈望。台北：自由。

6. 袁仁林，1987，古文周易參同契註。台北：新文豐。

7. 陸西星，2002，周易參同契測疏。收錄於：方壺外史。台北：自由。

8. 蔣一彪，1987，古文參同契集解。台北：新文豐。

9. 董德寧，2002a，周易參同契正義。台北：自由。

10. 董德寧，2002b，悟真篇正義。台北：自由。

（四）《易》學著作

1. 孔穎達，1999，周易正義。收錄於：十三經注疏，北京大學。

2. 京房，1994，京氏易傳。台北：廣文。

3. 李道平，1989，周易集解纂疏。台北：廣文。

4. 胡渭，1994，易圖明辨。台北：廣文。

5. 朱震，1974，漢上易傳。台北：廣文。

6. 俞琰，1976，周易集說。收錄於：嚴靈峯編輯，無求備齋易經集成，32
   ～33 冊。台北：成文。

7. 俞琰，1983，讀易舉要。收錄於：四庫全書・經部・易類，第二十一冊。
   台灣商務。

8. 黃宗羲，1998，易學象數論。台北：廣文。

9. 惠棟，1981，惠氏易學。台北：廣文。

（五）其他

1. 王先謙，1987，莊子集解。北京：中華。

2. 皮錫瑞，2003，經學通論。北京：中華。

3. 紀昀，2000，四庫全書總目提要・叄。河北人民。

4. 馬端臨撰，1986，文獻通考・下冊。北京：中華。

5. 志磐撰，1994，佛祖統記。收錄於：大藏經，第四十九冊。台北：新文
   豐。

6. 李昉，1995，太平廣記。江蘇廣陵古籍刻印社。

7. 普濟，1997，五燈會元。北京：中華。

8. 黃帝，1998，黃帝內經・素問。北京：宗教文化。

9. 彭曉，1996，還丹內象金鑰匙。收錄於：雲笈七籤。北京：華夏。

10. 劉文典，1992，淮南鴻烈集解。台北：文史哲。

11. 張君房，1996，雲笈七籤。北京：華夏。

12. 樓宇烈，1992，王弼集校釋。台北：華正。

13. 顏元，1987，顏元集‧上冊。北京：中華。

14. 蕭吉，2001，五行大義。上海書店。

15. 賾藏主編集，1997，古尊宿語錄。北京：中華。

16. 黎靖德編，1999，朱子語類，四、五、六、七、八。北京：中華。

二、近人著作

（一）《易》學著作

1. 朱伯崑，1991a，易學哲學史‧第一卷。台北：藍燈文化。

2. 朱伯崑，1991b，易學哲學史‧第四卷。台北：藍燈文化

3. 朱伯崑主編，1993，周易知識通覽。山東：齊魯書社。

4. 朱伯崑主編，1997，國際易學研究‧第三輯。北京：華夏。

5. 朱伯崑主編，2001，易學基礎教程。北京：九洲圖書。

6. 曲黎敏、彭賢，1999，易道氣功養生。北京：中國書店。

7. 林忠軍，1994，象數易學發展史‧第一卷。山東：齊魯。

8. 周立升，2001，兩漢易學與道家思想。上海文化。

9. 周立升，2003，京房象數易學探微。收載於：劉大鈞主編，象數易學研究，第三輯。四川：巴蜀。

10. 周振甫，1991，周易譯注。北京：中華。

11. 張其成，2003，象數易學。北京：中國書店。

12. 高懷民，1983，兩漢易學史。台北：中國學術著作獎助委員會。

13. 高亨，1998，周易大傳今注。山東：齊魯。

14. 唐明邦主編，1995，周易評注。北京：中華。

15. 唐力權，1997，周易與懷海德之間。遼寧大學。

16. 徐芹庭，1975，兩漢十六家易注闡微台北：五洲。

17. 徐芹庭、南懷瑾，1990，周易今註今譯。臺灣商務。

18. 黃師慶萱，1995，周易縱橫談。台北：東大。

19. 詹石窗、連鎮標，1995，易學與道教文化。福建人民。

20. 詹石窗，2001a，易學與道教符號揭秘。北京：中國書店。

21. 詹石窗，2001b，易學與道教思想關係研究。廈門大學。

22. 劉玉建，1996，兩漢象數易學研究‧上冊。廣西教育。

23. 劉大鈞，1999，周易概論。四川：巴蜀。

24. 劉瀚平，1994，宋象數易學研究。台北：五南。

25. 鄭吉雄，2002，易圖象與易詮釋。台北：喜瑪拉雅研究發展基金會。

26. 廖名春等著，1991周易研究史。湖南。

27. 潘雨廷，2001，易老與養生。上海：復旦大學。

28. 潘雨廷，2003，讀易提要。上海古籍。

29. 盧央，1998，京房評傳。南京大學。

（二）道教類

1. 于民雄，1992，道教文化概說。貴州人民。

2. 王明，1984，周易參同契考證。收載於：道家和道教思想研究。

3. 北京：中國社會科學。

4. 王明，1996，抱朴子內篇校釋。北京：中華。

5. 王沐，1997，悟真篇淺解。北京：中華。

6. 王志遠主編，1997，道教百問。北京：今日中國。

7. 王慶餘等著，1994，道醫窺秘——道教醫學康復術。四川人民。

8. 戈國龍，2001，道教內丹學探微。四川：巴蜀。

9. 戈國龍，2004，道教內丹學溯源。北京：宗教文化。

10. 孔令宏，1997，張伯端對鍾呂內丹思想的繼承和發展。收載於：道韻，
    第一輯：197～216。台北：中華大道。

11. 孔令宏，2002，宋明道教思想研究。北京：宗教文化。

12. 孔令宏，2004，從道家到道教。北京：中華。

13. 任繼愈主編，1991a，道藏提要。北京：中國社會科學。

14. 任繼愈主編，1991b，中國道教史‧下。台北：桂冠。

15. 田誠陽，1995，道經知識寶典。四川人民。

16. 田誠陽，1999，中華道家修煉學‧上。北京：宗教文化。

17. 朱越利，1991，道經總論。遼寧教育。

18. 朱越利，1992，道教要籍概論。北京：燕山。

19. 朱越利，1996，道藏分類解題。北京：華夏。

20. 朱越利，2000，金丹派南宗形成考論。收載於：道韻（六）──金丹派南宗（乙）。台北：中華大道

21. 任法融，1993，周易參同契釋義。陝西：西北大學。

22. 牟鍾鑒等著，1991，道教通論──兼論道家學說。山東：齊魯。

23. 李豐楙，1985，不死的探求。台北：時報文化。

24. 李豐楙，1986，六朝隋唐仙道類小說研究。台灣學生。

25. 李豐楙，1996a，憂與遊：六朝隋唐遊仙詩論集。台灣學生。

26. 李豐楙，1996b，誤入與謫降：六朝隋唐道教文學論集。台灣學生。

27. 李養正，1985，道教基本知識。北京：中國道教協會。

28. 李養正，1990，道教概論。北京：中華。

29. 李養正，1993a，道教手冊。北京：中州古籍。

30. 李養正，1993b，道教與諸子百家。北京：燕山。

31. 李養正，1995，道教經史論稿。北京：華夏。

32. 李剛，1995，漢代道教哲學。四川：巴蜀書社。

33. 李遠國，1988，道教氣功養生學。四川：社會科學院。

34. 何宗旺，1995，中華煉丹術。台北：文津。

35. 呂鵬志，2000，道教哲學台北：文津。

36. 杜獻琛，1994，內丹探祕。北京：中醫古籍

37. 林師安梧，2000a，「存有三態論」與「存有的治療」之建構：道家（教）

思維的一個新向度。收載於：道教神仙信仰研究（下冊）：788～819。台北：中華道統。

38. 林師安梧，2000b，二十一世紀臺灣新道教芻議。收載於：道教文化的傳播：367～379 嘉義：南華大學宗教文化研究中心。

39. 孟乃昌，1993a，周易參同契考辨。上海古籍。

40. 孟乃昌，1993b，道教與中國煉丹術。北京：燕山。

41. 孟乃昌，2001，長生迷思之外──古代煉丹與化學。台北：萬卷樓。

42. 孟乃昌、孟慶軒輯編，1993，萬古丹經王《周易參同契》三十四家注釋集萃。北京：華夏。

43. 周士一、潘啟明，1982，周易參同契新探。台北：木鐸。

44. 周師慶華，2000，道教文化研究的模式收載於：道教文化的傳播：287～310。嘉義：南華大學宗教文化研究中心。

45. 周師慶華，2001，後道教文化研究的方向。收載於：後宗教學：97～112，台北：五南。

46. 金正耀，1993，中國的道教。臺灣商務。

47. 金正耀，1994，道教與科學。台北：曉園。

48. 張廣保，2001，唐宋內丹道教。上海文化。

49. 張其成譯著，2005，金丹養生的秘密──太乙金華宗旨語譯評介。北京：華夏。

50. 張其成、曲黎敏，2005，中華養生智慧。北京：華夏。

51. 張振國，2001，悟真篇導讀。北京：宗教文化。

52. 張興發，2003，道教內丹修煉。北京：宗教文化。

53. 張志堅，2003，道教神仙與內丹學。北京：宗教文化。

54. 胡孚琛、呂錫琛，1999，道學通論──道家‧道教‧仙學。北京：社會科學文獻。

55. 胡孚琛、呂錫琛，2004，道學通論──道家、道教、丹道（增訂版）。北京：社會科學文獻。

56. 柳存仁，1991 張伯端與悟真篇。收載於：和風堂文集‧中冊。上海古籍。

57. 施達郎，1992，道教內丹養生學概論。香港道教學院。

58. 姜生，1995，漢魏兩晉南北朝道教倫理論稿。四川大學。

59. 徐兆仁，1991，道教與超越。北京：中國華僑。

60. 馬濟人，1997，道教與煉丹。台北：文津。

61. 卿希泰，1986，中國道教思想史綱・第一卷。台北：木鐸。

62. 卿希泰，1988a，中國道教史・第一卷。四川人民。

63. 卿希泰，1988b，道教文化新探。四川人民。

64. 卿希泰，1992，道教與中國傳統文化。福建人民。

65. 卿希泰，1994，中國道教（二）。上海：知識。

66. 卿希泰，1996a，道教與中國傳統文化。台北：中華道統。

67. 卿希泰，1996b，道教文化新典（上）・（下）。台北：中華道統。

68. 卿希泰，1996c，中國道教史・第二卷（修定本）。四川人民。

69. 郝勤，1994，龍虎丹道──道教內丹術。四川人民。

70. 黃釗，1991，道家思想史綱。湖南師範大學。

71. 黃兆漢編，1989，道藏丹藥異名索引。臺灣學生。

72. 陳國符，1963，道藏源流考。北京：中華。

73. 陳國符，1983，道藏源流續考。台北：明文。

74. 陳攖寧，2000，道教與養生。北京：華文。

75. 陳耀庭、劉仲宇，1992，道・仙・人──中國道教縱橫。上海社會科學。

76. 陳鼓應，1997，易傳與道家思想。北京：三聯。

77. 陳鼓應，2003，道家易學建構。臺灣商務。

78. 陳鼓應、馮達文主編，2001，道家與道教・道教卷。廣東人民。

79. 陳全林，2004，周易參同契注譯・悟真篇注譯。北京：中國社會科學，
    浙江氣功科學研究會文獻委員會編。

80. 陳全林，1991，悟真篇釋義。收載於：道家氣功南宗丹訣釋義。浙江科
    學技術。

81. 湯其領，1994，漢魏兩晉南北朝道教史研究。河南大學。

82. 欽偉剛，2004，朱熹與《參同契》文本。四川：巴蜀。

83. 曾召南、石衍丰，1988，道教基礎知識。四川大學。

84. 曾傳輝，2004，元代參同學──以俞琰、陳致虛為例。北京：宗教文化。

85. 陽明，1995，道教養生家陸西星與他的《方壺外史》。四川大學。

86. 詹石窗，1989，南宋金元的道教。上海古籍。

87. 詹石窗，1992，道教文學史。上海文藝。

88. 詹石窗，1998，道教術數與文藝。台北：文津。

89. 詹石窗，2004，道教科技與文化養生。北京：科學。

90. 趙立綱主編，1996 歷代名道傳。山東人民。

91. 趙匡華，1989 中國煉丹術。香港：中華。

92. 趙中偉，2004，道者，萬物之宗──兩漢道家形上思維研究。台北：洪葉文化。

93. 劉仲宇，1996，道家與道教。上海古籍。

94. 劉精誠，1993，中國道教史。台北：文津。

95. 劉鋒，1994，道教的起源與形成。台北：文津。

96. 劉鋒，1997，中國道教發展史綱。台北：文津。

97. 劉國梁，1994，道教與周易。北京：燕山。

98. 劉國樑注譯、黃沛榮校閱，1999，新譯周易參同契。台北：三民。

99. 劉國樑、連遙注譯，2005，新譯悟真篇。台北：三民。

100. 楊立華，2002，匿名的拼接──內丹觀念下道教長生技術的開展。北京大學。

101. 楊儒賓譯，2002，黃金之花的秘密──道教內丹學引論。台北：商鼎。

102. 楊玉輝，2004，道教人學研究。北京：人民。

103. 賴宗賢、詹石窗，1999，道韻（五）──金丹派南宗（甲）。台北：中華大道。

104. 賴宗賢、詹石窗，2000a，道韻（六）──金丹派南宗（乙）。台北：中華大道。

105. 賴宗賢、詹石窗，2000b，道韻（七）──金丹派南宗（丙）。台北：中

華大道。

106. 鄭志明，2000，以人體為媒介的道教。嘉義：南華大學宗教文化研究中心。

107. 鄭志明主編，2000a，道教文化的傳播。嘉義：南華大學宗教文化研究中心。

108. 鄭志明主編，2000b，道教文化的精華。嘉義：南華大學宗教文化研究中心。

109. 潘雨廷，2003a，道藏書目提要。上海古籍。

110. 潘雨廷，2003b，道教史發微。上海社會科學院。

111. 潘啟明，1990，周易參同契通析。上海翻譯。

112. 潘啟明，2004，周易參同契解讀。北京：光明日報。

113. 鄭素春，2002，道教信仰、神仙與儀式。臺灣商務。

114. 韓秋生編著，1990，丹道入門。福建：鷺江。

115. 盧國龍，1998，道教哲學。北京：華夏。

116. 鄺國強，1993，全真北宗思想史。廣東：中山大學。

117. 蕭登福，1996，黃帝陰符經今註今譯。台北：文津。

118. 蕭登福，1998，周秦兩漢早期道教。台北：文津。

119. 蕭登福，2000a，讖緯與道教。台北：文津。

120. 蕭登福，2000b，先秦兩漢冥界及神仙思想探原。台北：文津。

121. 蕭漢明、郭東升，2001，周易參同契研究。上海文化。

122. 蕭萐父、羅熾，1991，眾妙之門——道教文化之謎探微。湖南教育。

123. 龔鵬程，1991，道教新論。臺灣學生。

124. 龔鵬程，1998，道教新論，二集。嘉義：南華管理學院。

125. （日）湯淺泰雄著、馬超等編譯，1990，靈肉探微——神秘的東方身心觀。北京：中國友誼。

126. （日）小野澤精一、福永光司、山井涌編著、李慶譯，1990，氣的思想——中國自然觀和的觀念的發展。上海人民。

127.（日）吉元昭治著、楊宇譯，1992，道教與不老長壽醫學。四川：成都。

128.（日）石田秀實著、楊宇譯，1996，氣・流動的身體。台北：武陵。

129.（日）加藤千惠，2000，「胎」的思想——《悟真篇》的源流收載於：道韻（六）——金丹派南宗（乙）。台北：中華大道。

（三）辭典類

1. 丁福保、孫祖烈編，1999，佛學精要辭典。北京：宗教文化。

2. 中國道教協會，1995，道教大辭典。北京：華夏。

3. 中國大百科全書選編，1990，中國大百科全書・道教。北京：中國大百科全書。

4. 中國大百科全書選編，1992，中國大百科全書・宗教。台北：錦繡。

5. 尼古拉斯・布寧、余紀元編著，2001，西方哲學英漢對照辭典。北京：人民。

6. 任繼愈主編，1998，宗教大辭典。上海辭書。

7. 吳康主編，2002，中國神秘文化辭典。北京：海南。

8. 吳楓主編，1994，中華道學通典。海口：南海。

9. 金炳華等編，2001，哲學大辭典（修訂本）・上、下。上海辭書。

10. 車文博主編，2001，當代西方心理學新詞典。吉林人民。

11. 胡孚琛主編，1995，中華道教大辭典。北京：中國社會科學。

12. 張其成主編，1992，易學大辭典。北京：華夏。

13. 張其成主編，1994，易經應用大百科。南京：東南大學。

14. 陳永正主編，1991，中國方術大辭典。廣東：中山大學。

15. 蔣永福等主編，2000，東西方哲學大辭典。江西人民。

16. 鍾肇鵬主編，2001，道教小辭典。上海辭書。

（四）一般書籍

1. 王邦雄等編著，1998，中國哲學史。台北：空大。

2. 王鐵，1995，漢代學術史。上海：華東師範大學。

3. 王友三，1991，中國宗教史・上。山東：齊魯書社。

4. 任繼愈，1985，中國哲學發展史・秦漢篇。北京：人民。

5. 朱元發，1993，韋伯思想概論。台北：遠流。

6. 牟宗三，1991，中國哲學十九講。臺灣學生。

7. 牟鍾鑒，1989，中國宗教與文化。巴蜀書社。

8. 印順，2000，中國禪宗史。江西人民。

9. 杜繼文、魏道儒，1995，中國禪宗通史。江蘇古籍。

10. 李豐楙，1993，葛洪《抱朴子》內篇的「氣」、「炁」學說：中國道教丹道養生思想的基礎。收載於：中國古代思想中的氣論及身體觀：517～539 台北：巨流。

11. 吳立民主編，1998，禪宗宗派源流。北京：中國社會科學。

12. 汪民安，2002，福柯的界線。北京：中國社會科學。

13. 李零主編，1993，中國方術概觀・選擇卷上。北京：人民中國。

14. 林師安梧，1987，王船山人性史哲學之研究。台北：東大。

15. 林師安梧，1993，熊十力體用哲學之研究。台北：東大。

16. 林師安梧，1996，中國宗教與意義治療。台北：明文。

17. 林師安梧，2000，老子道德經新譯。台北：讀冊文化。

18. 金春峰，1987，漢代思想史。北京：中國社會科學。

19. 佛教小百科、全佛編輯部編，2003，密教曼荼羅圖典（一）——總論・別尊・西藏。北京：中國社會科學。

20. 張岱年，1989，中國古典哲學概念範疇要論。北京：中國社會科學。

21. 張岱年，1997，中國哲學大綱。北京：中國社會科學。

22. 祝瑞開，1989，兩漢思想史。上海古籍。

23. 洪修平，1996，中國禪學思想史綱。南京大學。

24. 洪修平，2000，禪宗思想的形成與發展。江蘇古籍。

25. 徐復觀，1993，兩漢思想史・卷二。臺灣學生。

26. 黃夏年主編，2000，禪宗三百題。上海古籍。

27. 楊韶剛，2004，煉石成金——神奇的煉金術。黑龍江人民。

28. （日）中村元著、徐復觀譯，1995，中國人之思維方法。臺灣學生。

29. （美）斯蒂文・貝斯特、道格拉斯・凱爾納著，張志斌譯，1999，後現代理論——批判性的質疑。北京：中央編譯。

30. （美）威廉・詹姆士著、唐鉞譯，2002，宗教經驗之種種——人性之研究。北京：商務。

31. （美）拉・莫阿卡寧著、江亦麗、羅照輝譯，1999，榮格心理學與西藏佛教——東西方精神的對話。北京：商務。

32. 黑格爾著、朱孟實譯，1981，美學（二）。台北：里仁。

33. 勞思光，1993，中國哲學史（二）。台北：三民。

34. 葛榮晉，1993，中國哲學範疇導論。台北：萬卷樓。

35. 傅偉勳，1986，從西方哲學到禪佛教。台北：東大。

36. 傅偉勳，1990，從創造的詮釋學到大乘佛學。台北：東大。

37. 楊儒賓主編，1993，中國古代思想中的氣論及身體觀。台北：巨流。

38. 楊曾文，2002，雪竇重顯及其禪法。收載於：中國禪學（第一卷）。北京：中華。

39. 楊格著、黃奇銘譯，1996，尋求靈魂的現代人。台北：志文。

40. W. T. Stace（史泰司）著、楊儒賓譯，1998，冥契主義與哲學。台北：正中。

41. 楊增文，1999，唐五代禪宗史。北京：中國社會科學。

42. 劉長林，1997，中國系統思維。北京：中國社會科學。

43. （澳）J. 丹納赫，T. 斯奇拉托，J. 韋伯著，劉瑾譯，2002，理解福柯・自我的技術。天津：百花文藝。

三、期刊

1. 孔令宏，2001，張伯端的性命思想研究。復旦學報（社科版）1：46～50，106。

2. 方素真，2001，「周易參同契」幾個功法的詮釋問題。成大宗教與文化學報 1：119～145。

3. 林師安梧，1990，絕地天之通與巴別塔——中西宗教的一個對比切入點的展開。鵝湖學誌 4：1～14。

4. 林師安梧，2000，存有三態論與存有的治療之構建——道家思維的一個新向度。鵝湖 26（6）：28～39。

5. 林師安梧，2003a，存有三態論與廿一世紀文明之發展——環繞存有、場域與覺知三概念的展開。鵝湖 28（8）：19～29。

6. 林師安梧，2003b，心性之學在教育上的運用——儒、道、佛義下的生活世界與其相關的意義治療。新世紀宗教研究 1（4）：27～61。

7. 李豐楙，2000，丹道與濟度：道教修行的實踐之道。宗教哲學 6（2）：123～136。

8. 胡孚琛，1984，《周易參同契》作於漢代考。中國哲學史研究 1：63～64。

9. 周立升，2000，《周易參同契》的月體納甲學。周易研究 4：35～40。

10. 張廣保，1996，論《周易參同契》的丹道與天道。宗教哲學 2（2）：99～117。

11. 張廣保，1998，《周易參同契》的丹道與易道。宗教哲學 4（3）：109～132。

12. 張欽，1997，《青華秘文》「心」論淺析。宗教學研究 1：92～94。

13. 張新智，1997，試論黃宗羲易學象數論的得失。孔孟月刊 36（2）：33～38。

14. 范立舟，2004，兩宋道教內丹學的發展與成熟。中國道教 6：28～32。

15. 郭健，2002，先性後命與先命後性。宗教學研究 2：95～99。

16. 郭健，2004，道教內丹學的佛教觀探微。宗教學研究 1：43～46。

17. 郭建洲，2005，試論張伯端道教思想的易學淵源。周易研究 1：68～74。

18. 莊宏誼，2002，鍾、呂的仙道思想初探——以「小乘安樂延年法」為主的討論。輔仁宗教研究 5：229～250。

19. 莊宏誼，2003，北宋道士張伯端法脈及其金丹思想。輔仁宗教研究 7：119～151。

20. 常裕、孫堯奎，1999，張載心性理論對張伯端內丹學說的影響。山西大學學報（哲學社會科學版）3。

21. 陳進國，2001，試論《周易參同契》以「易」為核心的發展變化觀。周易研究 4：71～77。

22. 章偉文，2004a，試論道教易學產生的歷史背景和思想淵源。中國道教 5：19～23。

23. 章偉文，2004b，道教易學綜論。中國哲學史 4：45～52。

24. 楊大春，2000，身體經驗與自我關懷──米歇爾‧福柯的生存哲學研究。浙江大學學報（人文社會科學報）30（4）：116～123。

25. 劉秋固，2000，張紫陽內丹術的超個人心理學思想。宗教哲學 7（1）：94～109。

26. 劉玉建，2001，論魏氏月體納甲說及其對虞氏易學的影響。周易研究 4：21～25。

27. 賴錫三，2002a，陳搏的內丹學與象數學──「後天象數」與「先天超象數」的統合。中國文哲研究集刊 21：217～254。

28. 賴錫三，2002b，「周易參同契」的「先天後天學」與「內養外煉一體觀」。漢學研究 20（2）：109～140。

29. 潘雨廷，1987，參同契作者及成書時代考。中國道教 3。

30. 鄧紅蕾，1995，《悟真篇》金丹教育思想的思辨特色。山西師大學報（科教版）1995：12～19。

31. 盧國龍，2001，從性命問題看內丹學與禪之關係。宗教學研究 2：23～30。

32. 鄭志明，1999，道教生死觀：「不死」的養生觀。歷史月刊 139：53～58。

33. 鍾肇鵬，1985 道藏目錄新編芻議。中國文化研究集刊 2。

34. 鄺蘭夫（芷人），1997，內丹學南宗張伯端之理論分析。東海哲學研究集刊 4：13～45。

35. 鄺蘭夫（芷人），2000a，新道家的丹道學之時代意義（上）宗教哲學 6（2）：102～122。

36. 鄺蘭夫（芷人），2000b，新道家的丹道學之時代意義（下）宗教哲學 6（3）：161～178。

37. 鄺蘭夫（芷人），2002，張紫陽之性命雙修法理收載於：少陽派前期的性命雙修之法理研究。宗教哲學 8（1）：84～98。

38. 蕭進銘，2002，感官知覺限制及其超越之道——試論老莊及內丹認識論的一項重要主題。丹道文化 27：131～157。

39. 顏國明，2004，從易學義涵檢視「道家易學」譜系。鵝湖學誌 32：85～142。

40. 龔鵬程，1999，道教內丹學的興起。揭諦學刊 2：3～61。

四、會議論文

1. 林雪燕，2002，彭氏與俞氏注《契》之比較研究。收載於：大易情性——第二屆海峽兩岸青年易學論文發表會論文集：142～148，湖北教育。

2. 孫劍秋，2000，俞琰易學思想探微。收載於：道教與文化學術研討會論文集：159～180，台北：國立歷史博物館，另載於：國立臺北師範學院學報 14：339～364。

五、學位論文

1. 林文鎮，1991，俞琰生平與易學。台灣師大國文所碩士論文。

2. 林志孟，1995，俞琰易學思想研究。文化大學中研所博士論文。

3. 賴錫三，2001，道教內丹的先天學與後天學之發展和結構。清華大學中文系博士論文。

4. 蕭進銘，2000，形上之道的探求——老莊及內丹認識論綜合研究。四川大學宗教學研究所博士論文。

六、日文著作

1. 原田二郎，1986，養生學の肉體表象について。東方學 72

2. 吾妻重二，1994，張伯端『悟真篇』の研究史と考證。東洋の思想と宗教 11，「道教の経典を読む（9）『悟真篇』——内丹の聖典」，『月刊しにか』：10～13

3. 鈴木健郎，1995，「内丹」の技法と思想——『悟真篇』の例——。東京大学宗教学年報 14

4. 加藤千惠，1995，『老子中経』と内丹思想の源流。東方宗教87

5. 秋岡英行，1996，『金丹真伝』の内丹思想。東方宗教88

6. 野村英登，1995，張伯端の『悟真篇』について。道教文化研究会第82回例会

7. 野村英登，1997，禅宗歌頌の位置付けによる『悟真篇』全体の評価」。東洋大学白山校舎東洋大学中國學會

8. 野村英登，1999，煉丹術としての仏教解釈——『悟真篇』解釈をめぐって——。『東洋大学大学院紀要』35

七、英文著作（依時間順序）

1. R. Otto, *Mysticism East and West,* translated by Bertha L. Bracey & Richenda C.Payne, Meridian Books, Inc. U.S. 1957.

2. Henderson J.B., *The Development And Decline Of Chinese Cosmology,* Columbia, 1984.

3. T. CLEARY, *Understanding Reality:A Taoist Alchemical Classic by Chang Po-tuan, with a Concise Commentary by Liu I-ming,* Honolulu:University of Hawaii Press, 1987.

4. K. Werner(ed.), *The Yogi and the Mystic,* Curzon Press Ltd. England, 1989.

5. Livia Kohn, *Early Chinese Mysticism,* Princeton University Press, New Jersey, 1992.